LETTING GO
THE PATHWAY OF SURRENDER

臣服之享

遇萬事皆靜好自在的
心提升練習

David R. Hawkins 大衛・霍金斯 —— 著

謝佳真 —— 譯

suncolsr
三采文化

謹以此書獻給那些走在開悟道路上，
一路清除障礙、通往高我的人。

目次
CONTENTS

* 編按：霍金斯博士在撰寫本書期間，經常處於高層次的無我意識狀態，因此原文書中部分內容沒有主詞顯示。為了輔助讀者理解，繁體中文版在盡量保留作者書寫風格的堅持下，也做了些微調整。

【推薦序】

向偉大的靈魂致敬

　　這本書所談的機制，可以解鎖我們與生俱來的能力，感受到快樂、成功、健康、幸福感、直覺、無條件的愛、美、平和及創造力。這些狀態與能力人人都有，與外在情境及個人特質無關，也不是受惠於任何宗教系統的信仰。內在的平和不是任何團體或系統的專利，而是人類本有的心靈狀態。所有偉大導師、智者、聖人的共通教誨是：「天國在你之內。」而霍金斯博士經常說的是：「你所追尋的，與你自己的高我毫無二致。」

　　既然內在的平和是人類固有的，是我們真實本質的核心，為何會如此難以企及呢？既然我們被賦予了快樂，那所有的不快樂又是哪來的呢？如果天國就在我們之內，為何我們每每都有「置身地獄」之感？我們如何擺脫爛泥般的焦躁、不安，如何讓邁向內在平和的路途能夠走得順一點、快一點，不要慢得像蝸牛爬坡一樣？人類何其幸運，生來就擁有平和、快樂、喜悅、愛及成功等天性特質，但又何其不幸，總有大量的憤怒、絕望、悲傷、自大、嫉妒、焦慮及日常的小評判來攪局，淹沒了我們本有的內在靜默。我們真的可以甩開這些爛泥，重拾自由嗎？能在流動的喜悅中跳舞嗎？可以一視同仁地去愛眾生嗎？可以活在偉大的高我中，完全展現所有的潛能嗎？可以成為這

個世界上散播恩典與美的管道嗎？

　　霍金斯博士在本書中提供一條途徑，指引我們去發現苦苦追尋卻求而不得的自由。這條稱為「臣服」的道路，透過放下的技巧，能推動我們繼續前進。乍聽之下，這似乎顛覆了我們的直覺，但霍金斯博士以其臨床及個人的經驗，證明了臣服是生命得以圓滿的一條最可靠的途徑。

　　我們之中有許多人在成長的過程中，被教導不論是世俗或靈性方面的成就，靠的都是一步一腳印，咬緊牙關撐過來的刻苦努力。這些觀點，以及西方文化中那些基督教義的道德觀，都在告訴我們，想要成功就必須肯吃苦、夠勤快，還要願意下功夫，也就是「一分耕耘，一分收穫」。然而，付出吃奶的力氣，挨了這麼多苦，又得到什麼呢？我們感受到了深刻的平靜嗎？沒有。我們的內心依然愧疚不安，依然禁不起批評，依然想要獲得肯定，依然還有不斷升騰的怒氣。

　　既然你正在讀這本書，那麼想必刻苦那一套的大道理已經耗盡你的心力了。或許你已經意識到，越是用力地朝著目標前進，就越是身心俱疲。你可能會納悶：「難道沒有輕鬆點的好方法嗎？」那麼問問自己，是否願意鬆開緊握的繩索？如果善用臣服機制，不再走刻苦費力的老路，又會怎樣？

　　在此分享我個人的經驗談。受過高等教育的我，儘管事業成功，卻飽受身體及情緒的困擾，幾乎試遍了所有自我成長的方法，卻總是不見起色，已到了瀕臨崩潰的邊緣。後來，我意外地認識了大衛・霍金斯博士，也讀了他的著作，從此催化了出乎意料的驚人療癒效果。

　　一開始，我也心存疑慮。畢竟我探索過各種門派的靈性、哲學及

宗教法門，不是無濟於事，就是只有一時的效果。因此，在面對霍金斯博士的著作時，我是這樣想的：「八成也是一樣的結果。」但我內在那個一絲不苟的追尋者說：「我要研究看看，反正也沒什麼好損失的。」於是，我翻開了《心靈能量：藏在身體裡的大智慧》（*Power VS. Force*）。看完後，我豁然開朗：「我已經脫胎換骨，跟剛拿起這本書時的狀態不一樣了。」那是二○○三年。如今事隔多年，那催化劑一般的效應依然在我人生的各個領域發揮作用。

坦白說，我之所以相信霍金斯博士的論述，是因為我的身心靈全都出現了正面的改變。這些親身經歷不容我否認：我徹底戒除了一個屢戰屢敗的癮頭；我對寵物毛屑、野葛、黴菌及花粉的過敏症緩解了；我放下了心中多年的怨懟，能夠從經歷過的人生傷痛看見隱藏其中的禮物；我減輕了幾乎伴隨我一輩子的恐懼及焦慮症，職涯及私生活再也不必受到限制；我解決了好幾個與自我接納及人生目標有關的內在衝突。這些生理性及非生理性的重大突破，不僅是我自己有感覺，身邊的人也都注意到了我的實質轉變。他們問我：「你的轉變是怎麼發生的？」現在，如果再遇到同樣的問題，我會請他們去讀一讀《臣服之享》這本書。在這本書中，霍金斯博士把我在閱讀他舊作時所經歷的內在變化過程，都詳實地寫出來了。

《臣服之享》提供我們一條前往自在人生的路線，任何願意踏上這趟旅程的人都可以使用。參照書中提到的幾個大原則去實踐，你的人生將會大大改觀。這些原則不難理解，也不難施行。它們不用花你半毛錢，也不要你做一些特殊的打扮，更不用遠道跑到國外。踏上這趟旅程的首要條件，是你願意放下對目前人生經驗的依戀與執著。

　　誠如霍金斯博士解釋的，小我會緊抓著熟悉的事物不放，不管它們會帶來多少痛苦，或是一無用處。更弔詭的是，小我其實很享受悲慘落魄的生活，樂得與所有負面狀態共處，包括覺得自己沒價值、不中用、喜歡批判別人和自己、自我膨脹、認為自己永遠都是對的、悲傷過去、恐懼未來、舔舐傷口、渴求安心的保障，以及索求愛而不是付出愛。

　　請你想像一下另一種新人生：成功得來全不費功夫、不再憤恨不平、常懷感恩、靈感不斷、充滿愛及喜悅、有問題總能找到雙贏的解決辦法、活得快樂、經常發揮創意……你願意擁有嗎？霍金斯博士告訴我們，不幸福的人多半是因為他們認定自己不可能得到幸福：「天底下哪有這麼好的事」、「這種好事永遠輪不到我」。

　　霍金斯博士是快樂的化身、無限喜樂的化身，以及平和的化身，更是值得我們仰望跟隨的恩典。他之所以會寫這本書，是因為他親身體驗到臣服機制的威力。閱讀這樣的一本書，親炙這樣一位無拘無束的靈魂，可以給我們帶來催化的力量與希望，啟動自己的內在旅程。因此，儘管小我在一旁冷嘲熱諷、喋喋不休，我們還是要跟緊高我的腳步。一開始，我們可能會從霍金斯博士等意識先鋒、導師、智者身上聽到高我召喚的聲音，然後，當我們也體驗到真相、療癒、擴展之後，就會聽到來自自己內在的召喚。「老師與學生的高我，沒有上下優劣之分。」霍金斯博士說道。

　　這本書，寫出了真相。身為認真、嚴謹的追尋者，對於許多現代的靈性著述，我只能以淺薄二字來形容，因此我也針對這本書的內容做了幾次審查與檢視。作者的言論是否來自他本人真實的證悟？答案

是「沒錯」。透過連續幾年的訪談，我有了密切觀察霍金斯博士的機會，從而確認了他在意識上領先群倫的超前狀態。在本書中，他提醒我們一條意識法則：高振動能量（例如愛）可以影響低振動能量（例如恐懼）。這是因為所有人都透過能量互相連結，也因此每次在他身邊，我都能感受到深刻的平靜與愛，從而確定這條法則為真。誠如他在本書中的解釋，每個人隨時都能從層次較高的能量狀態獲得好處。

不論人生走到了哪一步，本書都會指點你「下一步」該怎麼走。霍金斯博士所論述的臣服機制，整趟探索內在的旅程都能適用：從放下童年時積壓的怨憎，到最後小我的臣服。因此，不論是追求成功的專業人士，或是有情緒困擾及身體病痛的患者，或是致力於開悟的求道者，這本書都同樣有用。他建議每個人都可採取一個重要行動：承認在人生境遇中會出現各種負面感受，並且願意不帶批判地去正視這些感受。超越主體與客體的非二元性高等覺知，是我們可以攀登的終極目標。但堅持二元性的「小我」卻經常要求我們去跟他人分個高下，我們該怎麼處理這種情況？

霍金斯博士在之前的十部著作中提到，在開悟的非二元狀態下，會出現珍貴的本初覺性或原始覺知（pristine awareness，眾生本來就具足的覺性）。就像他多次在講座開始前打趣所說的：「我們都是從終點上路。」的確，他在講座上及著作中，已經詳盡說明當人類的內在演化到達顛峰之後，意識會呈現這種最高的覺知狀態。

在他晚年所出版的這本書中，他要帶領著我們回歸到共同的起點：承認小我的存在。我們必須從自己目前的位置啟程，才能抵達目的地！如果我們打算從這裡前往，卻欺騙自己說會從目的地附近上

路，並不會讓我們快一點抵達。幻想目標與我們的距離沒有那麼遠，其實才會拖長旅程。正如他在本書所說的，除了鼓起勇氣，還要對自己誠實，才能看見小我的真面目。只有承認我們繼承了人性的陰暗面，才有可能臣服，解除負面的束縛。我們先要有意願去承認並接納這一部分的人類經驗，因為只有接納後，才能超越──而霍金斯博士會替我們指路。

此外，這也是一本實用的操作手冊，因為霍金斯博士所闡釋的技巧可以讓我們超越小我、突破重圍，得到我們渴求的自由。根據霍金斯博士的說法，這種自由與純粹的快樂，是我們「與生俱來的權利」。他數十年的臨床診療經驗，也給了許多人鼓舞與啟發。在一個個真實案例中，我們看到臣服的力量幾乎能夠落實在所有生活領域：人際關係、健康情況、職場、休閒活動、靈性覺醒、家庭生活、性愛、情緒療癒，以及成癮戒斷。

我們學到要解決問題，答案都要**往內**找。──放下那些會阻擋我們找到答案的內在障礙，高我便能大放光芒，照亮通往平和的道路。其他靈性導師也強調，要解決個人困境與集體衝突，唯一的正解是培養內在的平和：「先解除內部武裝，再解除外部武裝。」（達賴喇嘛）；「想改變世界，先改變自己。」（甘地）道理昭然若揭。我們都是整體的一分子，因此療癒自己，也是在療癒世界。從能量層次來看，每個人的意識都會連結到集體意識，因此個人療癒會促成集體療癒。從科學及臨床應用上來了解這條法則的人，霍金斯博士或許是第一位。關鍵在於：改變自己，就能改變世界。當我們的內心充滿了愛，就會促成外界的療癒。就像水漲船高的道理，個人無條件的愛可

以拉所有眾生一把。

　　大衛・霍金斯博士是聞名世界的作家、精神科醫師、臨床醫師、靈性導師及意識研究員。除了不平凡的一生，他珍貴的著作及研究也閃耀著慈悲的光芒，幫助讀者卸下人生的各種痛苦，對人類的進化貢獻良多。

　　開悟是一種充滿喜樂、幸福感的圓融狀態，一旦進入這種境界，沒有人會想要離開。而當我們在全然臣服於自己對神、對人類同胞的愛之後，就會開始分享自己所得到的恩典。因此，霍金斯博士花了很多心力寫了這本書跟讀者分享，這是臣服發揮作用的結果。我們會在這本書的其中一章看到，唯有全然臣服，才能重拾個人意識去履行塵世責任。此外，霍金斯博士在寫書時也沒有離開天人合一的開悟狀態，因此不可避免地要面對無法用文字語言表達的挑戰。我注意到他書中有時會出現文法不符慣例的情形，例如「我們的生命」（our life），真實地反映出他正處於靈性狀態之下，把所有的生命視為一體。霍金斯博士願意重新投入邏輯與語言的世界，跟我們分享「意識地圖」來協助我們，也完成自己的天命，足可見他對全人類的無私之愛。他所指出的解脫之道，讓我們有機會得到解脫。

　　感謝霍金斯博士，送給我們全然臣服的大禮。

法蘭・葛蕾絲（Fran Grace）博士

加州雷德蘭茲大學（University of Redlands）宗教學教授

冥思生活學院（Institute for Contemplative Life）創始院長

二〇一二年六月

【前言】

臣服：全方位的療癒機制

　　在多年的臨床精神醫療工作中，我的主要目標是為人類形形色色的痛苦，找出最有效的解決方法。為此，從醫學、心理學、精神醫學、精神分析、行為技術、生物回饋、針灸、營養學到腦化學，我都有所涉獵。除了這些臨床療法，我也開始研究哲學系統、形而上學、大量的全人保健技術、自我成長的課程、靈修門派、冥想技巧，以及其他拓展個人覺知的方法。

　　探索了這麼多的領域後，我發現臣服機制是一個實際可行且確實有益的工具。對於這個重要的發現，我認為有必要寫一本書來跟世人分享，同時也把臨床治療及個人經驗所觀察到的情況記錄下來。

　　先前我出版過的十本著作，主要焦點都放在覺知及開悟的高階狀態。多年來，講堂及講座上很多學員提出的問題，披露了開悟的一些日常障礙。一個務實又有用的回應方式，就是分享一個能讓他們成功克服這些障礙的技巧，例如：如何在失去、挫敗、壓力與危機下，處理人生的浮沉與波折？如何從負面情緒解脫，以免波及到健康、人際關係及工作？如何處理所有不想要的感受及情緒？現在你手上這本書，就是我給出的答案，提供一個能釋放負面感覺並重拾自在的簡單又有效方法。

　　放下與臣服的技巧是移除障礙與執著的一套實用工具，也可以稱之為「臣服機制」。臣服的效果是有科學證據的，相關解釋已納入本書的其中一章。研究顯示，臣服技巧對於緩解壓力造成的生理反應，效果超越過現有的許多其他方法。

　　將坊間各種減壓及提高意識的方法大致研究一番後，臣服機制脫穎而出，因為操作簡單、效率高、有臨床成效、沒有模稜兩可的概念，而且成果立竿見影。由於臣服技巧實在太過簡單，以至於真正的益處很容易被誤判。簡而言之，臣服可以幫我們解決情緒依附的問題。這驗證了每一位智者的觀察，亦即執著是受苦的首要因素。

　　心智及心智所產生的想法，是由感受驅動的，而每個感受都是由成千上萬個想法累積而成的衍生物。多數人終其一生，都在壓抑及逃離自己的感受，被壓抑的能量會一天天累積，再藉由身心症、生理失調、情緒問題以及人際互動的一些脫序行為發洩出來。積壓的感受會阻礙靈性成長及覺知能力，也會妨礙各個生活領域的成功。

　　因此，臣服技巧的好處可以從幾個面向來說明：

消除生理上的病痛

　　清除被壓抑的情緒對健康有益，可以減少溢流到自律神經系統的能量，以及疏通經絡能量系統（可用簡單的肌肉測試來驗證）。因此，一個隨時臣服的人，身體的病痛及身心症都會改善，甚至完全康復。身體的病理過程會全面反轉，讓生理機能恢復到最佳狀態。

將行為導正回來

由於焦慮與負面情緒不斷減輕，漸漸就不必再借助藥物、酒、娛樂、過度睡眠來逃避。於是，體力、精力、氣色、幸福感的程度都會改善，各方面的機能都更有效率且不費力地運作。

人際關係的提升

釋放負面感受後，正面感受會持續增加，人際關係短期內就能全面改善。我們更有能力去愛，發生衝突的頻率下降，而且工作表現越來越好。鏟除負面障礙後，更容易達到職業目標，由愧罪感引發的自毀行為則會日益減少。我們會更信任直覺，不再一面倒向理性；會更關注個人成長，往往還會發掘出以往不知道的創造力及靈能，這是因為壓抑負面情緒的人，這些方面的能力必然會受損。依賴會破壞所有的人際關係，因此相當重要的一點是，臣服於負面情緒後，依賴程度會不斷減輕。依賴往往隱含著大量的痛苦，甚至會以最可怕的暴力與自殺行為來表達。一旦依賴程度變輕，帶有敵意的挑釁行為也會隨之變少。至於那些負面感受，則會由接納及愛取而代之。

意識／覺知／靈性的深層體驗

持續練習臣服，就會開啟我們內在更深層次的領域。放下負面情緒，意味著可以體驗到越來越多的快樂、滿足感、平靜及喜悅。我們

會變得更有覺知，也更容易連結上內在更高層次的自我——高我。對於靈性導師的教誨，我們更能融會貫通，成為我們個人的經驗。逐漸的，我們不會再自我設限，也終於認清自己的真實身分。放下，是達成靈性目標最有用的方法之一。

不管是誰，如果能在日常生活中做到臣服，就可以在潛移默化中實現以上所有目標。負面情緒消失後不再生起，取而代之的是正面的感覺與情緒，所聞所見以及所感受的生活體驗都是快樂的。

以上這些資訊，旨在鼓勵讀者去練習臣服的技巧，以便親身經歷這些值回票價的驚喜體驗。

大衛‧霍金斯博士

靈性研究院創始院長

二〇一二年六月

第 1 章

困惑，
是獲得救贖的一線生機

某日沉思時，心智說話了：

「我們究竟是哪裡出了錯？」

「幸福怎麼不乖乖留下來呢？」

「答案在何處？」

「如何處理人類的困境？」

「是我瘋了，還是這個世界瘋了？」

任何問題的解決方案似乎都只是暫時的權宜之計，因為這些解決方案都將引來下一波的問題。

「人類的腦子只能像倉鼠滾輪那樣無望地原地兜圈子嗎？」

「每個人都活得迷迷糊糊、不明不白？」

「神知道祂在做什麼嗎？」

「上帝死了嗎？」

心智只能無可奈何地喋喋不休：「有誰可以告訴我答案？」

為了找到答案，你拐了多少彎？

別擔心——每個人都跟你一樣無助，也跟你有同樣的渴望。有的人看似一副不在乎的樣子，他們會說：「不曉得大家幹嘛大驚小怪的，我覺得人生再簡單不過了。」他們畏懼人生，怕到連看都不敢多

看一眼！

　　那專家呢？專家的困惑要更複雜一些，他們會以厲害的術語進行包裝，搭配精巧的思維架構，然後把預設的信念體系努力套用到你身上。這樣做，似乎可以奏效一陣子，但不久後你又會被打回原形。

　　以往我們仰賴社會組織來解套，但那個時代已經遠去了，現在沒有人會再相信社會組織了。現在的監督團體還比社會組織多呢，比如醫院就受到一層又一層政府單位的監督。於是，沒人有空去管病人，病人就在這些混亂中被遺忘了。看看醫院的走道，那裡沒有醫生，也沒有護士，因為他們都在辦公室裡處理文書報告。整個醫療現場，完全沒有人味。

　　你說：「但是，總有知道答案的專家吧？」在心情沮喪時，你會去看醫生或精神科醫師、分析師、社工或占星師。你信教、鑽研哲學、參加埃哈德培訓課程（Erhard Seminars Training）[1]，或運用情緒釋放技巧（EFT）在身上敲敲打打。你平衡脈輪、接受反射療法、埋耳針、做虹膜檢測，或用光與水晶來療癒自己。

　　你可能嘗試過冥想、唱誦咒語、喝綠茶、參加五旬節教會、做火呼吸[2]、說一些沒有人能懂的神言神語。或是回歸中心、學習神經語言程式學（NLP）[3]、追求自我實現、努力做觀想、研讀心理學、參

1　編按：Erhard Seminars Training 簡稱 EST 培訓，是一九七○年代相當流行的一種心靈工作坊，提供為期兩週的課程，旨在自我激勵並改變體驗生活的能力。

2　編按：火呼吸是昆達里尼瑜伽非常重要的呼吸法，在用鼻子反覆吸氣及呼氣時，使用的是腹部肌肉及深層核心肌群。

3　編按：神經語言程式學（NLP）是一種快速自我改變的技巧與方法，透過改寫大腦的程式來改善不良的行為及習性。

加榮格心理分析團體、做羅夫結構整合療法（Rolfing）、吃迷幻藥物、找靈媒、慢跑、跳爵士健美操、灌腸、注意飲食養生、做有氧運動或倒吊、配戴靈性飾品。你尋求更多的洞見，用各種儀器來測量生理回饋指標，嘗試完形療法[4]。

　　你可能也做過順勢療法、整脊、物理治療，還做了肌肉動力學的測驗，找出自己屬於九型人格的哪一型。或是調整經絡、參加提升自覺的團體、吞鎮靜劑、注射賀爾蒙、補充礦鹽、平衡體內的礦物質、祈禱、懇求及乞求。你學習靈體出離、吃素或只吃甘藍菜、嘗試長壽飲食、吃有機食物、不吃基因改造的任何食物。或是造訪薩滿巫醫、做汗屋儀式、吃中藥、嘗試針灸、做指壓或針壓、改造風水。你跑去印度尋訪新的上師，脫掉衣服在恆河游泳；你凝視太陽、剃光頭、用手取食、洗冷水，把自己搞得髒兮兮。

　　你吟唱部落歌謠、做催眠回溯前世；發出原始的嘶吼、揍枕頭出氣、練習費登奎斯方法[5]、加入夫婦懇談團體、上教會、抄寫肯定語、製作願景板。你還可能做過重生療法、卜卦、算塔羅牌、禪修、上更多的課程及工作坊、看更多書、做人際溝通分析、做瑜伽。你接觸神祕學、修習魔法，還去造訪夏威夷的卡胡納（kahuna）巫醫，在薩滿之旅時坐在金字塔底下，閱讀諾斯特拉達姆斯（Nostradamus）[6]預言

4　編按：完形療法以完形心理學為基礎，強調擺脫他人的期待及判斷，去接納及表現出原來的、真實的、完整的自己。

5　編按：費登奎斯方法（The Feldenkrais Method）是一種身心整合重建技巧，透過各種動作學習身心對話。

6　編按：十六世紀的法籍猶太裔預言家。

集，對未來有了最壞的打算。

　　你去靜修、採行斷食、攝取胺基酸、買負離子機，或是參加神祕學派，學習用祕密的握手方式來打暗號。你練習聲音療癒，嘗試色彩能量療法，聽潛意識錄音帶，吃號稱可以補腦的酵素、吞抗憂鬱劑、進行花精療法、做 spa、泡溫泉，還研究來自十萬八千里外的奇怪發酵食品，使用異國食材做料理。你去西藏找聖者，跟陌生人牽起手圍成一圈一起嗨。你禁欲，披上黃色的長袍，加入異端宗教。

　　你嘗試各種各樣的心理療法，吞服所謂的仙丹妙藥，訂閱大量的期刊；採用普里特金（Pritikin）低油飲食法、葡萄柚飲食法。你懷抱新時代（New Age）的思維、做環保、拯救地球、看手相、判讀氣場、戴水晶、算印度的占星命盤、找附體通靈的靈媒。你接受性治療，嘗試雙修瑜伽，接受來自某聖者的祝福，加入匿名團體，前往法國的聖母顯靈地盧爾德（Lourdes），穿腳底按摩拖鞋，或是光腳接地氣。你養氣，吐出陳腐的負面氣息，用銀針做針灸，也嘗蛇膽、練習脈輪呼吸、清理氣場，在埃及的大金字塔冥想。

　　你說，你跟朋友幾乎把前述方法都試過一輪了。哎，人類！真是夠神奇的了！可悲、滑稽，卻又如此高貴！如此百折不撓！是什麼在驅策我們不斷地尋找答案？是痛苦？還是希望？當然，事情沒有這麼簡單。

　　我們憑著直覺，知道終極答案就在某處。我們在漆黑的小徑跌跌撞撞，走進死巷與絕境；我們被剝奪、被控制，經歷了幻滅與厭倦，而我們還是不死心地一試再試。

　　我們的盲點在哪裡？為什麼遲遲找不到答案？

我們得不到答案，是因為不了解問題的癥結在哪裡。

也許是答案簡單得出乎意料，以至於我們看不出來。

也許答案不在「外面」，所以我們找不到。

也許是我們的信念系統太繁雜，遮蔽一目了然的真相。

從古至今，鮮少有人能做得到明心見性，體驗到人類苦難的終極解答。他們是如何進入那個境界的？有什麼訣竅？為什麼我們體會不來他們的教誨？難不成這真的是一趟無望之旅嗎？我們這些凡夫俗子怎麼辦呢？

許多人踏上靈性道路，卻沒有幾個人能夠走到底，徹底了悟終極真相。怎麼會這樣？我們恪守儀軌與教條，到頭來仍然是一次又一次的失敗！即便靈修有些成果，小我也很快就會冒出來搗亂，讓我們自鳴得意，想著自己找到了答案。噢，老天，幫助我們遠離那些自稱無所不知的人吧！幫助我們遠離那些自詡為正義之士的人吧！幫助我們遠離那些把善行掛在嘴邊的人吧！

感到困惑嗎？恭喜你！

困惑，是我們獲得救贖的一線生機。還知道困惑的人，就還有指望。所以，守護好你的困惑。自始至終，困惑都是你最好的朋友，是抵禦別人塞給你答案的銅牆鐵壁，是防範讓別人的觀點強暴你的最佳武器。如果你感到困惑，代表你仍然是自由之身。這本書就是為困惑的你所寫的。

　　這本書在談什麼？答案是：它要談的是一個簡單的方法，你學著學著，內心會越來越雪亮，不再讓問題困住自己。解脫的辦法不是找到答案，而是把造成困擾的原因抹除。古聖先賢的境界不再遙不可及，解答就在我們之內，一尋便得。臣服的機制很簡單，而且真相本來就不證自明，在日常生活中你經常就能夠有所體悟。這本書裡沒有教條，沒有任何的信念系統。所有一切都是你的親身驗證，所以你不可能被誤導。臣服不是建立在任何教義之上，它遵循的只是幾句格言：「認識自己」、「真理必叫你們得以自由」，以及「天國在你之內」。臣服適用於憤世嫉俗者、實用主義者、宗教狂熱者以及無神論者，適合各個年齡層及各種文化背景，適合追求靈性成長的人，也適合不重視靈性生活的人。

　　因為臣服機制是你自己的，誰都不能奪走，絕對不會有幻滅的危險。你會親自發掘什麼是真實的，而什麼只是心智程式或信念系統。在這一趟旅程中，你的健康會升級，你可以付出更少的心力變得更成功、更快樂，還能夠付出真愛。朋友會察覺到你的變化，而且這些變化是永久的。你不會攀上「高峰」後就開始往下墜，你會發現自己的心裡長駐著一位自動化的好老師。

　　最終，你會發現深藏於內的那個高我，潛意識一直都知道「高我」的存在。當你找到「高我」，就能明白古聖先賢所要傳遞的道理。你將會了解那些道理，因為真理不證自明，而且就在你自己之內。

　　這本書在撰寫期間，始終都以讀者諸君為念。下筆如行雲流水，流暢不費力。書中沒有要你刻意學習或背誦的道理，你會越讀越輕鬆，越淋漓暢快。一頁頁讀下去，就能隨著內容自然而然地體驗到了

自由。你會覺得身上的千斤重擔不見了，不管做什麼事都更能樂在其中，而且發現生活中處處有驚喜！你將會漸入佳境，所有事情都會越來越好！

你可能會有所懷疑，沒關係。我們都曾因為輕信別人信誓旦旦的說法而吃虧，所以你想怎樣懷疑都無妨。說真的，避免一頭熱的輕信才是明智的，否則日後可能會令我們大失所望。因此，與其一頭熱，靜靜觀察對你更有利。

天底下會有不勞而獲的事嗎？有的，絕對有。那就是你的自由。然而，你早把自由拋諸腦後，不曉得從何體驗了。你已經擁有的東西，何必另外求取。自由不是什麼新玩意兒，也不在你之外。自由原本就屬於你，只需要你去重新喚醒、重新發現。自由的本質，會讓它自己慢慢浮現出來。

分享這個方法，其目的是要幫你觸及到自己內在的感受與經驗。此外，本書還有你的心智會想一探究竟的有益內容。臣服的過程會自動展開，因為想要離苦得樂，是人心的本性。

第 2 章

臣服，
讓人生化被動為主動

自由自在的人生狀態

　　臣服就像內在的壓力突然解除，也像卸下重擔。隨之而來的感覺，是頓時鬆了一口氣，心情明亮起來，更快樂、更自由。這是心智的實際機制，每個人都不時會有這樣的經驗。

　　以下是一個好例子。你跟人起了劇烈的爭執，覺得怒火中燒，但一個剎那間，你卻覺得這整件事莫名其妙、荒唐又離譜。於是，你笑了出來。壓力就這樣緩解了。你戰勝了生氣、恐懼以及被攻擊的感覺，頓時感到自在又愉悅。

　　想想看，要是不管何時何地何事，你都能做到這樣的臣服，該有多好。你可以永遠自在逍遙，不會一次次地感覺自己被逼到絕境。臣服技巧就是這麼一回事：要主動地、經常性地、心甘情願地臣服。如此一來，你就不再是個受害者，可以掌控自己的心情，不再任憑外在世界宰割，也不再對自己的反應無能為力。這也實踐了佛陀的根本教誨，消融那因不由自主的反應所產生的壓力。

　　我們都囤積了大量的負面情緒、態度及信念，並把它們背負在身上。這些累積下來的壓力令我們苦不堪言，也是許多病痛及問題的根源。我們雙手一攤，辯稱這就是「人生」。我們尋求並動用不計其數的手段來逃避，終其一生，都在閃避恐懼造成的內在動盪及步步進逼的愁苦。每個人的自尊，無時無刻不在承受著內外的夾攻。

　　仔細檢視人類的生命，便會看出人生的本質是一場絞盡腦汁的漫長掙扎，以試圖逃避內在的恐懼，以及投射到外界的期望。擺脫掉內在恐懼的短暫愉悅，不時穿插在我們的人生之中，但恐懼沒有離去，

依舊在那裡等著我們自投羅網。我們畏懼去查看內心的真實感受，害怕它們太過負面，若是再深入一點就會被壓垮。我們缺少有意識的機制去主動處理這些感受，因此不能放任這些感受浮上心頭，除了害怕及提防，可說是束手無策。既然不敢面對，等這些感受日積月累之後，我們就會開始暗自希望能夠一死百了，早日從痛苦中解脫。折磨我們的，不是念頭或事實，而是伴隨而來的感受。念頭本身不會造成痛苦，痛苦的源頭是隨著念頭而起的感受！

感受引發了壓力，而壓力累積之後又會產生念頭。光是一個感受，經過一段時間後就會引發成千上萬個念頭。比如想起一段早年的痛苦回憶，或是一個始終不能見光的悔恨。瞧瞧在漫漫時光裡，有多少念頭是由這一件往事引發的。然而，要是我們能向底下的痛苦感受臣服，那些念頭馬上會化為烏有，我們也會把那一樁事件慢慢淡忘。

這樣的觀察，與科學研究的結論一致。一九八一年，葛雷（W. Gray）與拉維萊特（P. LaViolette）的科學理論整合了心理學與神經生理學，他們所做的研究證明所有的想法與記憶都可根據感覺基調（feeling tone）來分組。與這些想法相關聯的各種不同程度的感受，會被歸檔到記憶庫裡。因此，一旦消弭或釋放某一個感受，我們就能從所有相關的念頭中解脫出來。

懂得如何臣服、如何放下，真的是妙用無窮，你可以在任何時間、任何地點，在一眨眼間放下所有感受，而且這一招屢試不爽，不費吹灰之力。

那麼，何謂臣服狀態？這是指在某個領域沒有負面的情緒，創造力與自發性就能在沒有內在衝突的抵制或干預下顯現出來。當我們從

內在的衝突及期待中解脫出來後，就能帶給生命中的其他人最大的自由。這讓我們體驗到宇宙的一個基本特質，那就是：在任何情況下，做最好的安排。或許這聽起來很哲學，但當我們真的做到後，卻能從親身的體驗知道，事實就是如此。

別讓負面感受與情緒囚禁了你的心智

我們處置感受的方式，主要分成三種：壓抑、表達及逃避。以下逐一探討。

一、壓抑與潛抑。這兩種做法是處理情緒最普遍的方式，也就是將感覺壓制下來、置之不理。潛抑（repression）是指當事人不自覺地把情緒深深地壓入潛意識，而壓抑則是有意識的自我控制過程。當我們不想為了難受的情緒及感受傷神，或是不曉得應該怎麼處置時，就會這樣做。我們透過這樣的忍讓，好盡力照常過日子。在社會風俗與家庭教養的薰陶下，我們在內心建立起這兩種有意識及無意識的程式，據此篩檢出要壓抑或潛抑的感受及情緒。被壓抑下來的感受會累積成壓力，進而引發情緒波動、暴躁易怒、頸背部的肌肉緊繃、頭痛、痙攣、月經異常、結腸炎、消化不良、失眠、高血壓、過敏及其他的身體症狀。

我們會**潛抑**某種感受，是因為對那種感受太內疚或太恐懼，以至於不想在意識層次去感覺它。只要那種感受蠢蠢欲動，就會被立刻推送到潛意識，並且受到種種管制，以維持潛抑狀態，不被我們察覺。

　　心智會以各種機制來潛抑感受，其中最廣為人知的手段大概是否認與投射。否認與投射往往同時出現，相生相成。情緒上的重大障礙及很多不成熟的表現，大都是因為否認而起。否認通常會伴隨投射作用，投射是因為內疚與恐懼而將自己的過錯、缺點、不被認可的欲望等歸咎到外界或周遭的人身上，以保護自己。我們會壓抑這些衝動或感受，否認自己心裡有那些不好的東西，不去感受它們。我們所體驗到的那些感覺，彷彿是來自「別人」身上。把「別人」變成敵人後，心智就會開始尋找可以強化投射作用的正當理由。人物、地點、制度、食物、氣候條件、星象、社會環境、命運、神、運氣、魔鬼、外國人、種族、政治對手及我們之外的事物，都可能成為我們怪罪的對象。投射作用是這個世界目前的主要機制，所有的戰爭、衝突、內亂，禍首都是它。我們甚至鼓吹要怨恨敵人，才是「好國民」。我們犧牲別人來維護自己的自尊，最後，造成社會分崩離析。一切的攻擊、暴力、挑釁，以及各種形式的社會破壞，其背後的機制都是投射。

　　二、表達。在這個機制下，個人的感受及情緒得以化為言語或以肢體語言宣洩出來，或是在層出不窮的示威抗議活動中用行動宣示。將負面的情緒及感受表達出來，內在的壓力就能夠獲得足夠的釋放，剩下的情緒就壓得下去了。這一點非常重要，因為在當今社會中，許多人相信當他們將情緒、感受表達出來後，就能夠從中解脫。但是，事實卻恰恰相反。首先，當我們表達時，往往會把那種感受或情緒渲染開來，給它更大的能量。其次，情緒的表達，還會把殘存的感受壓抑在我們覺知不到之處。

在壓抑與表達之間如何平衡因人而異，要看幼年的教養、當前的文化規範及媒體等因素。表達自我如今蔚為潮流，但這是因為誤解了佛洛伊德與精神分析學派的研究。佛洛伊德指出，壓抑是精神官能症的起因，表達才會被誤認為是解決之道。這樣的誤解，成了折騰別人來放縱自己情緒的擋箭牌。在正統的精神分析學派中，佛洛伊德所說的，其實是指被壓抑的衝動或感受必須被抵銷、昇華、社會化，並把能量引導到愛、工作及創造力的正途上。

如果把負面情緒發洩到別人身上，別人會覺得受到攻擊，而被迫去選擇壓抑、表達或逃避；因此，表達負面情緒所造成的結果，就是惡化及破壞人際關係。更好的做法是為自己的情緒負起責任，主動消化及化解。如此一來，我們所表達的，就只剩下正面的感受了。

三、逃避。逃避是利用其他令人分心的事物，來閃躲自己的感受與情緒。逃避是娛樂業與製酒業的生存命脈，也是工作狂選擇的老路。逃避主義與閃避內在覺知，是社會認可的機制。有無限多的消遣方式可供我們閃躲內在的自我，阻擋內在的感受竄出來，而我們會日漸依賴這些消遣，最後，便對許多消遣上癮。

人們不管不顧地保持在無知無覺的狀態，稍微觀察一下，就會注意到很多人常常一進門就打開電視，彷彿夢遊般走動，時時刻刻都在接收大量的資訊並據此行事。他們畏懼面對自己，連一時半刻的獨處都受不了。於是，總有應接不暇的活動，包括沒完沒了的社交、談話聊天、發簡訊、閱讀、聽音樂、工作、旅遊、觀光、購物、大吃大喝、賭博、看電影、吞藥、吸毒，以及參加雞尾酒會。

前述的逃避方式，許多都暗藏風險、充滿壓力、徒勞無功，並且會消耗越來越多的精力。壓抑情緒及感受會造成壓力，而這些壓力會不斷攀高，必須靠大量精力才能持續鎮壓。我們的覺知會不斷流失，成長會停頓下來，創意、精力會折損，對待別人也會流於表面工夫，失去真實的興趣。此外，靈性成長也會中斷，遲早發展出身心不適、疾病、提早老化，甚至造成英年早逝的遺憾。然而，如果將壓抑的感受投射出去，卻會釀成社會問題與亂象，助長目前社會上麻木、自私、無情的風氣。逃避最嚴重的效應，是你不能出自真心地去愛、去信任他人，淪落到情感孤立與自我厭惡的地步。

反之，如果我們放下某個感受，會如何呢？答案是，感受背後的能量會立即釋出，實際的效果就是解除壓力。當我們懂得放下與臣服，累積的壓力水準會開始下降。每個人都知道，放下之後，馬上就感到通體暢快，生理狀態也會跟著改變，氣色、呼吸、脈搏、血壓、肌肉緊繃度、胃腸機能、血液生化物質，都會出現可以測量到的改善。內在重獲自由的狀態下，所有的生理機能與器官大致上都會朝著正常與健康的方向移動，例如肌力增加、視力改善，而且對世界及自己的看法也會大為改觀。我們會更快樂、更有愛，也更親切隨和。

把感受硬壓下來，會有哪些麻煩？

壓力一向是被大量關注的一大議題，但很少人真正理解壓力的基本特質。據說，比起以前，現在的我們更容易感受到壓力。形成壓力的根本原因是什麼？當然不會是外來因素，這些因素只不過是被稱為

投射作用的那個機制所呈現出來的一些例子。我們以為壓力是「別人」或「外部事務」加諸給我們的，但事實上，我們所體驗到的，僅僅是內在情緒壓力的冰山一角而已。正是這些被壓抑、表達不出來的感受，讓我們扛不住外來的壓力。

「壓力」的真正源頭來自我們的**內在**，而不是人們一廂情願所認定的外在。例如，一個人有多容易憑著恐懼行事，要看這個人在受到刺激時，會觸動多少內在的恐懼而定。內在的恐懼越多，看待這個世界的目光就越容易變得謹小慎微。滿懷恐懼的人，眼中所見的世界是可怕的；而滿懷憤怒的人，眼中所見的世界則充斥著挫敗與令人一肚子火的亂象。至於抱著愧罪感的人，觸目所及是個誘惑及罪愆橫流的世界。我們內在是什麼，就會把世界渲染成什麼。如果我們能夠放下愧疚，就能得見清白；但背負沉重愧罪感的人，只會看見邪惡。以上的基本原則，就是我們都會把焦點放在被自己壓抑的東西上面。

壓抑情緒所累積的壓力會帶來焦慮。壓力會尋找出口，因此外在事件只是導火線，它觸發了我們有意無意壓抑下來的感受。這些被阻斷的感受所蓄積的能量，會從自律神經系統重新冒出來，導致生理性的病變而開始啟動致病過程。負面的感受及情緒可以令身體的肌力立刻流失五〇％，同時限縮生理上及心理上的眼界。焦慮、緊繃的心理狀態，是我們對誘發因素或刺激的一種情緒反應，這樣的心理狀態取決於我們的信念系統，以及與信念系統相關的情緒壓力。因此，焦慮的根源不是外部刺激，而是我們的情緒反應。越是臣服，越不容易有壓力，也越不容易焦慮不安。無形壓力所導致的傷害，是個人情緒造成的結果。科學研究證實，臣服可以有效降低身體對壓力的反應（參

見第十四章）。

　　許多現行的紓壓方式，往往忽略了核心關鍵。那些方法一味地試圖緩解壓力造成的後續效應，而不去解決造成壓力的根本原因，不然就只是聚焦於外在事件（這就像發燒一樣，光急著退燒而不治療引起發燒的感染）。以肌肉緊繃來說，就是焦慮、恐懼、憤怒及愧疚的後果。學習放鬆肌肉的技巧，效益只是杯水車薪，倒不如移除肌肉緊繃的根本原因──化解壓抑的憤怒、恐懼、愧疚等等負面感受，效果反而好得多。

你的情緒能量場決定了人生事件簿

　　心智喜歡將事情合理化，情願向我們隱瞞引發情緒的真正癥結，再透過投射機制來印證事情確實如自己所料。它怪罪外來的事件或怪罪別人，讓自己產生這些負面感受，認為千錯萬錯都是「他」或「它」的錯，自己則是無助又無辜的受害者。「**他**害我好生氣」、「**他**搞得我好沮喪」、「**它**嚇死我了」、「**世界局勢**就是我焦慮不安的原因」……但，真相正好相反。

　　壓抑的感受和情緒會自己尋找出口，把外在事件當成宣洩的引爆裝置及藉口。我們就像伺機排出蒸氣的壓力鍋，引爆裝置已經準備就緒，隨時都可引爆。在精神醫學上，這種心理防衛機制稱為轉移或替代作用（displacement）：我們之所以生氣，是因為外在事件「害」我們生氣。但如果懂得臣服，就能釋出囤積的怒氣，任何人事物就很難會再「害」我們發火，事實上，甚至連生氣都不可能。同理，其他

的負面感受一旦放下，就再也傷害不到我們。

　　由於社會上的社交制約，我們甚至被要求壓抑正面的情緒及感受。壓抑的愛會造成像心臟病發作一樣的心臟損傷；這樣的愛一旦重新浮現，就會化為對寵物的溺愛，以及各種形式的偶像崇拜。真正的愛不帶一絲一毫的恐懼，其特性是不執著、不依附；相反的，恐懼失去則會強化不適當的執著與占有欲，例如對女友缺乏安全感的男人，醋勁會很大。

　　壓抑感受所造成的壓力遲早會超出一個人的忍受極限，導致心智開始在「外」惹是生非，作為宣洩出口，找到轉移目標來替代自己。因此，壓抑大量悲傷的人，會在生活中不自覺地製造悲傷事件；恐懼的人會促使可怕的經歷發生；憤怒的人去哪裡都會遇到令人生氣的情境；而心性高傲的人則會經常受到折辱。誠如耶穌基督所說：「為什麼看見你弟兄眼中有刺，卻不想自己眼中有梁木呢？」（《馬太福音》第七章第三節）所有的大師都指點我們應該**向內看**。

　　宇宙萬物都在振動，振動頻率越高，就越強大。情緒是一種能量，因此也有它自己的振動頻率。情緒的振動頻率會影響身體的能量場，出現可以看到、感覺到、測量到的效應。透過特殊的克里安攝影術（Kirlian photography）所拍攝的動態影像，比如研究超心理學的賽爾瑪·摩斯（Thelma Moss）博士所拍攝的作品，能夠看到能量場的顏色與大小會伴隨情緒起伏而急劇變化。能量場也稱為「氣場」，有的人憑著天生的能力或後天學習，也能看見氣場頻率的振動。氣場的顏色、大小，會與情緒連動。肌肉測試也證明了能量會跟著情緒一起變換，因為身體的肌肉會立即回應正向與負向的刺激。由此可知，

我們基本的情緒狀態會以頻率方式自動發送至宇宙。

心智沒有範圍、沒有大小，也不受制於空間；因此，心智可以透過振動的能量，將本身的基本狀態無遠弗屆地傳輸出去。這表示一直以來，我們都在無意間透過情緒狀態及思緒去影響他人；而其他人可以接收並解讀這些情緒模式及相關的思維形態，比如遠在十萬八千里外的靈媒。這個理論可以用實驗來呈現，在先進的量子物理領域中，關於這方面的科學原理一向都是大家感興趣的主題。

由於情緒會發射出一個振動能量場，因此也會影響到我們周遭的人，並決定他們是否會離去或留下來。在精神層次上，生活事件會逐漸受到壓抑情緒的影響。據此，憤怒會吸引來讓你憤怒的念頭。精神宇宙（psychic universe）的基本原則是「物以類聚」，因此「愛會助長愛」，所以能夠把多數負面能量放下的人，會吸引充滿愛的念頭、充滿愛的事件、充滿愛的人，以及充滿愛的寵物。這種現象解釋了很多聰明人想不通的《聖經》經文及俗諺，比如「富者越富，貧者越貧」、「凡有的，還要加給他」等等。原則上，意識荒漠的人，會將貧困的情境帶進生命中；而意識豐盈的人，則會把富足帶進生命裡。

在振動的能量層次上，所有眾生都是相連結的，因此周遭的一切生命形態都會接收到我們的基本情緒狀態，並做出反應。我們都知道，動物可以在一瞬間就得知某人的基本情緒狀態；而實驗證明，連細菌的生長也會受到人類情緒的影響，至於植物對人類的情緒狀態，也出現可以測量到的反應。

開始踏上臣服之旅

　　談到跟感受或情緒有關的臣服，就是指允許感受或情緒浮現，並跟它們共處，不要試圖去改變或強做任何處置。這意味著，你要單純地讓感受存在，專注讓感受背後的能量釋放出來。首先，允許自己擁有那種感受，不要去抗拒或發洩，也不要恐懼、譴責或說教。這表示你要放下評斷，明白那**只是**一種感受。臣服的技巧，就是與任何感受同在，臣服於它，不要妄想用任何方式或努力去調整感受。放下想要拒抗這種情緒或感受的渴望，因為**正是抗拒才會讓感受一直盤桓不去**。當你放棄抗拒，不再去試圖調整感受，它便會自動轉換為下一種感受，同時你會覺得輕鬆一些。沒有受到任何抗拒的感受會散逸無蹤，而感受背後的能量也會一併消退。

　　啟動臣服機制後，就會注意到因為這種感受而生起的害怕與愧疚；一般來說，這會讓你心生抗拒。要讓感受更容易冒出來，方法是不要去質疑自己為何會有那樣的感受，也不要隨著你的感受起舞。對恐懼情緒感到害怕，正是這樣的經典例子。先放下你對自己為何會產生那種感受的恐懼或愧疚，然後再進入那個感受之中。

　　放下並臣服於感受，忽略掉你當下的所有念頭。把焦點放在感受本身，別管那些念頭在說什麼。只要念頭一起就會沒完沒了，它們會自我強化，衍生更多的念頭出來；念頭僅僅是你的大腦在為已經存在的感受尋找合理的解釋。你之所以會產生那樣的感受或情緒，真正的原因是那個感受背後已有囤積的壓力，而在那個當下，壓力會強行讓那個感覺浮現出來。不管是念頭或外在發生的事件，都只是心智編造

的藉口而已。

　　等我們對臣服更上手後，就會注意到所有的負面情緒或感受，都會牽連到與生存相關的基本恐懼，而所有的感受，也僅僅是心智所認定的一種必要的求生程式。臣服的技巧會一步步消融這些程式，在消融的過程中，感受背後的動機也會逐漸清晰起來。

　　臣服意味著對任何事物都不帶有強烈的情緒：「有也好，沒有也無妨。」當我們不再執著，就能重獲自由。對於外在事物，你可以盡情享受，但即便生活中缺少了它，你照樣覺得快樂。如此一來，你漸漸就不會再依賴身外之物。這些原則與佛陀不執著的根本教誨是一致的，也跟耶穌基督的基本教義相通：「活在世間，但不屬於它。」

　　有時會在臣服於一個感受後，發現它又捲土重來。原因在於，你還有尚未放下的殘餘部分。終其一生，我們都在堆積這些感受，其中有許多被壓抑的能量必須冒出來，好讓我們去正視它們。一旦做到臣服，會立刻感覺到整個人更輕鬆更愉快，簡直就像「高潮」一樣。

　　持續不斷地放下、臣服，就有可能長久活在自由狀態下。感受會來來去去，遲早你會領悟到那些感受不是你，而真正的「你」只是那些感受的見證者。從此，你不再把那些感受當成自己。那個在觀察及覺知發生什麼事的「你」，始終都沒有改變過。你慢慢察覺到那個始終如一的內在見證者，也開始認同更高層次的意識。你漸漸更靠近那個見證者，並慢慢遠離那個體驗者。你離真正的自我越來越近，開始看清自己一直都被感受擺布、愚弄，而誤以為自己是情緒的受害者。現在你已經明白，關於自己的那些事都不是真的；它們都是由小我創造出來的，凡是心智誤判為求生必備的程式，小我都會照單全收。

　　放下與臣服的成果會來得出乎意料地快速且細微，產生的效應卻非常大。我們往往會不知不覺地做到放下與臣服，等朋友告訴我們時，才曉得自己已經改變了。這種現象的其中一個原因是：徹底放下某個事物時，該事物就會從我們的意識中消失。既然我們根本不會想到它，當然不會意識到它不存在了。對意識正在逐漸成長的人來說，這是常見的現象。我們沒有察覺到自己鏟了多少煤炭，因為我們始終看著的是鏟子上的煤炭，於是沒有意識到那堆煤炭已經變矮很多了。最早注意到我們變化的，是身邊的親朋好友。

　　許多人會畫圖表來追蹤自己的進展，這確實可以幫助我們克服用「這個方法沒有用」的藉口來表達抗拒。有一種普遍的現象是，有些人明明收穫滿滿卻往往宣稱：「這一點用都沒有。」我們必須時時自我提醒，自己在開始臣服之前的舊模樣。

是哪個「你」在慫恿你放棄改變？

　　放下負面感受會摧毀小我，因此小我會全程抵制。這可能會導致我們去質疑臣服的技巧、忘了要臣服、突然爆發逃避行為，或是透過表達情緒及借題發揮來宣洩。解決之道是：凡是在臣服過程中冒出來的任何感受或情緒，只要不斷臣服及放下。允許抗拒存在，但不要去對抗、排斥那些抗拒的感受。

　　你是自由的。你不是非放下不可，沒有人逼你。去探究一下抗拒背後的恐懼，對於臣服的過程，你在害怕什麼？你願意放下那些莫名的恐懼嗎？持續放下每一個生起的恐懼，抗拒便會消融無蹤。

　　別忘了，我們要放下的是所有長期奴役我們、令我們淪為受害者的程式。這些程式會蒙住我們的眼睛，讓我們無法看見自己的真實身分。當小我的地盤慢慢縮水時，它會耍把戲來糊弄我們。一旦我們開始臣服及放下，小我的力量會不斷減弱，離它的大限之期就不遠了。小我的把戲之一，就是讓我們對臣服的機制喪失正確的覺知，例如：莫名地判定臣服的技巧沒有效、一切還是老樣子、對臣服產生懷疑，或是提醒我們臣服太難做到了。要記得，出現以上的現象，反而是大有進展的跡象！這意味著，小我知道我們拿了刀要做個了斷，還我們的自由之身，而它的陣地在流失中。小我不是我們的朋友，它就像科幻片《電子世界爭霸戰》（Tron）中那套「中央控制程式」，要我們持續地被它的程式所奴役。

　　放下與臣服是我們天生本具的能力，不是什麼新玩意兒，也不假外求。這不是什麼深奧的教導，也不是某個人的點子或信念系統。我們運用的是內在的天性，它會讓我們更自由、更快樂。當你臣服時，不要叨念著那些技巧不放，這對你一點都沒有助益。你只管去做就是了。你終究會發現，所有的念頭都是抗拒。念頭是心智製造出來的，用來阻擋我們去體驗事物的**真相**。當我們持續放下、臣服，假以時日，就會開始體悟到實際的情況是什麼，並對自己的念頭一笑置之。念頭是虛妄、荒誕的假想，蒙蔽了真相。跟那些念頭較真，會讓我們永無寧日，然後有一天我們將會發現自己仍然在原地打轉。念頭就像魚缸裡的金魚，而「真正的我」是水。真正的我是各個念頭之間的空間，更精確來說，是所有念頭之下那一片靜默的覺知場域。

　　我們都曾經有過這樣的經驗：因為太過投入某事，而忘了時間的

流逝。這時的心智是靜默的，對我們全心全意在做的事，不加抵拒，而且做起來毫不費力。我們滿心歡喜，或許還不由自主地哼著歌。儘管很忙，我們卻做得毫無壓力、非常放鬆。這時你會突然頓悟：「我根本不需要那些念頭。」念頭就像魚餌，如果我們吞下誘餌，就上鉤了。所以，最好不要去咬餌，而且我們也不需要它們。

有個在我們之內、但我們卻覺知不到的真相：「所有我需要知道的事，我早已知曉了。」

弔詭的是，對臣服的其中一種抗拒，原因卻是臣服技巧的效力太強大了。當生活不盡如人意，被不愉快的情緒團團包圍時，放下、臣服是最自然不過的做法。然而，很多人會在突破重圍、歲月安好時，覺得不再需要臣服了。這是不對的，不論再怎麼稱心如意，都有你尚未臣服、放下的事，此時的你更應該善用自己較佳的狀態，再接再厲，讓一切好上加好。放下與臣服會累積一定的動能，有了動能，要繼續維持就更簡單了。我們的情緒越揚升，就越容易做到放下及臣服。那是往下挖掘的好時機，趁這個機會去一層層放下情緒低落時不想處理的那些被壓抑許久的「陳年垃圾」。永遠都有冒出頭的負面情緒，需要你放下及臣服。差別只在於，當我們感覺良好時，那些情緒會更細微。

有時候，你會覺得被某個情緒困住而走不出來，此時你只要向它臣服就好。允許那個情緒存在，不要心生抗拒。如果它沒有消退，可以試著去拆解它，一次只放下一小片。

　　另一個可能發生的障礙，是你會害怕一旦放下對某件事物的渴望後，就再也無法得到它。此時，重新檢視一下那些常見的信念往往會有幫助，然後從一開始就放下那些信念。這些信念可能包括：（一）只有透過下苦工、努力及自我犧牲，才有資格擁有它。（二）受苦是有益的。（三）我們不能不勞而獲。（四）越是簡單的事越沒有價值。放下以上這些對臣服技巧的心理障礙，你才能享受臣服的過程，毫不費力地樂在其中。

第 3 章

內外喧鬧，
你需要情緒解毒

　　人類的情緒具備許多複雜的心理特徵，並往往涉及到大量的神話符碼及元素，其中也引發了很多的討論及爭議。各種流派的心理療法應運而生，各有各的目標及做法。簡單、純粹是真理的特徵之一，在此要介紹一種簡單、可行、禁得起考驗的情緒地圖，不僅可以從主觀的個人經驗來加以印證，也能透過客觀的測試來驗證。

求生存，所有恐懼的根本原因

　　不論研究的是哪一種心理特徵，都會發現求生存是人類凌駕一切的首要目標。每個人都想保障自己能夠活下來，讓自己所認同的群體（例如家族、所愛的人或國家）能夠代代傳承，一直維繫命脈。人類的基本恐懼之一，是害怕喪失體驗的能力。因此，人類重視肉身的存續，相信這副軀體**就是自己**，先要有身體，才能體驗到自己是存在於世的。人類深信自己是分離的個體而且是有限的，所以才會因為匱乏感而產生壓力。人類最普遍的做法是以身外之物來滿足自己的需求，由於無法靠自己來得到滿足，因此會覺得自己是脆弱的。

　　於是，心智形成了一種求生存的機制，而其主要的求生管道是情緒。前面提過，先有情緒才有念頭，而到最後，情緒就成為念頭的簡化表達方式。幾千個或甚至幾百萬個念頭，都可以用單一的情緒來代替。情緒比心智過程更基本、更原始。理智是心智用來實現情緒目標的工具，當理智上場時，通常完全意識不到或覺知不到底下的潛在情緒。一旦潛在的情緒被遺忘或忽略，使得人們無法體驗到時，就不會察覺到自己行動的真正原因，並且會編造出各種看似合理的理由。事

實上，對於為何要做正在做的事，人們經常是懵懵懂懂的。

　　有一個簡單的辦法可以意識到任何行動背後的潛在情緒目標，那就是提出這樣的問題：「為了什麼？」每蹦出一個答案，你還要再問下去：「為了什麼？」如此不斷往下探究，一路問到潛在的情緒顯露出來為止。舉個例子，有一位男士想要添置一輛新的凱迪拉克，他的心智搬出各種頭頭是道的理由，但邏輯上卻都說不通。所以他問自己：「我為什麼非要凱迪拉克不可？」他自己回答：「這樣才能彰顯出身分地位，獲得肯定及尊重，這是一介平民證明自己成功的最好證明。」接著他又問：「我為什麼要擁有這個身分地位？」答案或許是：「得到別人的尊敬與認可。」再繼續問：「我為什麼要得到別人的尊敬與認可？」「因為這給我安全感。」再接再厲：「我為什麼需要安全感？」「這樣我才會快樂。」反覆詢問「為了什麼？」就能挖掘出最底層的答案：這位男士覺得自己沒有安全感、不快樂、缺乏成就感。每一個行動或渴望，都可以揭露出我們的基本目的是為了實現某種感受，而共通的唯一目的就是消除恐懼、獲得快樂。情緒會連結到我們認定可以確保生命安全的事物，但未必是真正有益的事物。事實上，情緒本身就會導致根本的恐懼，驅使每個人無時無刻不在尋求安全感。

在情緒量表與意識地圖上，你落在哪個位置？

　　為求簡單明瞭，我們使用的情緒量表與意識等級是相對應的。關於意識等級的說明與其科學依據、用途，可參見《心靈能量：藏在身

體裡的大智慧》一書。

　　簡單來說，萬事萬物都會發散能量，而且能量非正即負。憑著直覺，我們可以分辨出正面的人（友善、真誠、體貼）與負面的人（貪婪、狡詐、令人討厭）有何不同。德蕾莎修女的能量，明顯與希特勒不一樣；而多數人的能量等級則落在他們兩人之間。音樂、地點、書籍、動物、意圖以及所有的生命都會散發能量，可以據此「測定」其本質及真實程度。

　　物以類聚、同類相吸，這是因為駐留在每個「意識等級」的能量都不同。意識地圖（見附錄一）以線性的對數來呈現非線性的能量領域，每一個意識等級（或稱為吸引子模式）是依據能量大小換算成對數標度，數值從 1 至 1000。完全開悟的等級（1000）位於意識地圖的最頂端，是人類可以成就的最高層次，耶穌基督、佛陀、奎師那的能量都位於此。羞恥等級（20）位於意識地圖的底端，能量振動頻率接近死亡，代表勉強活著。

　　勇氣等級（200）是正負能量一個關鍵的分界點。勇氣是正直、真誠、有力、具備適應力的能量，低於勇氣的意識等級是破壞性的，而高於勇氣等級則是對生命有利。簡單的肌肉測試可以看出其中的差別：負面刺激（低於 200）會馬上削弱肌力，而施予正面刺激（高於 200）則會瞬間強化肌肉。真正的「心靈力」（power）會強化肌肉，而振動頻率低於 200 的「壓力」（force）則會令人衰弱。位於勇氣上面的等級，會吸引別人主動靠近，因為我們會帶給他們能量（或心靈力），對他們心懷善意。在勇氣以下的等級，會讓人避之唯恐不及，因為我們會從他們那裡索取能量（或心靈力），企圖利用他們來

滿足我們在物質或情感上的需求。

　　以下，我們會介紹意識地圖的幾個基本等級，並按能量高低（由高至低）來排序：

平和（600）：平和、寧靜的體驗是完美、極樂、不費力與合一。這是超越分離、超越理性的非二元狀態，就如《聖經・腓立比書》所說的狀態：「超乎各種意想的平安。」這個等級被稱為覺照與開悟，是人類相當罕見的意識等級。

　　喜悅（540）：不論面對任何情況，也不論別人做了什麼，都會維持無條件且不變的愛。即便一再陷入困境也抱持永久的樂觀態度及慈悲，在他們看來，整個世界與萬物都是籠罩在美與愛之中；而造化是如此完美，不證自明。這個振動層次很接近合一與大我，位於這個等級的人圓融具足，對眾生慈悲、極具耐心、待人如己，也關心他人的福祉。

　　愛（500）：這是一種寬容、滋養、扶持的存在方式。它不是來自心智的愛，而是由心散發出來，著重的是一個基本情境，而不是細節。它關心的是整體，不是枝微末節。在此，覺察力取代了個人的眼界，因此沒有預設立場，能夠從一切存在的事物中看見事物本身的價值及值得被愛之處。

　　理性（400）：理性是人類有別於其他動物的一個特質。這是從抽象角度來看待事情的能力，可以構思、客觀、概念化、當機立斷並修正決定。理性的龐大效用是解決問題，許多科學、哲學、醫學及理則學的科學家及思想家都屬於這個等級。

接納（350）：接納的能量具有寬容、放鬆、和諧、彈性等特質，不會心生任何抗拒。「生命很美好，你我也很好，我們彼此連結在一起」。接納，意味著接受生命本來的樣子，不去特意形塑或改變。位於此意識等級的人不會去責怪他人，也不會抱怨人生。

意願（310）：此意識能量會以正向態度來迎接人生的各種境遇，生存能力非常好。具有這種能量的人非常友善，樂於幫助他人，會主動尋找可以盡一己之力的機會。

中立（250）：位於此意識等級的人淡定從容，非常務實，對於結果會抱持超然的態度，相當程度上不會有情緒化的表現。「這樣也好，那樣也不錯」，沒有僵化的立場，不會固執己見，也不會與人發生爭端。

勇氣（200）：擁有這種能量的人會說：「我辦得到。」他們堅忍不拔，對生活充滿激情、生產力高、獨立、努力充實自我，而且有能力把握機會去行動。

驕傲（175）：這個等級的人是完美主義者，他們會說：「我的做法才是最好的。」他們非常積極，注重成果，渴望獲得肯定，想要與眾不同，自認為高人一等：「比……優秀」。

憤怒（150）：這種情緒能量會以蠻力、威脅及攻擊來壓抑恐懼的根源。這個意識等級的人個性暴躁、反覆無常，經常一副苦大仇深的樣子。他們喜歡「討回公道」，經常把「等著瞧」掛在嘴邊。

欲望（125）：永遠都在追求回報，在獲得及玩樂中打滾，身外之物是他們所關注的目標，而且貪得無厭，永不滿足。他們說的是：「我一定要擁有這個」、「把我要的東西給我，現在就要」。

恐懼（100）：從這個等級能量來看世界，會覺得到處充滿了危險與威脅。位於這個等級的人會閃閃躲躲、防備心重，整天都在為安全擔心受怕。他們有很強的占有欲、嫉妒、煩躁、焦慮，時時都在提防戒備。

悲傷（75）：在這個能量等級的人，無助、絕望、失落、悔恨、消沉、抑鬱、疏離、哀傷及自責，他們會說：「只要我能夠……」。他們是別人口中的「窩囊廢」、「魯蛇」，對他們來說，整個世界都是灰色的，他們快撐不下去了。

冷漠（50）：這個能量等級所表現的特質是失去希望、裝死、無所作為，往往成為別人的「負擔」，經常會說「誰在乎啊？」或「我不行」，如果沒有人拉一把，他們極有可能會潦倒窮困一生。

愧疚（30）：在這種能量場中，會想去懲罰他人及懲罰自己。這會導致自我排斥、受虐狂、懊悔自責、自毀，覺得一切「糟透了」或「都是我的錯」。愧疚意識是許多身心疾病的根源，身上帶有這種能量的人容易發生意外事故及自殺行為，也時常會把自我厭惡的情緒投射到別人身上，認為別人不懷好意。

羞恥（20）：這種情緒能量的特徵是自慚形穢，比如「羞愧到抬不起頭」。被羞恥能量包圍的人，會自我放逐、自暴自棄，這是一種會嚴重摧殘身心健康的狀態，並導致殘酷地對待自己及別人。

　　大致上，我們可以說意識等級越低，其能量的振動頻率也低。這樣的人能量低落、心靈力疲弱、生活條件惡劣、人際關係不良、過得不太富足、欠缺愛，身心健康也好不到哪裡去。由於本身能量低落，

因此容易遭受到索取型的人在各個層面上予取予求而被榨乾。人們經常會對他們敬而遠之，因此他們會發現自己身邊都是相同意識等級的人（例如監獄中的犯人）。

放下負面的情緒及感受，就能逐漸往上移到勇氣等級，並一路向上，越來越能發揮出正面能量帶來的效益，越來越不費力地邁向成功及富足。我們往往樂於親近這種人，說他們人格高尚、個性爽朗。他們會將生命能量分送出去，動物會主動親近他們，養花蒔草也得心應手，凡是他們所接觸的人，生活都會得到正面的影響。在這個勇氣等級，仍殘留著一些負面感受及情緒，但擁有的正面能量已經足以處理它們，因為他們重新掌握了自己的力量，個人的適應能力也足以應付。要從底下的意識等級往上爬到更高的等級，最快的方法是真實對待自己及別人。

傳統認為，意識等級與身體的能量中心（脈輪）有關。據說，一旦「拙火」[1]能量在勇氣等級（200）被喚醒，就會經由脈輪在身體內流動。這些能量中心可以使用一些臨床技術及敏銳的電子儀器測量到，在意識地圖上，各個脈輪的測定值如下：頂輪（600）、第三眼（525）、喉輪（350）、心輪（505）、太陽神經叢（275）、臍輪（275）、海底輪（200）。放下負面的情緒及感受，能量就會往更高的脈輪流動。比如說，如果你改掉經常發脾氣（第二脈輪）的習性，能量會上升到第五脈輪，你就會搖身一變，成為別人口中寬容大度、心地善良的人。

---

1 編按：拙火（kundalini）是一股潛藏在人體尾椎底部的能量，可以透過修持來喚醒它。

　　這一套能量系統會直接作用在物質身體上，脈輪的能量是從稱為「經絡」的管道在整個能量體（energy body）中流動，能量體就像物質身體（肉身）的藍圖。每一條經絡都與某一個臟腑器官有關，而每個器官又會對應到某種情緒。負面情緒會導致相關的經絡失去平衡，例如抑鬱、絕望、消沉等情緒與肝經有關，這些情緒會擾亂肝臟機能。任何負面感受都會傷害到相對應的臟腑器官，經年累月下來，器官就會產生病變而終至無法運作。

　　情緒狀態越是低落，造成的負面影響越大，不僅自己的生活會遭殃，還會波及到周遭所有的人事物。情緒等級越進化，人生各個層面就越趨正面，同時還能讓周遭的各種生命形式都從中受惠。一旦正視負面情緒，學會放下及臣服，能量等級就可往上移動，活得越來越自在，到了最後，所有的情緒及感受幾乎都是正面的。

　　能量等級較低的情緒會限制我們，讓我們看不見真正自我的實相。隨著我們不斷臣服，等級漸漸提升，在趨近意識地圖的頂端時，便會開始出現新形態的體驗。爬升到意識地圖的最高等級後，真正的自我就會顯現，進入各種程度的開悟。這裡的重點在於：當我們上升的等級越高就越自由，這樣的境界就是一般人所說的靈性覺知、直覺及意識的成長。放下負面情緒的人，都有這樣的共通經驗。他們的覺知程度不斷進步，原本在較低意識等級無法看清或不可能體驗到的事，在較高的意識等級都會變成昭然若揭。

方寸大亂怎麼辦？如何與情緒和解

　　科學研究的結果顯示，所有的念頭都會存放在心智的記憶庫裡，並按照相關的感受、情緒來精細歸檔。念頭是依據情緒或感受的基調進行歸檔，而不是事實。因此，比起觀察你的想法，觀察你的感受更能迅速提高自我覺知。由於某個想法而引發的一種感受或情緒，接著可能會製造出千千萬萬個念頭。因此，與其對著念頭下功夫，不如去了解念頭背後的潛在情緒是什麼，這才是正確的處理方式，效益更大，也更節省時間。

　　如果是不熟悉情緒議題的人，我會建議他們先單純觀察自己的感受，不要光想著要馬上解決問題。觀察久了，漸漸就能撥雲見日，看出情緒、感受與念頭之間的關係。等你更熟悉之後，就可以小小地試驗一下。比如某個念頭頻頻出現，你可以單獨拎出來檢視，辨識這些想法連結的是什麼情緒或感受。接著便可以針對這個情緒下功夫，首先接受它的存在，不抗拒、不譴責，允許它展露真實的樣子，接著徹底清空感受背後的能量。過一段時間再去檢視這些想法，便會看到它們的特質改變了。如果情緒已經徹底臣服、放下，相關的念頭通常也會煙消雲散，替換成一個可以快速總結這件事的新想法。

　　舉個例子來說明。有個人在臨出國之前，一直找不到護照。眼見出國的日子近了，他內心越來越慌亂，腦袋裡有各種念頭瘋狂打轉，想記起自己把護照放到哪裡去了。他翻箱倒櫃，試了各種心理技巧，但都徒勞無功。他責怪自己：「我蠢透了，怎麼會把護照弄丟呢？現在重新辦護照也來不及了。」要命的日子終於來了，他進退維谷：沒

有護照，就不能出國；而不能出國的後果堪虞，因為那不是單純的旅遊，而是出差洽公。最後，他想起了臣服的技巧。

他坐下來，問自己：「我一直忽略的基本感受是什麼？」他訝異地發現，冒出來的答案竟然是悲傷；而悲傷的源頭是他不願與愛人分開。同時，他也發現到連結悲傷的另一個感受：害怕。他既害怕失去這段感情，也害怕出國期間感情變淡了。當他放下及臣服這兩種感受後，突然就平靜了下來。他做出結論，假如這段感情會因為他出國兩週就拉警報，那根本不值得他維繫；所以，出國不會危及到任何事。他的心安定下來，隨即就記起了自己把護照放在哪裡了。事實上，護照就放在一個理所當然的地方，但因為潛意識的阻礙，讓他遲遲記不起來。當然，找不到護照而產生的千頭萬緒，以及擔心無法出國造成的可能危害，最後都化解掉了。他的情緒狀態，也從原先的沮喪轉換為感恩與快樂。

把臣服應用在日常生活的情境，的確妙用無窮；而在人生陷入危機時，臣服更是可以拿來遏阻並大幅減輕痛苦的關鍵手段。人生危機往往會帶來壓倒性的一股情緒，還會往下調動一直被壓抑的那些主要情緒。在這種情境下，問題不再是去辨識情緒，而是如何處理被情緒淹沒的狀況。

如何處理情緒危機？

對多數人來說，情緒危機是很傷腦筋的問題，所以有必要詳細說明。除了讓情緒自然流瀉完之外，還有幾個技巧可以幫你度過情緒災

難，而且速度會快上許多，成效也更好。前面提過，心智刻意用來處理情緒的常用機制，分別是壓抑、表達與逃避。只有在沒有明確的意圖下使用這些機制時，它們才會造成危害。為了防止被情緒壓垮，可以善用這些機制，但前提是：你是**有意識地**祭出了這些手段。如此操作的目的，是為了緩解排山倒海的情緒，以便把情緒拆解開來，再一片片放下、臣服（以下會說明過程）。在這種情況下，因為你是**有意識地**去推開當下的情緒，所以不會出現問題。當情緒來勢洶洶時，你可以跟親密的朋友或精神導師談談，幫助你降低情緒強度。僅僅是說出當下的感受，情緒背後的能量就會消散一些。如果是這種情況，即便你用上逃避的機制也沒問題，例如出門社交，以便跟沮喪拉開距離，或者跟狗狗玩耍、看電視、看電影、演奏樂器、做愛，或是做任何你習慣在這種狀況下會做的事。等到洶湧情緒的氣勢與強度都下降之後，接下來最好的做法是拆解它，把這一整團情緒拆解成許多情緒碎片，再一片片去臣服、放下，而不是試圖一口氣就解決問題以及由問題引發的情緒。

　　用以下的例子來進一步說明。有個人在公司服務多年之後突然失業，現在的他非常絕望，不知所措。使用前面所說的三種心理防衛機制，可以減輕部分的情緒。接著，他可以開始檢視這份工作的一些細節。例如，一向都跟同事一起吃午餐的他，能否放下想在老地方跟同事吃飯的渴望？上班時，他總是使用同一個停車場，那麼他能否放下想繼續在那裡停車的心情？他能否放下想搭同一部電梯的念頭？他能否放下對辦公桌的依戀？他能否放下對共事愉快的祕書及她親切態度的懷念？他能否放下自己對那部工作用電腦的不捨？他能否放下每天

見到老闆的習慣？他能否放下對辦公室背景噪音的熟悉感？

　　關於失業的這些小細節，乍看或許微不足道，但一一放下這些小事，目的是讓心智可以進入臣服的模式。臣服模式會把我們提升到意識地圖的勇氣等級；一旦負面情緒獲得應有的正視並一一處理，它們就會喪失威力。忽然之間，我們覺知到自己有了面對的勇氣，並認可自己的那些感受，然後再去處置它們。在這些小地方一一臣服，主要事件就會變得不再那麼緊迫逼人。會出現這種現象，原因在於：使用臣服機制去處理某種情緒時，我們同時也在對所有情緒臣服，這是因為所有情緒背後的潛在能量都是相通的。這是我在臨床上的經驗談，你要親自試一試才會相信。

　　操作完上述的四種方法（壓抑、表達、逃避及小細節的臣服）之後，這時第五種方法就該上場了。每個來勢洶洶的強烈情緒，其實都是由幾股「子情緒」集結而成，因此我們可以拆解這個情緒複合體。比如前面提到的那位失業男子，原本絕望的強烈情緒令他無力招架；但是，當他開始臣服那些外圍情緒，並有意識地以逃避、壓抑及表達等方式來減輕被壓垮的感受後，就覺知到自己也有憤怒的情緒。他看出憤怒是與自己的驕傲有關，他有許多的憤怒是以憎恨形式呈現，其中也包括自我否定——他把憤怒的矛頭指向自己。此外，還有不少的恐懼。如此一來，這些相關的情緒，現在就能直接處理。比方說，他可以放下擔心找不到新工作的恐懼。當他正視並臣服於這個恐懼後，突然之間，所有的可能選項開始出現了。不僅如此，當他放下驕傲，很快便明白自己原先擔心的財務問題，其實沒有那麼嚴重。於是，被大卸八塊的情緒複合體又拆解成了不同的情緒碎片，現在每個碎片的

能量都降低了，於是可以逐一放下及臣服。

　　脫離被情緒壓垮的狀態後，便會記起還有部分的情緒遭到刻意壓抑或逃避。現在，我們可以重新檢視這些部分，阻斷愁苦、潛意識的愧罪感或自尊低落等殘餘傷害。在一段時間或甚至幾年之內，這個情緒複合體的碎片或許會重新浮現，但那些都已是可以隨手處置、不足為懼的小碎片了。值得慶幸的是，我們已經帶著覺知，平安度過最危急的情況了。

　　選擇從情緒入手來進行危機處理，而不是從理智層面，會讓危機逗留的時間大大縮短。以失業例子來說，從理智層面去排除失業危機，勢必會誘發成千上萬個新念頭冒出來，編造各種假想的情境。這樣的解決方式，會讓你度過許多輾轉反側的夜晚，一遍遍地去回顧整個事件，讓思緒無法安頓下來，結果只能是理不斷剪還亂。底層情緒沒有放下，念頭就會源源不絕地冒出來。我們都曾見過有人在經歷情緒危機後，許多年後仍然走不出來。情緒危機已經全面改寫了他們的生活，他們不知道如何處理底層的情緒，以至於付出巨大的代價。

　　順利化解人生危機的好處，不勝枚舉。比如說，壓抑的情緒會少很多。危機會迫使情緒浮上檯面，有機會被我們消融，剩餘的情緒庫存量便銳減了。自尊與信心會提高，因為你會意識到不管人生會遇到什麼變化，你都有能力全身而退，處理妥當。整體來說，你對未知人生的恐懼程度會下降、駕馭感增強，對別人的痛苦更有惻隱之心，更能協助別人度過類似的狀況。弔詭的是，在人生危機結束後，通常會有一段長短不一的平靜期，甚至有時是近似神祕經驗的那種層次。在高度覺知的狀態出現之前，通常必須要走過「靈魂黑夜」。

　　這種弔詭的情況，最廣為人知的例子就是瀕死經驗。如今，許多
這類的書籍都披露出相當程度的共通性。一旦面對過所有恐懼中最可
怕的那一種——對死亡的驚懼，緊接而來的便是深刻的寧靜、祥和、
合一，以及從此對恐懼免疫。其中有不少人還出現超能力，他們可能
突然有通靈感應、成為療癒師，或是在靈性上有高度成長。他們經歷
三級跳的成長幅度，突然開發了新的潛能與天賦。由此可知，每一個
人生危機，其核心都是意識上的一次揭示、一次更新、一次擴展、一
次躍升，以及一個放下舊觀點、迎接嶄新人生的機會。

建立新的意義，幫你療癒過去

　　審視自己的人生時，會看到以前的人生危機還有尚未化解的殘餘
部分。對於過往，我們時不時會蹦出幾個念頭及感受，它們會左右我
們的觀點及判斷；而且情況嚴重時，還會導致我們在某些生活領域喪
失行為能力。這時，明智的做法是問問自己：「持續為過往付出代
價，值得嗎？」現在，我們已經具備幾種處理這些殘餘情緒的機制，
就可以往下深掘來處理它們。我們有能力去審視並放下這些殘餘情緒
及感受，得到療癒。這就必須說到另一種情緒療癒的技巧，在解除重
大的危機事件後，這種技巧的效果非常可觀。那就是：將該事件放在
不同的脈絡下，換個角度去審視，然後採用不同的觀點及原則，賦予
事件不同的重要性與意義。

　　據說很多人活一輩子，大半時間都在懊悔過去、恐懼未來；因
此，他們不能在當下體驗到喜悅。許多人認定這就是人類的命運，只

能「苦笑著忍耐」。有時，哲學家會趁機利用這種負面、悲觀的傾向，發展出許多體系完整的虛無主義系統。長年累月下來，這些哲學家有的還闖出了名號；但顯然的，他們只是痛苦情緒的受害者，沒有能力去處理情緒，只會從理性上做出永無止境的論述。其中有些哲學家則傾注畢生之力，建構繁複的理性系統，但顯然也只是為被壓抑的情緒辯解而已。

處理塵封往事的最有效工具之一，是為它們重新建構不同的事件背景，目的就是賦予往事不同的意義。這樣做，會讓我們對昔日困境或創傷採取不同的態度，承認裡面有隱藏的禮物。心理學界第一位肯定這個技巧的人，是奧地利猶太裔心理學家維克多‧弗蘭克（Viktor Frankl）。他在自己的名作《活出意義來》（*Man's Search for Meaning*）解釋過這個方法，並稱之為「意義治療法」（Logotherapy）。他的臨床及個人經驗證明，情緒事件及創傷事件如果能夠被賦予新的意義，便會大為改觀。弗蘭克提起他在納粹集中營的親身經歷，說自己後來將身心所遭受的痛苦，視為取得精神勝利的機會。「我們的一切都可能被奪走，唯一的例外是人類最後的自由——在任何情境下，我們都可以自由選擇自己的態度，並決定要怎麼做。」弗蘭克為身歷其境的恐怖重新建構了一個情境背景，為人類的心靈賦予了深遠的意義。

再「悲慘」的人生經驗，都暗藏著教誨。當我們發掘並承認隱藏版的禮物確實存在，療癒就開始了。以前述的失業男子為例，當他在日後回顧過去時，或許會意識到那份工作限制了他的發展，因為上班日子總是千篇一律。坦白說，那份工作還讓他得了胃潰瘍。失業前，他只看到工作愉快的那一面。等到抽身出來，他才看到自己一直在生

理上、精神上及情緒上付出代價。失業後，他敞開心胸，願意去發掘自己的新能力與新才華；事實上，他真的開展了更有前途的新職涯。

因此，生活事件是我們成長、擴展、體驗及發展的機會。有時，事後想想，會發現事件背後其實蘊含著一個潛意識的目的，就像是潛意識一定要讓我們知道某件事很重要，儘管我們會因此受苦，但這是讓我們經歷到那件事的唯一方法。精神分析學家卡爾・榮格在畢生鑽研心理學後，得到的結論之一就是：潛意識天生就有一股驅動力，會促使我們去追求完整、圓滿以及真正的自我，並且會無所不用其極地達成這個目標，甚至不惜對意識心造成創傷。

榮格還說，潛意識中還有一個稱為「陰影」（shadow）的個人層面。當我們不願面對及接納對自己的某些想法、感覺及觀點時，它們就會被潛抑下去而變身為陰影。從正面意義來看待危機，其中一點就是危機往往可以讓我們熟悉自己的陰影。我們會因此變得更人性化、更完整，明白自己與其他人沒有太大的分別。所有我們認為「他人」才有的毛病，其實自己也有。因此，當意識到自身的陰影時，認可它、放下它，陰影就不會在潛意識中宰制我們。陰影一旦得到認可，便會失去力量。而我們需要做的，僅僅是認清自己有某些被禁止的衝動、念頭及感受。然後，再用「那又怎樣？」來處理即可。

所以，度過人生危機，會讓我們更人性化、更慈悲，也更能接納並了解自己與別人，不再緊抓著別人或自己的過錯不放。處理情緒危機會帶來更大的人生智慧，讓我們終生受惠。對人生的恐懼，說穿了就是對情緒的恐懼。我們畏懼的不是事實，而是自己對事實所產生的情緒。一旦能夠駕馭情緒，對人生的恐懼便會煙消雲散。我們會對自

己更有信心，會願意承擔更多風險，因為我們現在覺得自己能夠處理情緒後果，不論那是什麼情緒。恐懼讓我們束手束腳，因此一旦能夠駕馭恐懼，就表示以前會逃避的人生體驗，現在全面解禁了。

所以說，成功處理失業危機的那個男人，再也不會經歷相同的恐懼。於是，他的下一份工作會更有創造力，願意冒必要的風險，讓新工作更成功。他逐漸看清因為擔心丟飯碗的恐懼，重創了他以往的表現，令他戰戰兢兢，賠上自己的尊嚴去迎合上司。

人生危機帶來的好處之一，是對自己更有覺知。危機來臨時，很多人會不知所措，不得不停止轉移注意力的所有把戲，認真檢視自己的生活處境，重新評估自己的信念、目標、價值觀與人生方向。這是重新評估、放下愧罪感的機會，也是通盤改變心態的機會。在度過危機的過程中，會出現兩個不得不去面對的極端。要怨恨那個人嗎？還是原諒他？是打算以此為鑑，從這個經驗中學習、成長，或是內心苦悶地滿懷怨懟？是決定不計較別人與自己的缺失，或是懷恨對方，在心裡一直攻擊他們？當我們撤離熟悉的情境後，是要對未來惶惶惑惑，還是決定超脫這個危機，一勞永逸地駕馭問題？我們是要選擇希望，還是繼續灰心喪志？我們能否把危機的經驗當成是學習如何分享的機會，還是要退縮回恐懼與苦澀的硬殼內？每一次的情緒體驗，都是向上提升或向下沉淪的機會。我們要選擇哪一個？這便是我們要面對的衝突。

我們有自由抉擇的機會：緊緊抓住不愉快的情緒？或是選擇放下？你可以檢視一下緊抓不放，要付出哪些代價。你想要付出代價嗎？還是願意接納自己的情緒？同樣的，你也可以檢視一下放下、臣

服那些情緒有哪些好處。你所做的選擇，決定了你的未來。你想要哪一種未來呢？是選擇得到療癒，或是選擇帶著傷痛行走人間？

　　做選擇的時候，不妨看看繼續沉溺在痛苦經驗中，會帶給你什麼。你可以從中得到什麼滿足？你有多不甘願解決事情？憤怒、憎恨、自憐自艾、怨念，這些情緒可能帶來廉價的回報，小小地滿足你內在的需求。千萬不要假裝問題並不存在，也不要抓住痛苦不放，雖然這的確會給我們一種怪異、扭曲的快感，藉由懲罰來減輕愧罪感，絕對可以滿足無意識的需求。我們當然可以自怨自憐，覺得處境很糟糕。但問題是：「你要維持這個樣子多久呢？」

　　舉個例子，有個人跟弟弟形同陌路長達二十三年。兄弟雙方都不記得當初是因為什麼事鬧翻，但他們已經習慣了不往來。所以二十三年來，他們失去對方的陪伴、關愛、共同處理家務事的親密無間，也失去了原本可以共享的所有經驗與愛，這是他們付出的代價。後來這個人學會了臣服機制，開始放下與弟弟的嫌隙。忽然之間，他意識到了這些年來所失去的一切，然後哀傷地哭了出來。他原諒弟弟時，弟弟也出現了相同的反應，兄弟兩人重修舊好。然後，其中一人猛然想起了當年兄弟鬧翻的那件往事。當時他們會吵架，只是為了一雙球鞋。一雙球鞋，讓他們付出疏離二十三年的代價！要不是哥哥學會了臣服及放下的技巧，兩兄弟可能會帶著相同的憎恨進墳墓。所以我要問的是：「我們準備受苦多久？我們何時才願意放棄繼續受苦？何時才能說夠了？」

　　想要緊抱負面情緒不放的，是我們器量狹小的小我。這一部分的我性情刻薄、自私、計較、低劣、狡詐、信不過人、報復心重、動輒

批評別人、貶抑別人、軟弱、內疚、羞愧、自負。小我雖然能量薄弱，卻會耗竭我們的精力，讓我們自貶身分，不給自己應有的尊重。正是小鼻子小眼睛的那個自我——小我，造成我們厭棄自己，愧疚個沒完沒了，想要生病、想要自我懲罰，不讓自己好過。你想要認可這一部分的自己嗎？你要給這個部分的自己更多能量嗎？你想要把自己當成那樣的人嗎？如果你眼中的自己就是這副德性，別人眼中的你也會是這副德性。

你怎麼看自己，世界就怎麼看你。 你願意承擔這些後果嗎？如果你認為自己鄙俗又器量狹小，就不太可能是公司下波加薪的人選之一。

擁抱小我的代價，也可透過肌肉測試來證明。做法相當簡單：想著一個刻薄、自私的念頭，然後讓人對著你平舉的手臂施壓。看看測試結果如何。接著，心中想著一個完全相反的觀點：想像自己慷慨大方、寬容、充滿了愛，然後去體驗這樣的高我就存在於你之內。結果你會發現肌力立刻飆升，表示正向的生物能量奔湧而出。小鼻子小眼睛的小我，只會帶來虛弱、生病、不適及死亡。這真的是你想要的嗎？放下負面情緒，再與另一種健康的做法並用，你的內在轉變會如虎添翼，而這個健康的做法，就是停止抗拒正面情緒。

這樣做，你可以更堅強更快樂

放下負面情緒的必然結果，就是停止去抗拒正面的感受。宇宙中的萬事萬物都有正反兩面，在心智上，每個負面情緒也存在著與其相對應的正面情緒；而這些情緒就介於小我與高我之間，但我們未必能

夠時時刻刻覺知得到。

　　有一個能讓我們豁然開朗的好練習：坐下來，找出與目前正在經歷的負面情緒完全相反的感受，並開始放下對那個正面感受的抗拒。比如說，有個朋友就快過生日了，想到要送禮物，你因為不捨得花錢而覺得不情不願，於是一天拖過一天，直到日子逼近。與這種情緒相反的是寬恕與慷慨，你只要從內心去找出寬恕的感受，停止去抗拒它。當我們持續放下抗拒，不再排斥做一個寬容、慷慨的人，往往會訝異地察覺到，寬恕的感受源源不斷地冒出來了。你會開始認出自己那部分天生的心理特質，它一直都願意去包容、諒解他人，只是你遲遲不敢冒險踏出那一步。因為你以為這樣的自己會看起來一副蠢樣，以為心懷怨憎是在懲罰別人，但實際上，你是在壓抑自己的愛。

　　一開始可能覺得寬容與慷慨是有針對性的，只有在面對親朋好友時才會出現，但我們逐漸注意到，自己的個性中確實有這樣的一面。持續放下對愛的抗拒，並察覺到存在於自己內在、那些與生俱來的特質時，就會想分享出去，藉此來表達自己。於是，你放下過去、放下嫌隙、主動示好，還會想得到療癒、撫平傷口、彌補錯誤、表達感恩，拉近與別人的距離，即使有可能被當成傻瓜看待。

　　這個練習的目的是要你從自己的內在，去找出那些偉大的天生特質。高我的特質會給你穿越障礙的勇氣，會帶你提升愛的等級，願意去接納別人的人性，感同身受地悲憫別人的痛苦。原諒別人，就是原諒自己，幫自己從愧罪感中解脫出來。放下負面情緒、選擇去愛，所得到的報償會讓我們終生受惠。從真正的報償裡獲益的人，其實是自己。因為我們更能夠覺察到真正的自己是怎樣的人，越來越不會因為

痛苦而受傷。一旦我們慈悲地接受自己的人性、別人的人性，就不會再有含屈受辱的感受，因為謙卑就是高我的特質之一。

　　一旦認出自己是怎樣的人，就會渴望去提升自己。你會選擇靠近能夠提升自我的人事物，人生從此出現了新意義與新情境。一旦真正的自愛、自尊與自重填補了我們內在缺乏自我價值的空虛，就不必再藉由外界事物來求得滿足，因為快樂源自我們的內在。於是我們恍然大悟，知曉快樂本來就無法外求，而再多的財富也不能撫平內在的貧乏。我們都聽聞過，許多大富豪即便腰纏萬貫也不能填補內在的空虛，也會因為找不到內在價值而受苦。一旦我們觸及了內在的高我、內在的偉大，以及內在的圓滿與真正的幸福感，便超脫整個世界，淡然於塵俗之外。現在的我們是在享受世界，而不是任由世界宰制。我們不再受到外在世界的影響。

　　使用這些消融負面情緒的技巧，放下對正面情緒的抗拒，有一天我們就可能在一瞬之間覺知到自己真正的維度。一旦體驗過那種覺知一次，將會永生難忘。此後，我們眼中的世界不再像以前一樣，我們不再畏懼它。或許因為習慣使然，我們仍持續遵守世俗規範，但內在的偏執、脆弱及懷疑都不復存在了。表面上看來，我們似乎沒有什麼不一樣，但內在已經截然不同了。帶著覺知去處理情緒的最終結果，會讓我們變得沉著、篤定、堅強，不再脆弱無助。我們的內在特質現在有如銅牆鐵壁，百毒不侵、刀槍不入，讓我們能夠平衡、優雅地走完這一生。

第 4 章

冷漠與抑鬱，
困在匱乏裡的意識牢籠

　　冷漠（apathy）是一種淡漠無感、事不關己的情緒狀態，這種看似沒有喜怒哀樂等情緒的人，深信「我做不到、我不行」，覺得自己沒有希望、無助，對本身的處境無能為力，也認為沒人能幫上忙。與這種感受相關的想法，包括：「誰在乎啊？」、「這有什麼用？」、「無聊」、「何必麻煩？」、「反正我不會是贏家」等等。《小熊維尼》卡通裡那頭悶悶不樂的驢子屹耳（Eeyore），就是一個經典的例子，他常說的是：「那好吧，反正也不好不壞。」這種冷漠的人可能有以下的防衛心理及表現：喪氣、挫敗、無助、冷酷、獨來獨往、放棄、自我孤立、疏離、退縮、與他人切斷往來、孤寂、沮喪、心力枯竭、不得志、悲觀、不在乎、缺乏幽默感、無意義、荒謬、無所謂、不可能、失敗、太累、絕望、困惑、健忘、聽天由命、為時已晚、太老了、太年輕了、呆板、宿命、負面、被遺棄的、沒有用、迷惘、無知無覺、陰沉、厭倦。

　　從生物學來看，冷漠的目的是為了尋求幫助，但同時又覺得不可能獲得幫助。這個世界上，有許多人都活在意識地圖的「冷漠」這個等級。在他們看來，他們既無力滿足自己的基本需求，又不可能從別處得到幫助。

　　一般人通常只會在某些生活領域表現得漠不關心，只有某些時刻才會對整個人生處境感到絕望，對所有一切無動於衷。冷漠代表缺少生命能量，如同死亡一般。在二次世界大戰的倫敦大轟炸期間，就出現這種現象。當時嬰幼兒被送進托兒所及英格蘭的偏遠安全地帶，雖然他們在生理、營養及醫療上的需求都獲得完善的照顧，卻變得對外界越來越冷漠，身體也開始衰弱、沒有胃口，夭折率明顯偏高。學界

發現，如果嬰幼兒身邊沒有像母親一樣的角色，滿足他們對被呵護、親暱的需求，情感上就會變得冷漠。冷漠是一種情緒狀態，而不是生理狀態。缺少愛與關懷的嬰幼兒，會喪失活下去的意志。

在一些貧困地區，也可以看到居民集體有這種漠然、沒有希望的情緒狀態。出現在電視新聞上的他們常常說的是：「要是社福支票沒了，我們就只能餓肚子；我們沒有指望了。」

在臣服技巧上，冷漠可能會以抗拒形式呈現，並顯現為「反正又沒用」、「有差嗎？」、「我還沒準備好」、「我沒有任何感覺」、「我太忙了」、「我已經厭倦了放下」、「我被壓垮了」、「我忘了」、「我太沮喪了」、「我睏死了」之類的態度與想法。走出冷漠的方法是提醒自己莫忘初衷，我們的目標是提升自己，讓自己更自由、更有效益、更快樂，然後放下對臣服技巧的抗拒。

「我不行」與「我不要」

走出冷漠的另一個方法，是去看看擺脫冷漠的態度會得到什麼好處。這個好處，或許是你不再為了面子而去掩蓋自己真正的恐懼。人類是非常有能力的物種，所以絕大部分的「我不行」其實是「我不要」。躲在「我不行」或「我不要」背後的，多半是恐懼。因此，一旦有心去檢視冷漠背後的真相，就會從冷漠等級提升到了恐懼等級。恐懼的能量狀態要比冷漠來得高，至少恐懼會驅策我們去行動，而當我們付諸行動時，就可以又一次地放下恐懼，並把情緒能量提升到憤怒、驕傲或勇氣等級，這些都比冷漠的能量狀態要高。

　　以一個典型的人性問題為例，一步步來探討臣服機制如何讓我們得到自由。很多人都對公開演講有心理障礙。在冷漠的能量等級做出回應時，我們會說：「哎，我哪能在大庭廣眾之下演講，我絕對吃不消的。再說，沒有人會想聽我說話，我也沒有值得說的事。」如果回想起自己的意圖，就會明白冷漠、不在意，只是在掩飾恐懼。沒錯，一想到要上台演講，我們的感覺其實是害怕，而不是絕望。這至少能讓我們明白，真相不是我們不行或做不到，我們只是「害怕」罷了。

　　當恐懼浮現時，懂得臣服並放下，就會覺知到這樣一個真相：這件讓我們害怕的事，其實是我們渴望去做的。現在來檢視一下這個意願：原本被恐懼淹沒的演講意願浮現了，過去幾次放棄演講機會的失敗與沮喪情緒，讓你不想錯過這次演講的心情更加強烈，於是你生起了不甘心的憤怒情緒。這時，你的情緒能量就從冷漠往上移動到了悲傷、欲望，然後升級到了憤怒。處於憤怒等級時，付諸行動的能量與能力都會增加不少。憤怒通常會以怨恨形式呈現，例如怨恨自己答應去演講，才落得現在不去不行的窘境。

　　我們也會對自己的恐懼感到生氣，過去的我們因為恐懼而阻礙了闖出一番成績的腳步，現在生氣的情緒會讓我們決定要想想辦法。我們的決定或許是去領取演講訓練班的報名表，一旦付諸行動，情緒能量就可往上升級到驕傲等級，因為我們終於能夠面對恐懼去設法解決了。在去上演講課的途中，我們可能又會生出更多的恐懼。當我們能夠一再認出恐懼並放下、臣服，漸漸就會覺知到自己的內在蘊含著勇氣，至少有能力去面對恐懼，並以行動來克服恐懼。

　　勇氣等級蘊含著大量能量，這股能量會讓我們放下殘餘的恐懼、

憤怒與欲望，所以在演講課程上到一半時，情緒能量級數會突然上升到接納等級。接納意味著擺脫抗拒、重拾自由，以往的恐懼、冷漠及憤怒等情緒都是因為抗拒而起，而現在的我們開始擁有了快樂。接納會帶來自信──「我做得到」。在接納等級，更能夠覺知到別人的存在，因此在演講訓練班裡，我們會察覺到其他學員的苦惱、痛苦及困窘，並開始關心他們。

　　一旦對別人起了慈悲心，自我意識會消失，而進入忘我無私的狀態，於是平和、寧靜的時刻就來臨了。下課後，在返家途中，我們可以體驗到內在充盈的滿足感，覺得不僅自己成長了，也跟別人分享了成長的經歷。在分享的過程中，我們暫時忘了自己，更關心的是別人快不快樂，也樂見其他學員的好表現。在這種狀態下，我們迎來了具有轉變能量的恩典，我們發現了惻隱之心，這是一種與他人息息相關的感覺，對他人的痛苦能夠感同身受。當這個過程發展到極致時，我們的表現會迥異於往日：跟別人分享自己以前是如何害怕公開演講、會採取什麼步驟來克服恐懼、曾經獲得的成功、自尊心提升，以及人際關係有了正面的轉變。

　　許多自助團體的力量，就建立在這一整套過程中：他們透過分享內在的體驗，從最低階的情緒能量等級爬升到最高階。一開始，似乎難以跨越或無力招架的關卡，最後都能一一克服，整個人從內到外更有活力、更幸福安樂。接著，提高的自尊心會溢流到生活中的其他領域，逐漸攀升的自信心也會帶來更優渥的物質及更好的工作能力。到了這個層次，愛會讓你去樂於分享、鼓舞他人，投入有建設性的活動而不是有害的活動。這時散發出來的能量是正向的，足以吸引別人，

因此會一直得到正面的回饋。

在任何一個生活領域，如果體驗過這種在情緒能量等級往上爬升的歷程，就會開始意識到要以相同手段去解決其他領域的自我設限。所有的「我不行」，背後都只是「我不要」。「我不要」的意思，包括「我害怕這樣做」、「我覺得這樣很丟臉」，或「我太驕傲了，所以不能嘗試，以免失敗」。在這些恐懼背後，則是因為驕傲而對自己或對外在條件感到生氣。承認並放下這些感受，可以讓我們提升到勇氣等級，有了勇氣，最終就能接納並獲得內在的平靜。

冷漠與抑鬱，是我們接受並誤信自己的渺小所付出的代價。一旦扮演受害者的角色，允許自己被洗腦，就會淪落至此。這是認同消極態度必須付出的代價。冷漠與抑鬱，是抗拒內在的愛、勇敢及偉大特質所造成的結果，是允許自己或別人來認定我們一無用處的結果，也是從負面觀點來看待自己的結果。事實上，這只是我們在無意間對自己所下的一個定義，而解決之道就是提高意識，讓自己變得更有覺知。

「提高意識，讓自己變得更有覺知」是什麼意思？首先，它是指開始尋找關於自己的真相，不再盲目地允許自己被洗腦，不論洗腦的內容是來自外界或是來自心智的內在聲音。它們會貶低我們，說我們沒出息，鎖定我們的脆弱與無助。要走出來，一定得扛起責任，承認是自己接受了這些負面評判，願意去相信這一切。所以，解決之道就是開始質疑**一切**。

現在有很多種心智模型，最近的一種是電腦模擬。我們可以將心智的觀念、想法、信念系統都視為程式。既然是程式，就可以被質疑、解除安裝及還原；並用正面程式去取代負面程式，只要做出選擇

即可。不過，我們的小我會非常樂意去接收負面程式。

　　如果檢視自己的想法從何而來，開始去分辨它們的源頭，並停止去貼上「我的」（代表神聖不可侵犯）這個標籤，就能察覺到自己可以更客觀地檢視這些想法，並看出這些想法的源頭，往往是幼年時接受了來自父母、家庭及老師的教誨，或是撿拾自玩伴、報紙、電影、電視、廣播、教會、小說及感官自動輸入所帶來的資訊。這一切都在不知不覺中發生，而不是我們有意識地去篩選。不僅如此，由於無意識、無知、單純、天真，加上心智的本質，我們成了接收全世界大量負面垃圾的複合體。此外還得出一個結論，認為這些東西都可以套用在自己身上。當我們的意識變強，就能覺知到自己可以做出選擇，開始停止把心智的所有念頭當成權威並提出質疑，為自己釐清這些想法是否為真。

　　冷漠的情緒狀態，跟「我不行」的信念息息相關。事實上，絕大部分的「我不行」都是「我不要」的偽裝，但心智拒絕去傾聽真相。心智之所以有如此反應，是因為「我不行」是掩蓋其他感受的障眼法。想要覺知到那些感受與情緒，可以問問自己以下的假設性問題：「真相會不會是我**不要**，而不是我**不行**？假如我接受真相是『我不要』，那將會面臨什麼狀況？我對這些狀況有什麼感受？」

　　舉個例子，假設你一直相信自己不會跳舞，你可以對自己說：「或許這是一種障眼法，底下的真相可能是我不想也不要跳舞。」想像自己學跳舞的過程，可以找出你對跳舞的真正感受。如此一來，與跳舞相關的真正感受會開始浮現，包括尷尬、自尊心、彆扭、學習新技能需要付出很多心力、不想花必要的時間與精力去學跳舞等等。重

新用「我不要」取代「我不行」，就能拆穿一切，然後再去放下那些
感受。你將會看清一個事實：倘若你選擇去學跳舞，表示你必須有意
願地放下驕傲。來看一看學跳舞的成本，然後問問自己：「我願意繼
續付出這個代價嗎？我願意放下害怕不會成功的恐懼嗎？我願意放下
抗拒，不再去計較要付出必要的努力嗎？我願意放下驕傲，允許自己
做個笨拙的初學者嗎？我能否放下自己的小氣、吝嗇，願意支付學
費、投入時間？」釋放完這些相關的感受以後，便能清楚看到真正的
原因是不願意，而不是無能為力。

　　務必記住，我們是自由的，可以去正視並臣服於我們的感受與情
緒，也可以選擇不放下。檢視「我不行」的真面目其實是「我不要」
時，未必就一定要放下「我不行」的所有負面感受。我們可以自由地
選擇不放下，繼續抓住這些負面感受不放，要抓住多久則全看自己的
意思，沒有任何法律規定我們必須放下。我們是自由的。然而，「我
不要做某件事」，跟「我是受害者」或「我做不到」的認知，在自我
概念（self-concept）上的差異是非常巨大的。例如，我們可以選擇討
厭某個人，也可以選擇責怪他人或責怪環境。但是，一旦變得更有覺
知後，就會明白我們可以自由選擇要採取什麼態度好讓自己處於較高
階的意識狀態，朝向更大的心靈力量靠近。如此一來，就能主動駕馭
局勢，而不是成為被感覺或情緒宰制的無助受害者。

千錯萬錯都是別人的錯？

　　想要走出抑鬱與冷漠，必須克服的主要障礙之一是指責他人。指

責他人單單拎出來講，就是一個完整的議題，好好研究會很有斬獲。首先，指責他人能夠坐收不少好處：把自己當個無辜者、名正言順地沉浸在自憐自怨之中，還可以搖尾乞憐當個受害者以獲取同情。

其中最大的好處，大概是做一個無辜的受害者，使壞作惡的都是別人。在媒體上可以一再看到這套把戲，爭論不休、抹黑、人格謀殺、官司，上演著一齣又一齣指責、諉過的戲碼。除了情緒上的回報，歸咎他人有時還有可觀的金錢效益；因此，扮演無辜的受害者是令人心動的誘惑，畢竟可能獲得的金錢獎勵讓人心癢難耐。

許多年前，紐約市就有一樁著名的案例。當時，發生了一場公共運輸意外，乘客從前車門下車後圍聚在一起，提供姓名與地址等個人資料，以便日後領取賠償金。圍觀的人群中有人很快就察覺到了這種情況，於是悄悄地從後車門上車，再從前車門下車，假裝自己也是受傷的無辜乘客。這些人在發生車禍時根本不在車上，但他們也想要領賠償金！

指責他人是世界上最厲害的藉口。只要一搬出來，便可以毫無罪惡感地劃地自保。但你遲早都會為此付出代價，那就是失去自由。此外，扮演受害者的角色會給你錯誤的自我認知，以為自己是弱小、脆弱、無助的，而這些認知是形成冷漠與抑鬱的主要元素。

要擺脫指責、歸咎他人的習性，第一步是明白我們手上握有**選擇權**。同樣經歷過類似處境的其他人，可能選擇的是寬恕、遺忘，用截然不同的方式來處理同一種情況。前面談過維克多・弗蘭克的例子，他選擇原諒集中營的獄卒，在自己的悲慘遭遇中窺見了深藏其中的禮物。既然像弗蘭克這樣的人都能選擇不怨天尤人，我們當然也可以選

擇同一條路。我們必須對自己誠實，意識到怨天尤人是自己選擇的結果。這是事實，無論指責他人看起來多麼有正當性。這不是對與錯的問題，問題在於要為自己的意識負起責任，是我們做出選擇去指責他人，而不是迫不得已，這是兩種完全不同的情況。面對這種情況，心智通常會想：「好吧，如果不是別人或事情的錯，那麼錯的一定是**我**。」其實，怪罪別人或怪罪自己都是不必要的。

指責、歸咎的誘惑在幼年時期就已出現，天天都在教室、遊戲場、家裡與兄弟姊妹、同學、朋友一起演出。大大小小的法院訴訟及官司是現在社會的縮影，而指責、歸咎就是其中的核心議題。實際上，指責、歸咎只是我們允許心智去下載的一個負面程式，因為我們從來沒有停下來質疑這樣的心態。為什麼某事一定是某人的「錯」呢？為什麼一開始要把「錯誤」的整套概念牽扯進來呢？為什麼我們之中一定要有人犯錯、使壞，或是出現過失呢？不是每個好主意，都有好的結果。不幸的事只是剛好發生了，就是這樣而已。

要克服怨天尤人的心態，首先就是檢視我們私底下是否享受自憐、怨恨、生氣及自我開脫的感覺，或是從中得到滿足，然後開始捨棄這些小小的好處。這一步，可以將我們從情緒的受害者，提升到成為這些情緒的擁有者。如果我們單純地去認可並觀察自己的情緒，開始去拆解它們，再一片片放下，就是有意識地做出選擇。如此一來，便能從無助的泥沼中跨出了一大步。

這樣做，可以幫助我們克服抗拒心理，為自己的負面程式及情緒負起責任，看出這些負面的東西都源自最狹隘的小我。這個小我的特性就是所思所想都偏向負面，因此在無意識下，我們會傾向認同小我

所有自我設限的觀點。但小我不是全部的自己，在小我之外，還有一個更宏大更超脫的高我。我們或許還沒覺知到自己內在的這個高我，但即便體驗不到，高我仍在那裡。如果能夠放下對高我的抗拒，便能開始意識到它、體驗到它。因此，抑鬱與冷漠的意識狀態，是因為我們情願擁抱小我及小我的信念系統，並且抗拒能夠與負面情緒相抗衡的高我。

宇宙萬物都具有旗鼓相當的正反兩面，這是宇宙的本質之一。例如，電子的對應反物質是正電子（又稱反電子），兩者的質量一樣、電性相反；每一股作用力都有一股大小相同、方向相反的反作用力；有陰就有陽，兩者互補；有恐懼，就有同樣多的勇氣；有怨恨，就有愛；有怯懦，就有勇敢；有吝嗇，就有慷慨。正因為人類的每種情緒都有正反兩面，因此要擺脫負面情緒，一方面要願意去正視並放下負面情緒，另一方面要同時放下抗拒，願意去擁抱正面的揚升情緒。抑鬱與冷漠是受到消極、負面影響的結果；那麼，這在日常生活中是如何運作的呢？

回頭來看看前面那個買生日禮物的例子。因為以往發生的一些事，讓我們心懷怨憎，不想為對方的生日費心思，也不想出門買生日禮物，想到要為對方花錢更是氣憤難平。我們的心智想出了各種理由：「我沒空」、「我忘不了她有多惡毒」、「她應該先跟我道歉」……在這個例子中，有兩件事在起作用：一是執著於自己的消極心態和小我，二是抗拒自己的積極心態和高我。想要走出冷漠，首先是認清「我不行」其實是「我不要」。檢視「我不要」，便會察覺它是因為消極的心態與負面情緒而存在，當這些情緒生起時，可以承認

它們、然後放下。與此同時，我們顯然也在抗拒正面、積極的感受，因此我們可以逐一去檢視愛、慷慨、寬恕等正面情緒。

我們可以坐下來，想像一下慷慨這種品質，不再抗拒它，然後試著去看看內心是否多少存在著這種品質？在這個例子中，要我們慷慨對待壽星，或許一開始會不情不願。但我們逐漸看出，在意識之內本來就具備了慷慨這個品質。一旦不再抗拒，不再牴觸慷慨的感覺，便會開始看到慷慨真的存在於我們之內，甚至在某些情況下，還會享受為別人付出的感覺。當我們開始回想起曾經真心地感謝過別人送自己禮物時，就會湧出正向的情緒。我們發現，自己確實一直都在壓抑著寬恕的欲望，一旦放下對寬恕的抗拒，就會產生放下怨恨的意願。如此一來，我們便停止了對小我的認同，清楚意識到自己內在有某種更偉大的東西。它始終都在那裡，只是以前的我們看不到。

這個過程適用於所有的負面情況，能讓我們對當前形勢有不同的解讀，並賦予現狀不同的新意義，從無助的受害者提升為帶著覺知去做選擇的人。但是，這不表示我們必須趕緊出門去買生日禮物，而是意味著，我們已經意識到自己目前的立場，是出自於主動的選擇。我們是完全自由的，行動上與選擇上都擁有寬廣的空間。這種意識狀態，遠遠高於困在宿怨之中走不出來的無助受害者。

意識法則之一：**只有當我們有意識地接受某個負面想法或信念時，才會受制於它**；而我們可以自由選擇不去採信這個負面信念。

這條法則要如何在日常生活中發揮作用呢？來看一個常見的例子。新聞媒體說失業率創歷史新高，新聞主播也說：「沒有任何工作機會。」這時，我們可以自由做出選擇，拒絕相信這個負面的思維模

式，告訴自己：「失業率跟我無關。」拒絕接受消極的負面信念，它就無法控制我們的生活。

以我個人的經驗為例，即便是二次世界大戰結束後的高失業率時期，要找到一份工作也不會有問題。事實上，甚至一個人還能同時做兩份或三份工作，比如洗碗工、服務生、旅館侍者、計程車司機、酒保、工廠工人、溫室工人、洗窗工人等等。這是你接受：「失業是別人的事，跟我沒有關係」、「有志者事竟成」等信念的必然結果。同時，這也跟放下身段、回歸職場的意願有關。

另一個例子是與流行性傳染病有關的信念系統。幾年前，在一次流感盛行期間，我針對十四位熟人進行密切的追蹤觀察。十四個人中有八人染病，六人沒有。重點不是有八個人病倒，而是有六個人保持健康！在任何疫病流行期間，總會有人沒有「中鏢」。即使在經濟大蕭條時期，仍然有人致富，甚至變成百萬富翁。在那個年代，貧困的念頭「大行其道」，但這些人並不買帳，因此這個信念就無法套用在他們身上。被負面信念套牢至少需要兩個步驟，第一步是相信它，第二步是用能量灌溉它。既然我們有能力讓負面信念在生活中具體顯化出來，我們的心智當然也有本事把正面信念化為現實。

主動出擊，恢復自己真正的力量

主動釋出負面情緒的一個驚人效應是：你會發現與負面情緒完全相反的另一面是存在的。我們的內在有另一個更為卓越的實相，可以稱之為「內在的大我」（inner greatness）或「高我」，其力量遠勝過

負面、消極的那一面。當我們放下抱持負面立場的那些甜頭後，會訝異地發現，正面情緒的力量也能帶來正面的好處。比方說，當你不再指責他人後，就能體驗到寬恕的良好感覺。

高我，可以說是高階情緒的綜合體，擁有幾乎沒有極限的能力。它可以創造工作機會，可以營造修復關係的情境，還可以製造談戀愛、賺錢及療癒身體的契機。一旦我們不再給負面程式權力及能量後，就能停止把自己的力量拱手交給別人，並且開始把流失的能量收回來。於是，我們的自尊會提升、創造力會恢復，還能開展正面的未來願景，不再充滿恐懼。

現在來做一個實驗，挑一位你還在記恨的交惡對象。實驗前先坐下來，然後告訴自己這只是一個實驗，而這麼做的目的是為了學習；也就是說，你要開始應用意識法則，並觀察實驗中會出現什麼現象。首先，你要去辨識並承認從負面情緒中得到了哪些好處，然後逐一放下，在此同時，還要放下不願療癒這段關係的抗拒心態。你不必要真的去聯絡對方，因為這個實驗是為你自己做的，與別人無關。

你檢視自己的內在，問道：「這股怒氣要遮蓋什麼？」在怒氣底下，你應該會發現恐懼。除了恐懼，你還找到了嫉妒。你仔細梳理阻礙這段關係的複雜情緒，一一辨識出裡面的所有成分，諸如競爭心態等等。然後同步做兩件事：一是放下負面情緒，一是放下對正面情緒的抗拒，如此就能提高內在的能量，緊接著自尊會出現微妙的變化。你所需要做的，就是放下不願讓這段關係轉好的抗拒心態，接著就坐下來靜觀其變。在這個實驗中，要關心的是**自己**有沒有收穫，不用去在意對方是否會「收到」你的心意。你唯一的目的，是轉移自己在這

件事的立場，然後看看會發生怎樣的變化。通常，接下來會發生非常值回票價的事，至於是什麼事，則視情況而定。

　　導致冷漠的另一個原因，是舊創傷留下了尚未處理好的情緒。心智認定歷史會重演，並將這樣的心態投射到未來。一旦發現這種無意識的模式，可以選擇重新檢視這些糾結的情緒，拆解裡面的所有成分，然後放下那些負面情緒，同時也放下牴觸正向情緒出現的抗拒心態。如此一來，我們對未來的觀點便會改變。我們可以原諒自己在被情緒壓垮時不知所措，先前由於殘餘的情緒太過沉重，以至於喪失處理情緒的能力。我們的無意識心沒有時間、沒有過去與未來，因此任何時候都能選擇去療癒往事。當我們為了自己去療癒情緒，造成創傷的往事就會開始出現不同意義，高我也會開始為往事建立新的故事背景。我們會看見隱藏其中的禮物。最後，我們會帶著感恩的心去肯定這些往事提供我們機會，去從中學習、成長，並得到智慧。

　　離婚是造成情感創傷最常見的原因之一，隨之而來的往往是痛苦與無法重新去愛人，無法開創新的情感關係。不甘願放下、持續怨天尤人的心態，會讓情感失能的狀態持續下去，時間可能長達數年或甚至一輩子。

　　感覺到痛苦時，其實是我們的情緒體中還有尚未獲得療癒之處，如果能夠發現原因並加以療癒，將會帶來數不盡的回報。面對造成痛苦的任何情境，務必問問自己：「我願意付出多長時間的代價？最早的業力因果是什麼？要怨天尤人到什麼時候？有結束的一天嗎？我還要執著多久？對於別人的過錯（不論是真的錯了或是自己想像的），我願意付出多少犧牲？內疚夠了嗎？自我懲罰夠了嗎？什麼時候我才

要放下從自我懲罰得到的快感？刑期什麼時候才能到頭？」一旦認真檢視，總會發現我們一直在懲罰自己的無知、單純、天真，也為缺乏心性陶冶而受苦。

可以問問自己：「我學過情緒療癒的技巧嗎？念書時，學校開設過跟人類意識有關的課程嗎？有沒有人跟我講過，我可以自由選擇要把什麼收進心智之內？有沒有人教過我，可以拒絕接收所有的負面程式？有人跟我提到意識法則嗎？」如果沒有，為什麼要因為自己天真地相信了某些事情而痛罵、責備自己呢？為什麼不立刻停止責怪或懲罰自己呢？

我們的所作所為，都是當下認為最適當的。對於以前做過的事，我們可以這樣說：「那時候覺得這樣做似乎不錯。」我們會在無意識下接受別人的程式，也會因為困惑、無知、單純而相信了一些負面程式，然後任憑這些負面程式來掌控自己。但是，現在我們可以選擇停下來。我們可以選擇不同的方向，讓自己變得更有覺知、更有意識、更負責，也更懂得區辨。我們可以拒絕呆坐著，像空白錄音帶一樣，毫無選擇地接收世界傳遞給自己的所有程式。這個世界自負狂妄，會傾盡一切手段利用我們的單純，玩弄我們的渺小和恐懼。

一旦覺知到自己如何被操弄、被利用，怒氣會噌噌地往上衝。因此，我們要準備好如何處理怒氣，每個人都會生氣，而且寧可生氣，也不要無動於衷。生氣時，我們會有很多能量，可以用來處理怒氣、採取行動、改變心意，以及逆轉形勢。然後，輕輕鬆鬆地就從憤怒等級躍升到勇氣等級。在勇氣等級，我們可以正視及檢驗憤怒的情緒，觀察一切是如何發生的。

　　我們開始意識到「小我」就列在自己的購買清單之中。在這樣的探究中，偶然會撞見內在那個單純無邪的自己。當我們再次發現到這樣的自己時，便能放下許多的愧罪感。等到愧罪感消失了，自我懲罰的必要性隨之跟著瓦解，於是我們立刻就能從冷漠和抑鬱的泥淖中解放出來，並且選擇重新認同自己，肯定自己的價值及珍貴。此外，我們還可以看出其他人跟我們一樣，也正在被設定好的程式所擺布。他們同樣認為，自己是在當下做出最合適的選擇。我們沒有必要再責怪別人或自己，完全可以捨棄怨天尤人的戲碼，認清這是過時又無用的回應方式。

近朱者赤，慎選身邊的人

　　要走出冷漠、抑鬱以及由「我不行」的想法所主導的情況，還有一個非常有用的技巧——選擇跟曾經解決過相同困擾的人來往。這正是自助團體能夠發揮強大力量的原因之一。處於消極狀態下，負面的思維模式會占用大量的能量，而削弱了正面思維模式的力道。振動頻率高的人，不會被負面想法的能量困住，他們把大量的能量都給了正向的思維模式。僅僅是待在他們身邊，就對我們有益。有些自助團體把這種效益稱為「跟贏家打交道」，他們的能量可以滋養意識的靈性層次，正能量的傳播會重新點燃我們潛藏的正向思考模式。自助團體將這種現象稱為潛移默化，我們沒必要知道這是*如何*發生的，只要知道這*的確*會發生。

　　這種現象很常見。例如，我們從小接受的訓練都側重在邏輯性的

左腦，但有些人天生右腦就比較強。這種右腦人的特徵是擁有敏銳的直覺、創意，可以用心電感應進行溝通，也能覺知到他人的善惡念頭及能量振動，他們往往還能看見人體周圍的生物能量場（氣場）。待在擁有這種能力的人身邊，也有可能跟他們共享這種能力。

有位科學家是理性、講究邏輯的左腦人，連他這樣的懷疑論者在跟看得見氣場的人共處一室時，也能看見氣場。當他們按照指示的步驟去做後，出乎意料的，他真的看見了人們的頭部籠罩著一層光暈。其中有位男子的氣場更像靈氣外洩一樣，從左耳處奔湧而出，但頭部右側卻幾乎什麼都沒有。為了確認這種現象不是自己的幻覺，科學家還特別詢問一位看得見氣場的人。她表示，她也看到了一個只出現於單側的氣場。

這種特殊的能力，只有身邊有看得到氣場的人才會出現；一旦離開測試的環境，身邊沒有看得到氣場的人，這個能力就消失了。但是，即便過了幾年，如果身邊再出現看得到氣場的人，這個能力會再回來。有一回，一位女心理學家前往一間以氣場顏色變化來進行通靈診斷的診所，突然之間，她不僅看得到氣場，還看到了五彩斑斕的顏色，親眼看到氣場隨著情緒的波動而變化。而且僅僅透過交談，這個能力就突然冒出來了。

這意味著，當我們待在擁有某種能力的人身邊時，透過那個人的氣場，他的能力有可能轉移給我們。簡而言之，與他人相處時，受到的影響非正即負。選擇跟同病相憐的人在一起，就不太可能克服自己的局限。

有一位前來諮詢的離婚婦女，明顯出現這種狀況。她有反覆發作

的潰瘍和偏頭痛，一直好不了，因此詢問自己是否要做精神治療。她娓娓道出自己的故事，慘烈的離婚經驗讓她飽受折磨。她說，自己加入了一個女性主義團體，所有成員幾乎清一色是痛苦、憤怒、痛恨男人的失婚婦女。她們一群人常常湊在一起，在負面情緒中相互取暖。但事實上，她們只會過得越來越悲慘，在極端的情緒失衡中吃力地試圖重拾自尊。

聽完她的故事，釐清她的處境後，我建議她與其做精神治療，不如先進行一個為期三個月的簡單試驗。如果無效，再來評估是否需要做精神治療。這項試驗是讓她跟其他痛苦的離婚友人中斷往來三個月，並且去結交那些重建美滿感情的離婚婦女。

一開始，她很抗拒這個建議，說她與那種人沒有任何共通點。後來她終於承認了兩個基本事實：其一，與正向的人打好關係不用太費心力；其二，意識法則的「物以類聚」所言不虛，痛苦會帶來痛苦，而愛會召喚愛。她問自己：「我從痛苦得到了什麼？對我有任何正向的幫助嗎？」隨著時間流逝，她完全脫離了那個女性主義團體，並開始與更健康、更平衡的人建立良好的關係。

自從與快樂的人在一起之後，她才驚覺自己的內心有多負面。她開始覺察到自己會刻意維持負面的感覺，主動選擇去擁抱負面的情緒，於是她一一檢視負面心態所要付出的代價。最後，她的社交生活完全翻轉，比以前更愛笑，也更快樂。她的偏頭痛不見了，還開啟了一段新感情，笑稱這才是治療潰瘍的最佳解藥。

發現自己處於冷漠的情緒狀態，可以用自問自答的方式來找出冷漠背後的運作程式：「我想要證明什麼？是證明人生爛透了？世界沒

救了？不是我的錯？真正的愛根本不存在？不可能擁有幸福？我想要
辯解什麼？為了證明『我才是對的』要付出多少代價？」當我們正視
並放下這些問題所引發出來的感受後，答案自然會開始出現。

第 5 章

認識悲傷，
才能開始療癒

　　悲傷是大家共通的經驗。悲傷時，會覺得事情太艱難；我做不到；沒有人會愛我。我們還會這樣想：「看看我浪費了這麼多年」、「要是……就好了」。我們哀傷、失落、孤獨、心碎、苦惱、失望、悲觀、覺得被遺棄、痛苦、無助、絕望、念舊、陰鬱、沮喪，既有熱切的渴望，又有失去卻無法挽回的懊悔。

　　失去信念、感情、能力、角色或對自己的希望，失去對整個人生的態度，以及對外部環境及制度的失望，都可能引發悲傷情緒。悲傷的人會覺得：「我永遠走不出來；這太難了；我試過了，但完全無濟於事。」這是一種對傷痛與苦難毫無招架之力的感覺，因此外在環境會帶來更多的悲傷，這更強化了內在的感受，而把自己的悲傷合理化。悲傷帶有哭求他人幫助的意味，因為我們對自己的感受無能為力，覺得別人或許能幫上忙。這跟冷漠形成明顯的對比，因為冷漠的人覺得沒有人能幫助他們。

允許悲傷，讓情緒隨著淚水流動

　　很多人都會刻意壓抑悲傷，男性尤其如此，自古對男人就有「男兒有淚不輕彈」的刻板要求。壓抑大量悲傷的人會害怕自己有一天承受不住，他們往往會說：「只要我一哭，就停不下來」、「這個世界滿載著悲傷，我的人生是如此，親朋好友的人生也是如此」、「人生就是個悲劇，只有不斷的失望與破滅的希望」。很多身心症及健康問題，都跟壓抑悲傷有關。

　　壓抑悲傷無法讓你走出來，但如果能允許悲傷浮現再消逝，便能

迅速從悲傷往上攀升到接納等級。不管你是因為失去什麼而無法停止
悲傷，都是因為不願接受現狀，也不肯讓悲傷自動耗盡。一個情緒會
久久不散，是因為你緊抱不放，不甘心放它走（比如歌詞所描寫的
「讓我哭到淚流成河」）。一旦相信自己有能力處理悲傷的事實，馬
上就來到了驕傲等級。「我做得到」、「我應付得來」的感覺，可以
帶來勇氣。有了面對及放下內在感受的勇氣，便可繼續爬升到接納等
級，然後到達平和等級。當我們放下長年累月背負的悲傷，腳步會變
輕盈，面貌會變年輕，而親近的人也會注意到我們的表情改變了。

　　時間會沖淡悲傷，此一事實讓我們有面對悲傷的勇氣及意願。如
果能夠不抗拒、全然對悲傷臣服，大約十到二十分鐘後，悲傷會自動
消散，然後停止一段長短不一的時間。每次一生起悲傷的情緒，只要
臣服、放下，悲傷遲早會耗盡，我們要做的，就是允許自己去體驗悲
傷。只需要忍受沉重的悲傷十至二十分鐘，悲傷就會逐漸消失不見。
相反的，抗拒悲傷，悲傷便會綿綿不絕。強行壓抑下來的悲傷，可以
持續很多年。

　　我們往往會覺得悲傷是丟臉的、令人尷尬的，但面對悲傷時，首
先要先承認它、接受它，並放下丟臉、尷尬等感受，尤其是男人。我
們必須釋出對悲傷的恐懼，不再害怕被悲傷淹沒及壓垮。一旦能夠放
下抗拒去體驗真正的情緒、不加以抗拒，就能很快度過悲傷。一般來
說，女性在面對悲傷時比男人更有經驗及智慧，她們會說：「好好大
哭一場，心裡會好過一點。」許多男人在親身體驗到這句話說得沒錯
後，都會大感驚訝。

　　根據經驗，只要過去的悲傷被允許出現，劇烈的頭痛幾乎能出人

意料地幾乎立即緩解。當悲傷浮出表面，男人會說：「男子漢不流淚。」然而，一旦他們卸下陽剛自負的武裝，隨之而起的，便是害怕一旦哭出來就會一發不可收拾。等到這種恐懼過去之後，他們會感到氣惱，認為社會不該逼迫男人壓抑自己的情緒，也氣惱身為男人連表達真實的感受都身不由己。在度過並放下憤怒之後，才能抵達勇氣等級，此時就能勇敢地允許自己必要時可以哭。釋出悲傷情緒後，不僅頭痛可以得到緩解，在抽抽噎噎過後還能得到深刻的平靜。從此之後，就不用再逃避傷心往事了。

當一個男人允許悲傷生起，並釋出被壓抑的悲傷能量後，心情就能平靜下來，並改變對男子氣概的傳統看法。他意識到自己的陽剛之氣沒有因為悲傷而有減損，反而變得更剛毅、更完整，而且現在的自己不僅能夠碰觸真實的感受，還有能力去處理個人的感受。於是，他成長為更值得信賴、更有能力、更面面俱到、更善解人意、更成熟、更有同情心、更有愛心的男人，對別人可以感同身受地去理解。

所有的悲傷與哀痛都因執著而起，之所以會產生執著及依戀，是因為我們的內心覺得自己不完整；因此，才會用外在的人事物、關係及概念來滿足內在的需求。由於這些都是在無意識下用來填補內在需求的東西，因此被認定為「我的」。當我們給這些人事物越來越多的能量，這些人事物會從原本「我的」的所有權狀態，轉變為「自己」這個身分的實質延伸。於是，不管失去的是人或東西，給我們的感覺就像是失去了自己的一部分，或失去了我們情感資產的一個重要組成。經歷過失去，相當於喪失了自己的部分特質，因為不管人或事物都代表了自己。對於外物投注的情感能量越多，失落感會越重，卸除

執著狀態的痛苦也越強烈。執著會造成依賴，一旦養成了依賴性，就會害怕失去。

　　每個人的內在有小孩、有家長，也有大人。悲傷生起時，你可以問問自己：「在我的內在，這種感受是來自小孩、家長或是大人？」比如說，內在的小孩很害怕寶貝狗狗會出事，他想要知道：「我該如何是好？」內在的大人也會感到悲傷，但他能夠接受避免不了的事，因為貓咪和狗狗不會永生不死，所以內在的大人會很遺憾地接受生命短暫的事實。我們接受青春一去不回，接受感情無法維持一生一世，當然也接受我們養的寶貝狗狗總有一天會離開。

面對失去，要如何自處？

　　由於執著的特殊性質，在實際體驗到失去之前的第一個狀態，是害怕失去。要防堵這種失去的恐懼，方法一般有兩種。一種是提高執著的依戀強度，努力地鞏固及強化彼此之間的連結。這種做法是基於「連結越強，失去的可能性就越小」的迷思。然而，在人際關係上，正是這種手段導致分手或失去，占有欲太強的偏執只會讓對方拚命掙扎，試圖擺脫被施加在身上的束縛與控制。所謂「越是牽掛的事越是會成真」，所以害怕失去的恐懼，便弔詭地成為引發失去的機制。

　　第二種手段則是否認的心理機制，以俗話來說，就是「鴕鳥心態」。每天都會看到有人以各種方式去拒絕逃也逃不開的事，明明各種警訊紛紛出現，還是有人視而不見。於是，工作快保不住的人沒有發現問題；婚姻瀕臨破滅的夫妻沒有採取行動；罹患重病的人忽略所

有症狀，諱疾忌醫；忽視社會問題的政客，希望問題能夠自動消失；全國上下都對生死存亡的危機渾然不覺（例如九一一恐怖攻擊事件）；開車上路的人忽略引擎異常的警訊。我們都有過悔不當初的經驗，責怪自己忽略或小看出狀況之前的各種危機徵兆。

要處理失去的恐懼，就要檢視外在的人事物對人生的作用。有哪些情感需求被滿足了？當我們失去某個人或某件東西時，會生起什麼情緒？失去是可以預見的，而且我們也有能力去處理伴隨失落感而來的各種恐懼，方法是拆解這些人事物所代表的情緒複合體，然後逐一釋放個別的情緒。

舉個例子，你養了一隻名叫「羅孚」的寵物狗，你們親密作伴了許多年。顯然的，現在老羅孚已上了年紀，你拒絕去想牠的晚年，一想到牠可能會死，你會很難受而不願多想。一旦你察覺自己出現了這些跡象，就知道這些感覺都是警訊，你沒有處理好自己的情緒狀態。因此，你問自己：「羅孚在我的人生中有什麼作用？牠滿足了我哪些情感需求？」答案是：愛、陪伴、忠心、消遣娛樂。「失去牠，會讓這些個人的情感需求再也無法被滿足嗎？」檢視以上問題時，你承認失去的恐懼確實存在，而一旦你正視恐懼，它就沒有那麼可怕。當你釋出這些恐懼後，便不必再動用否認的手段去欺騙自己說羅孚永遠不會離開。

另一個與悲傷及哀痛相關的情緒是憤怒。失去重要的人事物時，往往會觸動憤怒的感受，這種感受可能會投射到外界、社會或其他人身上，最後則是怪天怪地怪老天爺，要祂為所制定的宇宙法則負起責任。你會氣憤，是因為你先前就拒絕接受以下這個事實：你生命中

所有的關係及財物都不是長久的。即便是我們最割捨不下的執著——血肉之軀，也遲早會消亡，這是人盡皆知的事實。

　　我們覺得，對自己很重要或有寬慰性質的依附關係是可以天長地久的。於是，當此一幻相受到威脅時，就會生氣、怨憎、自憐，而這些感覺可能就是造成你長期受苦的原因。不管你再怎麼努力，也改變不了世界的本質，於是產生了「無能為力的憤怒」。世事無常，一次重大的失去可能就會改變我們待人處世的立場。「失去」可以喚醒我們，讓我們認清所有執著及一切關係的本質；或是相反的，「失去」可能又一次讓我們否認昭然若揭的事實，不承認所有關係都是短暫的，而拚命地重新強化現有的情感連結，以彌補痛失所愛的遺憾。

　　要停止否認避免不了的失去，其中一環是看穿操控的企圖。心智會幻想出各種防止失去的策略，手段可能是讓自己變得「更好」或更賣力工作、更誠實、更不屈不撓、更忠誠。如果是虔誠的信徒，還可能透過起誓發願來藉此操縱神。在親密關係中，分手或失去的恐懼可能演變成過度補償的行為，比如另一半變得更守本分、付出更多愛、更關心備至，以此來避免關係破裂：一向漫不經心的丈夫忽然開始買禮物和送花，刻意去忽視問題的根本原因。

　　一旦否認的策略崩解，或者操縱的手段不管用，在恐懼過後就會開啟抑鬱、哀痛及悲傷的過程。這些情緒階段，統統可以透過放下的技巧來快速度過，也就是向勢必要面對的悲傷情緒臣服，不再去抗拒，讓悲傷過程自然而然地走完。這樣的你可能決定不再壓抑悲傷，不再否認與抗拒，反而豁出去為老羅孚或失去的感情「大哭一場」。

　　悲傷多多少少會攙雜一些愧罪感。會產生愧罪感，在於這樣的一

個假設：會痛失某人某物是為了懲罰自己；或是設想自己當初如果能及時改變態度或行為，就不會失去。除非放下愧罪感，否則它可能會一再循環，用來助長怒氣與忿忿不平。我們不肯正視、不曾消除的憤怒，可能會被投射到周遭其他人的身上，讓他們成了替罪羊。也因此，投射到人際關係上的某種指責，可能在破壞關係後又加重了我們的失落感。

這種情形經常發生在失去子女的父母身上。根據調查，子女不幸亡故的夫妻，離婚率高達九〇％。怪罪是一種情緒投射，痛失所愛的人再面對另一次的痛失所愛（例如離婚、失去配偶），極可能引爆怪罪之火，讓情況越演越烈。有一位四十歲的婦女，就是這一類反應的典型例子。她有二十年的美滿婚姻，丈夫體貼、忠實。在她罹患白血症的小兒子過世時，她悲傷到無法接受，因此出現了憤怒反應。她的憤怒是以憎恨形式呈現，她恨醫生、恨醫院、恨上帝，也恨丈夫及其他的兒女。她的怒火一發不可收拾，開始出現了威脅別人的暴力行為，甚至接二連三地驚動了警察。後來，孩子們害怕得離開了這個家，她的丈夫想盡各種辦法幫她控制憤怒，最後卻成了老婆的出氣筒，有好幾次還挨了打。後來，無計可施的丈夫也絕望地離開了。這雞飛狗跳的情況，終於以離婚收場。失去家庭的這個女人在近五年之後，憤怒才消退，而她原本的生活已經被自己一手毀掉了，她必須重新站起來建立新的生活。

一旦我們能夠把所有負面情緒都好好處理，做好臣服及放下的功夫，就能夠真正鬆一口氣，而先前的痛苦也會退散，因為我們已經走到了接納等級。接納與屈服不一樣，因為在屈服狀態下，仍然有未消

化的殘餘情緒，其中也包括不甘心，而這會拖延我們承認事實的時間。屈服會說：「我不喜歡這樣，但我只能忍耐。」

到了接納的狀態，已經完全消融對事實的抗拒，而其中一個明顯的跡象就是平靜、祥和。接受事實，就不會再苦苦掙扎，生命有了全新的開始。先前與負面情緒綁在一起的那些能量現在都釋放出去了，可以用來灌注更健康的人格特質。此時，心智的創造力會找機會去建立新的生命情境，開發出更多成長與體驗的可能選項，讓你有一種重新活過的全新感覺。在此，我要介紹一個許多人使用過的著名教誨──十二步驟戒癮團體的「寧靜祈禱文」（Serenity Prayer）：

> 神啊，賜我平靜的心，讓我接受我不能改變的事，
>
> 賜我勇氣，去改變我能改變的事，
>
> 賜我智慧，去辨別兩者的差異。

伴隨哀痛及失去而來的那些情緒如果置之不理，可能導致受困在那些情緒中掙脫不開，從而造成長期的抑鬱以及處於否認的狀態下（不承認摯愛已經離世）。愧罪感或是拒絕處理伴隨失去而來的情緒，有可能會拖長悲傷反應，並造成實際的身體病痛（這種過程的運作機制，本書後面探討身心關係的章節會進一步解釋）。未能完全消融的情緒所壓抑下來的能量，會透過身體的內分泌及神經系統重新浮現，造成能量失衡，破壞在經絡中流動的生命能量，最後會形成各種臟器的病理變化。痛失所愛的人，死亡率遠遠高於一般人，尤其是在配偶死亡一、兩年內的死亡率更高，這已經是廣為人知的事實。

　　與悲傷有關的愧罪感，其中的一個源頭是對親人離世的憤怒。這種憤怒經常會被壓抑下來，因為我們的意識心覺得這是不理性的。我們會設想並美化離世親人的品德，而被誇大的品德又反過來加重自己的愧疚感：「我們怎能對如此美好的一個人生氣呢？」我們也會怨天尤人，氣憤有能力創造出宇宙的神靈，怎能允許這樣的悲劇發生，但同時也會因為這樣無端的怒氣而生出罪惡感。

　　一位六十歲的婦人來求診，她身上有好幾種毛病，包括氣喘、過敏、支氣管炎、呼吸困難以及反覆發作的肺炎。在治療過程中，我發現她母親在二十二年前離世，但不尋常的是，她說自己對母親的死沒有任何感覺。奇怪的是，身為子女的她，竟然沒有親自為母親的墳墓訂製墓碑。從她提供的資訊可以看出她極度依賴母親，而她對母親的感情之所以充滿矛盾，則是因為母親不肯完全滿足她的依附需求。

　　她否認的情緒太過強烈，光是處理這部分就花了幾個月的時間。她氣憤母親的離開，這股怒氣讓她生出罪惡感，而罪惡感又引發了她強烈的否認。她的怒氣轉而向內，以疾病形式發洩在自己身上，這些病痛也反映出她的無助，透露出她想為母親好好哭一場的願望。喪母之痛的長久壓抑，導致她一直覺得無法好好呼吸。她討厭自己對母親愛恨交織的感情，而她壓抑下來的全部情緒則化為各式各樣的生理不適（典型的身心症）。她開始面對遲來的哀痛，悲傷及痛失所愛的感覺也逐漸浮現出來。從這裡就能清楚看出，她花了多大的力氣來抗拒這些情緒，而這些抗拒又如何造成她的身體症狀。後來，她接受了更進階的專業訓練，成為一名臨終關懷的療癒師。

情緒臣服，放下悲傷

從以上所描述的這個過程中，可以看出強烈的哀痛、失去以及可能隨之而來的病理反應，都是可以事先防範的。只要我們早早就認清事實，趁著相關的情緒還不強烈時，就能在不會引爆極度痛苦的情況下做好情緒臣服。

我們已經明白哀痛與失落感的起因有二，其一是執著及依戀，其二是否認所有關係的本質都是短暫的。我們可以先檢視自己的生活，辨識自己在哪些方面緊抓不放、太過執著，問問自己：「它們滿足了我的哪些內在需求？萬一失去了，我會有什麼感覺？我可以如何平衡內在的情緒世界，以減輕我對外在事物的執著程度？」對外在事物越是執著，就越害怕失去，也更容易因為失去而不堪一擊。可以問問自己為何覺得自己不完整。「為什麼我覺得如此空虛，必須靠著依戀及依賴別人來尋求解決辦法？」

我們可以開始檢視自己內在的不成熟之處。精確來說，需要檢視的是：「我在哪些地方得到愛，而不是付出愛？」有足夠的愛，就不會因為悲傷與失去而受苦，也不必去索求依附。當我們正視並放下全部的負面感受，便從狹隘的小我畢業，意識到內在的高我，從而懂得從付出與愛人中得到喜悅。如此一來，就不再會因為失去而受苦。覺知到快樂的源頭在我們之內，就能對外界的「失去」免疫。

仔細審視生活，可以看出自己究竟被哪些執著與逃避困住，它們每一個都可能是未來令我們痛苦不堪的源頭。有些重要的問題更值得好好檢視，例如所謂的退休症候群，就是沒有正視這些重大問題的一

個常見例子。傳統婦女在完成養兒育女的責任之後，有些人會因為長大成人的孩子一個個離開家而出現空巢症候群；而男性方面的問題，則是退休、失業，或因為喪失某些身體機能而無法待在原來的工作崗位。此外，所謂的中年危機，則是多年來以否認來迴避問題所累積下來的後果。我們往往缺乏勇氣去正視不可避免的問題，也沒能規畫其他活動來滿足同樣的內在需求，主要包括自尊心、價值感、重要性、被需要，以及想要有所貢獻、有生產力的心理需求。

認清不可避免的事必然會發生，早日未雨綢繆，就能在重大的悲傷與失去發生時，讓難過的感受相對輕微一些。我們可以查看某些主要的人際關係，老老實實地加以檢視。在這些人際關係中，有多大程度是為了滿足我們自私的內在需求？有多大的程度是利用對方來為自己謀取利益？有多大程度，他們的存在作用只是讓我們幸福？要找出答案，只需要問問自己：「如果離開我，他們才能得到最大的幸福，我會有什麼感覺？」這個答案會揭露我們試圖限制及操控對方的程度——這是偏執，不是愛。

兩千多年前，佛陀就已觀察到眾生受苦的根源是欲望與執著，而人類歷史也證明了佛陀的教誨。至於要如何解決這個難題呢？如我們所見，只有小我才會執著及依附外界事物。小我相信那些唬人的不適用程式，而我們也渾然不覺地讓這些程式宰制。臣服的目標是卸除這些程式的能量，讓它們無法再掌控我們；然後，我們便可以自由地擴展自己，進入更有覺知的高我。

這一部分的我也可以稱為「大我」，大我付出愛而不是尋求愛，因此我們會覺知到自己隨時隨地都置身在無限的愛中。充滿愛的人，

會吸引及召喚愛的到來。

　　持續不斷地放下負面情緒，是治癒當下痛苦的解藥，也是在為未來的痛苦打預防針。信任會取代恐懼，伴隨信任而來的，則是深刻的幸福感。當我們停止對小我人格的依附，轉而仰賴高我（內在的神性）的指引，就能對失去的強大悲傷免疫。我們會向不朽的高我尋求保護，而不是去找小我尋求暫時的安慰。

/ 第**6**章 /

恐懼，
所有負面情緒的導演

　　我們都很熟悉恐懼的各種面貌，經歷過無所適從的焦慮與恐慌，也曾經被嚇到動彈不得，心臟蹦蹦跳。長期的恐懼形成焦慮，而焦慮發展到極致就是妄想症。輕微的恐懼只是令人不安，到了更強烈的恐懼，我們會害怕、小心翼翼、牴觸、緊繃、害羞、說不出話、迷信、防衛、不信任、被威脅、沒安全感、心驚膽戰、多疑、膽怯、受困、有罪惡感；可能有嚴重的舞台恐懼症，害怕受苦、害怕活著、害怕去愛、害怕親密、害怕被拒絕、害怕失敗、害怕神靈、害怕地獄、害怕天譴、害怕貧窮、害怕被嘲笑、 害怕被批評、害怕受困、害怕不夠格、害怕危險、害怕被反對、害怕無聊、害怕責任、害怕做決定、害怕權威、害怕受罰、害怕改變、害怕失去保障、害怕暴力、害怕失控、害怕自己的情緒、害怕被操控、害怕被發現、懼高、害怕性愛、害怕一個人、害怕背負責任，也害怕恐懼本身。

　　還有一個很多人都會忽略的恐懼根源：害怕被報復。這種恐懼，來自想要衝撞、出手反擊及攻擊的欲望。放下恐懼，便會發現在恐懼的背後，往往是對恐懼對象的憤怒。願意放下恐懼、克服恐懼，可以讓我們提升到下一個情緒等級，也就是憤怒。等到可以正視、臣服恐懼與憤怒交織的感覺，情緒能量立刻會提升到驕傲與勇氣等級。

挑戰公開演講的恐懼

　　放下對恐懼本身的恐懼，是一個很棒的實驗主題。當我們停止害怕恐懼本身，就會注意到恐懼只是一種感受。事實上，恐懼比抑鬱好受得多。但出人意料的是，對一個嚴重抑鬱的人來說，他們樂得歡迎

恐懼回歸，因為他們覺得恐懼比絕望好多了。

恐懼會自我強化，要了解這一點，先來看看另一條意識法則：**越是牽掛的事，越是會成真**。簡單來說就是「想什麼來什麼」，因為我們會源源不絕地將能量灌輸給自己緊抓不放的想法，導致這些想法會在生活裡確實發生，而且會如何發生也跟自己的想法一致。所以，恐懼會產生恐懼的想法，而且越是把這些想法緊抓不放，就越容易在現實生活中經歷自己恐懼的事，而這又反過來強化了恐懼。

當我還是個實習醫生時，非常害怕公開說話。一想到要在同事面前報告病人的病情，就會驚恐到發不出聲音。這樣的恐懼，難免有一天會出問題。有一次，我必須在幹部會議上說明某個病人的情況，當我照著稿子念病歷時，說了幾段後，就開始控制不了地顫抖，聲音變得細不可聞，最後完全說不下去。揮之不去的恐懼終於成真了，當然，這件事更強化了我對演講的恐懼及排斥。許多年後，「我不能在公開場合講話；我實在不會演講」的自限性信念依然束縛著我。對於需要演講的場合，我一律敬謝不敏，到後來幾乎沒了自尊心、不參加活動，職業生涯也受到了嚴重的影響。

時間一年年過去，我的恐懼出現了一些些變化。現在我的信念系統是：「我不要演講，因為我是個糟糕又無聊透頂的演講人。」後來，我必須在一場公開會議中發表談話，這是鼓起勇氣面對恐懼的一個機會。當時我內在的對話是這樣的：「最糟的狀況會是什麼？呃，大概是你可以再無趣一點。」然後我想起自己也聽過很多場無趣的演講，於是接受了這樣的演講其實很常見，即便講得再爛也絕對不會是世界末日。就這樣，我放下了恐懼背後的愛面子與自驕自負。最壞的

情況，也不過就是我講得還是很糟糕而已。

　　那個要命的日子終於來了。我早早寫好了講稿，只要照本宣科就行。當然，即席演講要有趣得多，但是對於一個承認並接受自己有演講恐懼症的人來說，早早備妥稿子才是最好的做法。站上講台的那一刻，儘管我心裡很害怕，最後還是呆板地念完稿子下台。事後，一些朋友說：「認真說起來，你演講的內容很不錯，但是老天，聽起來真的很無聊啊。」但內在的我並不在乎，反而很高興自己鼓起勇氣接受現實，而且真的做到了。演講無趣，這個事實並不重要；重要的是，我真的上台演講了。既然克服了恐懼與限制，自尊心就提上去了，此後也不再對演講活動避之唯恐不及。事實上，我甚至還有了一個演講慣例，就是在每次開場前都先警告聽眾：「我知道我言語乏味，老實說，我可能會講得很悶。」出乎意料的，他們聽後都笑了。這代表他們也接受這個共通的人性，而我的恐懼也煙消雲散了。

　　我發現，幽默感對於公開談話非常重要。幽默感，可以打動聽眾，是連結聽眾人性的一個有效方法，可以發掘他們的同理心。在同理心中，你跟聽眾融為一體，他們會為你真心打氣，而你也可以感受到他們的鼓勵。你愛他們，因為他們緩解了你的恐懼、接納你；而聽眾也愛你，因為你做了他們畏懼的事。於是，雙方的情緒等級都提高了，便促成了一場分享式的公開演講。你發現，當這種情況發生時，心智的反應非常有趣。

　　最後，在全然臣服的狀態下，我不用再照本宣科地念稿子了。等同樣的經驗更豐富後，我演講的表現開始有了起色，演講邀約也陸續上門。因此，先前因為害怕公開談話而受限的許多職業目標，都可以

一一達成。甚至我還上了在全美播出的節目，包括熱門的脫口秀。這樣的我，從一個在實習醫生面前念病史都有問題的人，後來卻能在《芭芭拉·華特斯秀》（*The Barbara Walter's Show*）節目中對著數百萬觀眾發聲，真的可以說是判若兩人。

　　把自己從充滿恐懼的限制中解放出來，發揮正常的表現能力，對每個人都裨益良多。因為這樣的學習過程，會自動溢流到生活上的許多領域。你會變得更有能力、更自由、更快樂，內心也會感到平靜。

如何療癒恐懼

　　如我們所知，恐懼在社會中是如此普遍，以至於成為支配這個世界的主導情緒。在我從事臨床診療的數十年間，恐懼也是好幾千位病患的主導情緒。恐懼如此普遍，還有這麼多不同的表現方式，就算用一本書來書寫都不夠一一細數。

　　恐懼關乎我們的生死存亡，因此得到心智的特別禮遇。對多數人來說，恐懼無所不在，他們的生活實際上是為了克服恐懼而建立的一大套代價裝置。光是這樣還不夠，媒體還要一遍遍地讓我們目睹恐怖的情境，比如今天的晨間新聞：「恐怖分子揚言在我們的食物中下毒。」這樣聳動的新聞標題很常見，彷彿要給心智更多的機會去掌控所有情緒中我們最畏懼的那一種。正如歌詞所描述的：「我們害怕活著，也害怕死去，左右為難。」

　　當心智的所有代價辦法都失靈，恐懼就會溢流到意識層，成為明顯的焦慮症或恐懼症，然後有人就會被貼上焦慮精神官能症的標籤。

值得注意的是，在美國，鎮靜劑煩寧（Valium）是最暢銷的藥物。

　　恐懼往往會惡化，因此恐懼症患者的典型狀況就是恐懼往外擴展，開疆闢土，觸及到越來越多的生活事項，從而越來越限縮他們的活動，嚴重時，甚至會全面癱瘓生活。一位名叫貝蒂的患者就是一個例子。

　　三十四歲的貝蒂，看起來比實際的年紀蒼老許多，她形容消瘦、面色蒼白。就診時，她抱著一堆放著保健食品的紙袋，一共有五十六瓶之多，包括維生素、營養補充劑，以及好幾袋的特殊食品。她一開始是細菌恐懼症，不久後覺得周遭所有東西都可能遭到細菌汙染。她對自己的健康有諸多恐懼，害怕得到各種傳染病，現在則進展到害怕得癌症。她相信讀到和見到的一切可怕故事，以至於害怕絕大多數的食物，害怕呼吸的空氣，也害怕陽光照射到皮膚上。她只穿白色衣物，因為害怕布料的染色劑有毒。

　　她去醫院看診時，從來不坐下，因為害怕椅子上有病菌。每次醫生開處方箋時，她都會要求醫生從處方箋的中段開始寫，因為紙張上部可能有人碰過了。不僅如此，她還要親自用戴著白色手套的手去撕下處方箋（她要求我不要去摸處方箋，害怕我的上一位患者跟我握手時，在我手上沾了什麼病菌）。她請求我能否做電話診療，因為她前來就診時，一路上都要提心吊膽。

　　在下週的電話診療時，她說自己不想起床。打電話時，她就躺在床上，現在她已經害怕到不敢出門了。她怕遇到搶劫犯、強暴犯，也怕呼吸到汙染的空氣。躺在床上的她，更害怕自己的狀況會不斷惡化，而這又加重了其他的恐懼，她害怕自己快瘋了。她既害怕藥物幫

不了自己，又怕藥物有副作用，更怕不吃藥，病就不會好。接著，她告訴我，她擔心吃藥會噎死，因此現在不僅不吃處方藥，連保健食品都不吃了。

她的恐懼癱瘓了所有一切，所有治療手段都派不上用場。她不准我聯絡她的家人，怕家人知道她在看精神科醫生，會認為她瘋了。我束手無策，絞盡腦汁好幾個禮拜，苦苦思索能怎麼幫她。最後，我只能舉白旗投降，放自己一馬。這時的我體驗到了臣服、放下的輕鬆感：「我什麼都幫不了她，那就只剩一件我能做的事，就是愛她。」

那便是我的做法。我只是滿懷著愛去想她，經常把帶著愛的想法傳送給她。打電話時，我給了她我所能付出的愛，經過幾個月的「關愛療法」，她恢復到可以出門看診的程度。隨著時間一天天過去，她的情況漸入佳境，儘管她沒有從中領悟到任何道理，但恐懼程度已經開始在消退。她說，她非常害怕談論心理層面的問題，因此在那幾個月乃至隨後幾年的治療中，我唯一做的事就是去愛她。

這個例子闡明了我在冷漠那章中談到的一個概念：較高的振動頻率（例如愛），可以用來療癒較低的振動頻率（例如恐懼，像這位患者一樣）。愛可以撫慰人心，僅僅是把愛的能量投射出去，讓身邊的人也能被這股能量包圍，就能平息對方的恐懼。關鍵不在於我們說或做了什麼，事實上，我們的存在本身就具有療癒效果。

在此，我們要學習的是另一條意識法則：**愛可以療癒恐懼**。這是精神科醫師傑瑞・詹保斯基（Jerry Jampolsky）一系列著作的主題，例如《心態療癒經典》（*Love is Letting Go of Fear*）。這條意識法則，也是長島曼哈塞城（Manhasset）心態診療中心（Attitudinal Healing

Center）的治療基礎，我是這個中心的共同創辦人及醫療顧問。所謂心態療癒，是指讓重症患者進行群體互動，在整個療癒過程中放下恐懼，用愛來填補。

偉大的聖者與開悟的療癒師，使用的都是這個療癒機制，他們本身擁有療癒能力，由愛散發出來的強烈振動可以療癒身邊的人。這種療癒力是靈性療癒的基礎，能夠透過充滿愛的想法來傳遞。如我們所知，歷史上不乏這種療癒例子。近代歷史上的德蕾莎修女，就以無條件的愛及她耀眼的存在療癒了無數人，這是受到世人肯定的事蹟。對不熟悉意識法則的人來說，這一類的療癒無異於奇蹟。但了解意識法則的人，就會知道這種現象很常見，而且是可預見的。高階意識，本身就具有療癒、轉化及啟發他人的能力。臣服機制的價值，就在於放下讓愛無法流動的障礙，不斷提高愛的能力，透過愛的能量來療癒自己及別人。

這一類療癒的唯一缺點是，要達到及維持療癒效果往往要靠近治療者身邊，才能接觸到強烈的愛能量。一旦病人離開治療者，病痛就會捲土重來，除非病人本身學會如何提升自己的意識。

你或許會問：「如果說傳送愛的想法就能治療病痛，醫院裡哪來那麼多的病人？他們的親人也很愛他們，為何不能靠親人的愛來治病呢？」答案是去檢視他們親人傳遞的是什麼樣的想法。當你檢查那些想法，就會發現那裡面主要是焦慮與恐懼，還有內疚和矛盾。

我們或許可以把愛想像成陽光，把負面想法想像成烏雲，而高我、大我是太陽。我們所有的負面想法，以及懷疑、恐懼、憤怒、憎恨等情緒烏雲，會遮蔽太陽發出的光芒，最後只剩下微弱的陽光透了

出來。耶穌基督說過，只要有足夠的信心，每個人都有療癒潛力。聖人或是意識層次高的人，已經移除了那些遮天閉日的烏雲，把太陽的療癒力完整投射出去。也因此，如聖人一般的人物才會擁有那麼大的吸引力，讓許多人蜂擁而至。已故的印度聖者拉瑪那・馬哈希尊者（Sri Ramana Maharshi）生日時，就有兩萬五千人在燠熱的大太陽底下擠得水洩不通為他慶祝、祈福。

當我們持續放下對恐懼的抗拒，允許自己臣服於恐懼，被恐懼束縛的能量便會釋放出來，並轉化為愛的能量，綻放出光芒。因此，無條件的愛，力量才會最大，而這種愛就是所有聖人的力量。無條件的愛也是為人父母的力量，在他們的羽翼下，孩子在成長的過程中學習如何愛人，這是重要且必要的家庭教養。根據佛洛伊德的觀察，在成長的過程中，最幸運的事莫過於能成為母親最寵愛的子女。

顯然的，不是人人都有這樣的好運氣，能夠在無條件的愛中長大，那麼這些人又會如何呢？一般認為，沒有體會過無條件的愛，一輩子都會帶著創傷或覺得自己不完整。但，其實不然，因為這種愛是每個人與生俱來的。幼年時期得到關愛的人只是恐懼比較少，站在有利的起點上，如此而已。我們存在的本質、內在的愛，以及流經身體、賦予呼吸與思考能力的生命力，就足以賦予我們同樣的能量振動等級。

檢視自己時，可以看清一個事實：是我們自己允許大量的恐懼成為烏雲，阻擋了我們去體驗自己的真正本質。幸運的是，我們可以透過臣服機制，放下這些負面的烏雲，重新發掘內在的愛。

重新發掘內在的愛，便能重新發掘出快樂的真正源頭。

承認人性中的陰暗面

　　阻礙情緒發展的障礙之一，是對隱藏在潛意識內的東西感到恐懼；榮格把這個我們不願意看到及擁有的區域稱為「陰影」。他表示，除非正視並承認陰影，否則無法療癒自己、獲得完整。這意味著，在榮格所稱的「集體無意識」中，埋藏著所有人心中最不願承認的那一部分自己。他說，一般人寧願將自己的陰影往外投射到世界，予以譴責，視為邪惡，並認為自己的問題就是跟世界上的邪惡對抗。但事實上，我們的問題不在於此，而是去承認自己有那些想法及衝動。承認了它們，它們就會安安分分，不會在潛意識中蠢蠢欲動。

　　害怕未知，其實是在害怕潛意識深處的東西。檢視對未知的恐懼時，幽默感是個好助力。當我們正視陰影，予以承認，陰影就不再有任何力量。事實上，賦予陰影力量的，就是我們對這些想法與衝動的恐懼。一旦熟悉自己的陰暗面，就不再需要把恐懼投射到外界，於是恐懼會開始迅速退散。

　　為什麼那些把焦點放在騷亂、暴行等形式的電視節目會大行其道、如此吸引人？這是因為在安全無虞的螢幕上所演出的內容，是我們心靈中被禁止的無意識幻想。一旦願意從自己的心靈螢幕上，去觀看同樣的畫面，瞧瞧那些影片的真實源頭，這樣的「娛樂」就會失去吸引力。當你承認陰影裡有些什麼玩意兒，對於犯罪、暴力及恐怖等災難就不會感興趣。

　　阻止我們去認識內在恐懼的其中一個障礙，是害怕別人的意見。尋求他人認可與肯定，一直都是我們心智虛妄的幻想。我們認同別人

的意見，包括權威人士，將別人的意見與自己的意見整合，以為那是自己的見解。

在檢視恐懼時，最好記住榮格把儲存在陰影裡的禁忌事項，視為**集體無意識**的一部分。集體無意識，指的是**每個人**都有這些想法與幻想。我們會賦予情緒不同的象徵，在這一點上任何人都一樣。每個人的內在都隱藏著對自己愚蠢、醜陋、不被愛及失敗的恐懼。

無意識心是直接又粗魯的。它以粗鄙的概念來思考，當它想到「殺掉流浪漢！」這個句子時，真的就是這樣想的。下一次有人超你的車時，你可以深深看進自己的內心，如果對自己夠誠實，對浮上心頭的畫面不加刪剪的話，你會想對這個人做什麼。你會想要把他逼下馬路，不是嗎？你會想粉碎他、把他推下懸崖，是這樣沒錯吧？這就是無意識心的思考方式。

幽默感之所以有用，是因為當我們檢視這些畫面時，便會看出其中的可笑之處。這只是無意識處理畫面的方式，沒有什麼好害怕的。出現這些畫面，不表示你是個墮落的人，也不代表你是個潛在的罪犯。這只是意味著，你對自己夠誠實，直接面對人類的動物性思維，因此沒有必要去誇大、自我批判或憂心忡忡。無意識心是如此粗鄙，即便你的理智上的是菁英學校，你的無意識心仍留在叢林裡，依舊在樹上晃盪！檢視你的陰暗面時，不是要你對自己吹毛求疵或謹小慎微，也不要信以為真，因為無意識心使用的符號就只是符號，而符號的本質是原始的。如果帶著覺知去正視這些陰影，我們會從中得到力量，而不是受到限制。

我們必須動用大量的能量才能持續把陰影藏著，鎮壓住眾多的恐

懼。結果便是能量耗竭，在情緒層面上，這會以抑制我們愛的能力來呈現。

在意識界中，物以類聚是一個普世法則，所以恐懼會吸引恐懼，而愛會吸引愛。恐懼越多，在生活中招引來的可怕情況就越多。每一種恐懼都需要額外的能量來建立一個防護裝置，直到最後，所有的能量都會被我們的重重防護措施吸乾抹淨。一旦願意去正視恐懼，對恐懼下功夫，直到完全解放它，就能馬上得到回饋。

每個人的內在，多多少少都儲存著被壓抑的恐懼。這些恐懼最後會多到溢出所有的生活領域，影響所有的遭遇，削減生活的喜悅，並反映在臉部的肌肉組織上，從而影響到我們的長相、體力，以及體內所有器官的健康。長期抓著恐懼不放，會漸漸壓抑身體的免疫系統。透過肌肉測試，立刻就可證明只需一個恐懼的想法就能大幅削弱肌力，擾亂經絡中的能量流往重要器官。儘管知道恐懼絕對會傷害感情、健康及幸福，我們卻依然放不下恐懼。為什麼？

在無意識心的設想中，恐懼能夠讓我們活命；這是因為恐懼與人類全套的生存機制連結在一起。因此我們會想，放下恐懼，便是放下主要防禦機制，導致我們不堪一擊。但真相恰好相反：恐懼會讓我們對真正的危險視而不見。事實上，恐懼本身正是人體要面對的最大危險。恐懼與內疚，會造成生活的各個層面都無法正常運作。

我們不是只能靠恐懼來自保，愛有同樣的防衛能力。難道照顧身體的理由只能是害怕生病和死亡，而不能單純是因為對身體的重視與感激嗎？難道照顧親人，不是因為愛他們，而只是害怕失去他們嗎？難道對陌生人溫文有禮，不是因為在乎他們，而只是害怕失去他們對

我們的好感嗎？難道不能因為重視品質、在乎同事，而把份內的工作做好嗎？難道善盡職責，不是因為在乎服務的對象，而只是因為害怕丟掉飯碗嗎？難道合作不能讓我們有更好的成果，只有充滿恐懼的競爭才行？難道小心駕駛的動機，不是看重自己、關心自己的福祉、在乎愛我們的人，而只是害怕出車禍嗎？在靈性層面，出於慈悲心去關懷他人，難道會輸給因為害怕被上帝懲罰才去愛人嗎？

放下愧罪感，從負面束縛中解脫

　　恐懼的其中一個形式，就是愧罪感。愧罪感總是跟犯錯的感覺、潛在的懲罰（包括真實懲罰及想像的懲罰）形影不離，如果懲罰不是來自外界，就會透過自我懲罰的形式表現在情緒層面上。愧罪感會伴隨著所有負面情緒出現，因此凡是恐懼所在之處，便是愧罪感所在之處。出現愧罪感時，如果當場做肌肉測試，會看到肌力瞬間變弱。你的大腦左右半球不再同步，所有的能量經絡都失去平衡。因此，對生命來說，愧罪感是具有破壞性的。

　　既然愧罪感的殺傷力這麼大，為什麼還有這麼多的讚美呢？為什麼所謂的專家會認為有愧罪感是好事？例如，有位精神科醫師在一篇雜誌文章中宣稱：「愧罪感對你有好處。」他隨後以「適度的愧罪感」來修正他的說法。現在，就來探究一下愧罪感，看看是否同意他的看法。

　　過馬路時，你會查看有沒有左右來車。為什麼你會這樣做？小時候，大人告訴你亂闖馬路是「壞行為」。所以，對一個尚未開發的心

智來說，愧罪感取代了對現實的認知。愧罪感是學習而來的行為，目的非常實際：防止重蹈覆轍。九九％的愧罪感，跟現實沒有絲毫關係。事實上，最虔敬、溫順、無害的人，經常滿心愧疚。愧罪感說白了就是自我譴責，是對我們身為人類的價值與重要性的自我否定。

愧罪感就像恐懼一樣普遍，不管我們做什麼，都會覺得愧疚不安。一部分的心智說，我們應該去做其他的事。或者，不論當下在做什麼事，都認為應該要做得「更好」：高爾夫球應該打得更好；應該看書而不是看電視；床上技巧應該更好；廚藝應該更好；應該跑得更快；應該長得更高、更強壯或更聰明；應該接受更多教育。在害怕活下去與害怕死亡之間，是對當下的愧疚。為了逃離愧罪感，我們會將它壓抑下來，或投射到別人身上或是逃避，以便對自己的愧罪感渾然不覺。

但是把愧罪感壓抑到底、渾然不覺，並不能解決問題。它會重新浮現出來，透過自我懲罰、意外、不幸、丟掉工作、失去感情、身體病痛、倦怠、筋疲力竭等形式表現出來，端視聰明的頭腦會耍出什麼花招，來讓我們失去快樂與活力。

如果愛代表生命，那麼愧罪感就代表死亡。愧罪感是小我的一部分，讓我們寧可相信關於自己的那些負面想法。家人、朋友、鄰居隨便一句負面的話，一天的快樂馬上消失無蹤。愧罪感否定了我們與生俱來的單純與良善，而身體的病痛不可能不帶任何愧罪感而存在。

那麼，為何我們會採信這種垃圾觀念呢？因為我們太單純嗎？還是因為在成長的過程中，相信別人講的是真話？即便是現在，我們是否仍然把別人的話當真？以前聽信了一萬個謊言，現在還願意再為另

外一萬個謊言買單，不就是因為我們內在是如此天真嗎？不就是太善良單純，才讓我們如此容易被消費嗎？事實上，審視自己的心時，難道不是因為我們太單純，才相信自己問心有愧嗎？

由於內在的天真良善，我們才會對負面想法照單全收，允許那些想法扼殺我們的活力，摧毀了我們對真實自我的覺知，還把令人洩氣的小我兜售給自己。天真良善的稟賦就像新生兒一樣，既然新生兒無法自保，也沒有區辨能力，就只能讓自己像電腦一樣去接受程式的設定，難道不是這樣嗎？

想看清這一點，就要提高自我覺知。我們都聽過「意識覺醒」課程及擴展意識的週末工作坊，它們的作用何在？是學習某種複雜的公式嗎？還是奉行某種神祕學主張？

這些與意識有關的課程，說到底就是以下這一個關鍵點：對於自己究竟要相信什麼必須保持覺知，並知道自己每天都在接受些什麼。讓我們來看看自己接受了哪些程式，然後開始去質疑、拆解、放下。我們要覺醒，不再受到世界上的負面程式所剝削及奴役，這些程式的真面目，其實就是別人為了操控我們的不良企圖，以便利用我們，榨取我們的金錢、服務、能量、忠誠，以及俘虜我們的心智。造成這些情況的機制，在電影《電子世界爭霸戰》中有精采的演繹，影片中的「中央控制」系統，便是以持續不斷的程式設定來遂行奴役。

一旦看清自己是如何被程式擺布，就會明白我們就像是一部單純的空白電腦，無條件地被下載程式。恍然大悟後，當然會生氣；而比起逆來順受、冷漠、抑鬱、悲傷，生氣是更好的現象！這表示我們開始主導自己的心智，而不是把它交給電視、報紙、雜誌、鄰居、地鐵

上的閒聊、女服務生偶然的一句批評，以及無用訊息的輸入與輸出。一旦明白收進心智記憶庫的都是一些垃圾資訊，恐懼就會大幅減少。我們會樂於讓這些感覺浮現，看清它們的真實樣貌，清除所有的垃圾，然後統統放下。

　　當我們審視內在，發現與生俱來的良善後，就會停止嫌棄、厭惡自己。我們會停止譴責自己，停止聽信別人的批評，對於別人試圖以各種手段來否定我們身為人的價值時，不會再買單。現在，該是重新掌握自己力量的時候了，不要再把力量交給每個路過的騙子，他們只會挑動我們的恐懼，騙走我們的錢，奴役我們去為他們的目標奮鬥，靠我們的能量為生。現在我們已經具備了篩選的力量，因此要擺脫恐懼並不難。

　　我們擔心要是踏上內在的探索之旅，將看到某些可怕又不堪的真相。在所有心智程式中，這是這個世界所設置的其中一個障礙，以防我們發現真正的真相。而這個被世界深藏起來的祕密，就是關於我們的真相。目的是什麼？答案是：一旦發現真相，我們就自由了。從此以後，再也不會受到控制、操弄及利用，不會再失去力量，也不會被榨乾、被奴役、被禁錮、被詆毀。因此，內在的探索之旅才會蒙上神祕面紗，充滿不祥的氛圍。

　　關於這趟旅程，真相是什麼？真相是，當我們腳步向內，拋掉一個又一個的錯覺、一個又一個的虛妄，以及一個又一個的負面程式，腳步會越來越輕盈，可以更容易地覺知到愛，人生也會變得更輕鬆自如、更不費力。

　　古往今來的每個大師都說要**向內看**，要去找出真相，這是因為跟

我們有關的真相可以讓我們得到解脫。如果向內看，只能找到引起內疚的東西、腐朽的東西、邪惡的東西，那麼所有大師就不會如此建議。相反的，他們會叫我們盡一切力量避免向內看。我們會發現，這個世界稱為「邪惡」的東西都在表面那薄薄的外層之上；而在這些「邪惡」的東西下面，存在著一個普世的大誤解，真相是：我們不壞，只是無知。

對愧罪感的恐懼減輕後，與恐懼綁在一起的能量會跟著消減，如此我們便會注意到身體的病痛與症狀開始消融。我們有能力重新去愛自己，在自尊心提高的同時，也開始有能力去愛別人。擺脫愧罪感以後，就能更新生命能量，在許多因為本身經驗而改變信仰的人身上可以看到這種驚人變化。透過寬恕的機制，他們迅速從愧罪感中解脫，這正是無數重症病人得以重拾健康的關鍵。重點不在於他們的宗教信仰，而是在於解除愧罪感以後，他們能夠更新生命能量，重建身心健康的狀態。

凡是涉及到自我療癒及情緒健康的議題，多點疑慮是應該的。這會讓我們對於所有愧罪感的傳播者以及他們帶來的不良影響，變得更加警覺。

問問自己，同樣的動機與行動，我們的出發點能不能是愛而不是恐懼或愧疚？罪惡感不是我們沒有拿刀刺傷鄰居的唯一理由，難道不能是因為愛和關心鄰居而拒絕去刺傷他嗎？難道不能因為他就跟我們一樣，天生良善，吃力地追求成長，跟我們一樣也會犯錯而體諒他嗎？不論是什麼宗教，出於愛及鼓勵的教義，效果會輸給用罪惡感及恐懼來加以約束的教條嗎？還可以問問自己，到底為什麼需要愧疚及

罪惡感呢？從這種感覺可以撈到什麼好處？我們真的笨到這種程度，只會因為愧罪感才遵守規矩、奉公守法？我們真的那麼沒有自覺嗎？難道不能用同理心來取代愧罪感，讓自己主動做出得體的行為嗎？

檢視這些問題，追查其源頭，就會認清一點：黑暗的中世紀還沒結束。宗教法庭只是換了一套更新、更幽微的殘酷形式而已。我們就這樣糊里糊塗地相信了目前主宰地球的這套負面系統，它所製造的愧疚及罪惡感，其實就是另一種形式的殘酷，不是嗎？我們允許別人替我們輸入程式，設定自我折磨的方法，而我們可以看到，自己為了報復，也邀請他們去折磨自己。我們放任自己被愧罪感所控制，又反過來用同一套機制去試圖剝削及控制他人。

當我們禁止自己去感受真正的自我時，就會憎恨正在那麼做的人，禁止的程度有多強，憎恨的程度就有多強。憎恨的原因，是因為他們在我們無能為力的領域裡充滿活力。以下的故事披露了這個令人警醒的真相：有個男人沿著海邊走時，遇到一位提著滿滿一桶螃蟹的漁夫。他對漁夫說：「你最好蓋上蓋子，不然螃蟹會跑掉。」老漁夫說：「沒必要蓋上蓋子。你瞧，要是有一隻螃蟹往上爬，想要逃出去，其他螃蟹就會伸出螯把牠拉下來。所以我說，不必蓋上蓋子。」

當我們不斷臣服、放下，越來越快樂自由時，便會看穿這個世界的本質就像那一桶螃蟹。於是，我們清楚地意識到這個世界已經負面到什麼程度了。一旦覺知到以前的自己被推銷了哪些信念，極有可能會感到氣憤，強烈地想要從這些負面束縛中獲得解脫。

第7章

欲望，
永不滿足的無底洞

　　從輕微的匱乏感到熾烈地渴求，都屬於這個情緒範疇。欲望也會表現為貪婪、著迷、飢渴、羨慕、嫉妒、黏人、囤積、殘忍、過度依戀、狂熱、誇大、野心過大、自私、情欲、占有欲、控制、美化、無法滿足、物欲。被欲望操控的人會說：「我從來沒有滿足過」、「永遠不夠」、「一定要有」，這種情緒的基本特質是驅動力。一旦我們受到欲望擺布，就沒有自由可言。欲望控制、主宰、奴役我們，牽著我們的鼻子走。

　　在此，自由的關鍵，同樣在於我們是否有覺知地選擇去滿足某個願望，而不是盲目地被無意識的程式與信念系統所主導。

臣服，助你穿越過欲望的障礙

　　我們往往對匱乏與欲望的機制缺乏了解。下面這句話披露了主要的錯誤認知：「只有欲望才能讓我如願得到想要的東西；要是放下欲望，什麼都得不到。」其實不然。欲望，尤其是強烈的欲望（例如渴求），往往才會阻礙我們得到自己想要的東西。

　　為什麼會這樣？真相是，凡是進入我們生命的，都是出於我們的選擇。是我們的意圖或決定，促成這樣的結果。某個人事物進入我們的生命，**與欲望無關**。事實上，欲望是我們實現目標、得償所願的障礙。道理不難明白，因為當你出現某個欲望時，真正的意思是：「我沒有。」也就是說，當你說自己想要某樣東西時，言下之意就是那個東西還不是你的；而當你說那東西不是你的，便在你自己與那件東西之間，劃出了一個精神上的距離。這個距離成為會消耗能量的障礙。

　　一旦全然臣服，「不可能」會立刻化為「可能」。這是因為「想要」的匱乏感會阻礙我們接收，同時產生害怕得不到的恐懼。欲望本質上就是一種否定的能量：不是請求就能得到。

　　這種實現目標的方法，與世界灌輸給我們的老法子不一樣。我們習慣把抱負與成功，跟勤奮及「新教徒道德觀」等典型美德聯繫在一起。這些美德，包括自我犧牲、禁欲、努力奮鬥、埋頭苦幹、勒緊褲帶、全力以赴、刻苦耐勞。這樣的觀點聽起來就很辛苦，不是嗎？這些所謂的「美德」都脫不開苦苦掙扎，之所以需要掙扎，是因為我們用欲望擋住了自己的去路。

　　讓我們來做個比較。意識程度較低時，想要實現目標會非常艱辛；至於意識程度較高時，則會因為承認及放下欲望，而處於較自由的狀態。在這種自由狀態下，我們所選擇的事物會毫不費力地在現實生活中顯化。放下渴求的情緒，只需要選定目標，然後滿懷愛意去想像它，並允許它發生，就像它真的「已經」屬於我們的了。

　　為什麼是「已經」呢？在較低階的意識狀態下，宇宙充滿了負面、否定、挫敗及不甘願，就像個惡劣又小氣的家長。而在較高階的意識狀態下，我們所體驗到的宇宙大不相同。它就像一個願意付出、充滿慈愛、無條件肯定我們的家長，只要提出請求，不論想要什麼，它都會滿足我們。如此一來，就創造出了兩個截然不同的背景，賦予了宇宙不同的意義。

　　或許在別人眼中，這個世界既吝嗇又充滿敵意，但我們沒理由為這種模式買單。若是採信這種觀點，我們的生活就會變成那個樣子。一旦放下欲望，就會開始看到自己所選擇的東西就像變魔法一樣，真

的進入我們的生活中。心想事成的法則在此發揮了作用,例如在失業率居高不下的時候,有的人不僅沒有失業,甚至還同時兼了兩、三份差事。

第一次聽到「放下欲望」這種觀點時,可能會覺得這種世界觀新穎得令人咋舌。既希望事實如此,又不免懷疑:「這在現實世界根本不可能發生。」從小接受「新教徒道德觀」洗禮的人,實在難以相信這種理論。即便如此,也請把心胸打開,給它一個機會試試。以下,是放下欲望的一個過程。

首先,寫下個人目標,隨即放下對這些目標的欲望。雖然這聽起來很矛盾,但還是要照著走:擬定目標,再放下對那些目標的欲望。例如,在紐約市擁有一間個人公寓是你想了好幾年的目標,因為通勤會花很多時間,有時還得住旅館。如果在紐約市有一間小小的公寓做為落腳處,會是經濟實惠的解決方案。所以,你寫下「紐約市小公寓」的目標。使用這一套實現目標的方法時,要填上所有的細節,即使是理智上認為不可能實現,也要寫上去。於是,這一間理想的公寓現在有了各種細節:合理的價格;地點在第五大道的七十街區,緊鄰中央公園入口;至少要在八樓或九樓以上;要位於大樓的背面,才能有效隔絕街道上的噪音;只需要一房一廳一衛。

隔天你上班時,同平常一樣忙碌,你約診了很多病人,還要開會、訪視病人。在開會及看診之餘,你一遍遍確認想要一間紐約小公寓的感覺,然後放下。工作一天下來,買公寓的事已經被你忘到九霄雲外了。到了下午四點半最後一位病人離開後,你突然有了開車去市區的衝動。雖然是尖峰時段,但車流相當順暢,半個鐘頭就到了。車

子平穩地行駛到七十三街及列星頓大道（Lexington）路口附近，駛向最近的一間房屋仲介。神奇的是，他們辦公室前方正好還有一個停車位。你打趣地說要找一間第五大道的小公寓，仲介聽到後，滿臉驚訝地看過來說：「嘿，你運氣真好！就在一個小時前，整條第五大道唯一要出租的公寓才開放招租，就在第七十六街，是後棟公寓的九樓，一房一廳一衛，租金很合理。剛剛粉刷過，隨時都可以入住。」你們步行去看房子。它完全符合你列出的所有細節，於是你當場就簽了租約！就是這樣，將臣服技巧套用在明確的個人目標上，不出二十四小時，目標便實現了。那是幾乎不可能找到的房子，卻跟想像中一樣地實現了，不費吹灰之力，而且沒有產生任何的負面情緒。這是一次輕鬆又愉快的體驗。

這不是偶一發生的事，而是常態，由於這個例子所涉及的欲望不多，無須費力便能夠完全臣服。完全臣服意味著，找到中意的公寓固然很好，但沒找到也沒關係。由於是完全臣服的狀態，「不可能」會轉化為「可能」，這個可能性便易如反掌地迅速顯化了。

我們當然可以質疑這個機制，然後回想一下自己曾經渴望得到的東西，後來靠著企圖心、欲望、渴求，乃至著魔一般瘋狂想要的心態，終於如願以償。心智說：「嗯，要是我當初放下了想要的欲望，那會怎樣？要不是因為有欲望，我要怎麼得到這些東西？」但真相是，沒有經歷焦慮（害怕得不到），沒有耗費大量的能量，沒有多次的嘗試與碰壁，沒有這麼辛苦努力，我們的目標還是照樣能實現。

「慢著！」心智說：「如果得來全不費功夫，豈不是就沒有足以令人驕傲的成就感了？」沒錯，我們要放下的，還包括動用大量犧牲

與吃苦換來的驕傲與自負。此外，我們也不該為實現目標所做的自我
犧牲及所受的折磨而感傷。如果突然之間，我們幾乎沒怎麼花力氣就
成功了，將會惹來他人的嫉妒，對於我們沒有飽受煎熬與苦難，他們
會感到忿忿不平。他們的心智相信一分耕耘一分收穫，嘗遍千辛萬苦
才是成功應付的代價。

　　想想看，如果不是有這樣一個負面程式，我們怎會堅信成功一定
要吃盡苦頭？這種世界觀及宇宙觀不是很悲哀嗎？

　　其他阻礙我們實現個人欲望的因素，當然少不了潛意識的愧罪感
及小我。特別的是，潛意識只會讓我們擁有自己認為該得的東西。我
們越是執著於消極情緒及由此產生的小我形象，就越是覺得自己不配
擁有，於是下意識地排斥輕鬆流向他人的富足。所以，俗話才會說：
「貧者越貧，富者越富。」如果你低看了自己，認為自己只配過得苦
哈哈，潛意識便會如你所願，讓你真的又窮又苦。當我們放開小我，
重新肯定內心的良善單純，當我們放下對慷慨、開放、信任、愛及信
心的抗拒，潛意識會自動開始安排新的人生情境，讓富足流進我們的
生命。

重點不是你做了什麼，而是你是什麼樣的人

　　走出冷漠、恐懼等低階的意識狀態後，便會進入「想要」的這種
欲望狀態。先前的「我不行」與不可能，現在都變得可能。意識層次
及情緒能量等級的進展，是由最低等級到最高等級，是從「擁有」
（havingness）到「作為」（doingness），再到「存在」（beingness）。

對層次較低的意識來說，只有**擁有**的東西才算數，我們**擁有**的是自己想要的，珍惜的是自己所**擁有**的。正是我們所**擁有**的東西，賦予了我們在這個世界的價值及自我形象。

一旦向自己證明我們可以擁有，證明我們的基本需求可以得到滿足，證明我們不僅有能力滿足自己的需求，也有能力滿足依賴我們的那些人的需求，心智就會開始對我們所做的事感興趣。於是，我們接著進入另一個社會模式，在這個模式中，我們在世界上的所作所為是自身價值的基礎，也是其他人評價我們的方式。我們在愛中前進，所作所為越來越不專注於自我服務，而是傾向於為他人服務。隨著意識的成長，我們看出這種以愛為導向的服務，自動地滿足了我們的需求（這不代表犧牲，服務不是犧牲）。最後，我們相信自己的需求會自動被宇宙滿足，而我們的所有行動也幾乎是自動自發地付出愛。

這時，做了什麼便不再重要，重要的是我們是誰。我們已經向自己證明，可以擁有自己所需要的，只要有意願，想做什麼都可以。現在更重要的是，對自己及別人來說，我們的意義是什麼。別人想跟我們往來，不是衝著我們**擁有**的東西，也不是因為我們做了什麼或社會的標籤，而是因為我們成為了什麼樣的人。我們所散發的特質，會讓別人想要親近，感受我們的存在。社會描述我們的方式變了，我們不再是擁有時髦公寓的人、有車子的人、收集了很多古玩的人，別人給我們貼上的標籤也不再是某某公司總裁、某某組織的董事會成員。現在別人會說我們是很棒的人，是大家都想見上一面、一定要認識的人。在別人口中，我們成了一個充滿魅力的人。

這種存在狀態，在自助團體相當常見。在自助團體中，大家對其

他成員在這個世界上做些什麼、擁有什麼，並不感興趣。他們只關心我們是否達成了某個內在目標，例如誠實、開放、分享、有愛心、樂於助人、謙虛、真誠及擁有覺知。他們看重的，是存在的品質。

美化不失真，做個有魅力的人

　　魅力是一個值得花時間了解的議題，等你了解後，對於放下欲望便會如虎添翼。艾莉絲・貝利（Alice Bailey）在《魅力，一個世界性的問題》（*Glamour: A World Problem*, 1950）一書中，就入木三分地探討了這個主題。

　　如果我們仔細檢視一下想要的東西，就能分辨我們要的究竟是這件東西，還是它的氛圍、色澤、光芒或吸引力，而這些都可以貼切地稱為「魅力」。當我們能夠辨識出某個東西的真面目，跟我們附加上去的魅力不一致，就會從幻覺中清醒過來。我們常會在目標實現以後大失所望，問題就在該目標與我們當初的設想不符。魅力意味著我們附加了感情上去，或者言過其實。我們對某件東西寄予厚望，使我們相信一旦到手後，就會神奇地更幸福、更心滿意足。

　　這種現象在職場上經常出現。有人在職場上奮鬥多年，目標是爬上總裁的位置或成為重要的人物。當他實現目標後，原本預期的滿足及職位魅力，包括聽話的員工、名車、漂亮的辦公室、標籤、頭銜、豪宅等等都是虛的，根本彌補不了他在現實中為了保住該職位所花的心力，以及感受到的痛苦。他想像自己會得到不少的讚賞，卻發現人在高處不勝寒，他所面對的是高層的殘酷、競爭、嫉妒、無止盡的拍

馬逢迎、不老實的操控手法，以及對手偏執的攻擊。他發現自己體力不濟，沒有餘力再去經營自己的私生活，於是嚴重影響到了他的家庭與夫妻感情。妻子埋怨他累到無法滿足性生活，也做不了好爸爸，甚至累到無法享受他最喜愛的休閒活動。

傳統上，女人對於社交地位的追求，情況也相去不遠。例如，女人會想像如果穿上某某設計師的名牌服飾去晚宴亮相，必然會贏得大家的注目、吹捧及欣賞，在社交上取得一席之地。於是她砸下重金，費盡心機買來了洋裝，經過多次來來回回的試穿與修改。結果呢？晚宴上只要有人批評她的衣服，一句話就毀了一切。邀請她跳舞的人不會比平時多，在晚宴上也沒有得到更多的注目。甚至那些在場的女人還對她抱持敵意及嫉妒，猜想她這一身行頭大概要花上多少錢。在這一夜，她與男伴為了跟平時一樣的理由吵架，兩人回家途中幾乎都不說話，一切都跟平常沒兩樣。

至於在職場及政壇嶄露頭角的女人，她們在公領域上得到了渴求已久、被美化的高階職位後，也以為自己會更有威望與尊嚴，但結果卻是招來無數的批評、嫉妒與敵意，甚至是來自其他女人。達成目標後的體驗，往往跟她們原先設想的不一樣。社會仍然在批評女人的形象與打扮，而女人自己則可能因為內在的憂慮而痛苦不堪，擔心自己在追求事業成就時會顧不上家人。「贏」有時會跟我們一廂情願的想像不一樣，不是那麼痛快、自由、充滿魅力。

對情感及情緒抱有期待，也有過度美化之嫌。我們會把興奮、激動的情緒投射到會引發強烈感受的某個事件上（例如，久別重逢的聚會、第一次約會、當選班長），使得整件事情顯得比實際上更重要。

一旦事件過去後，生活恢復常態，失望的情緒就會浮現出來。

　　當然，說起美化就不能不提到廣告。在此，我們會看到**自成一格**的美化方式。牛仔是男子漢的美化，芭蕾舞者是女人味的美化。男人通常會被性格特質所吸引，而不是品牌，因此牛仔代表經過美化的男人，粗獷、帥氣、有膽識、有自制力。顧客有了投射心理，認為該產品可以帶來這些他渴望的人格特質。

　　美化是活在幻想中，因此當我們要放下一個欲望，就必須卸除誇大、幻想及浪漫的色彩。一旦剝掉了美化的外殼，要放下欲望便容易多了。比方說，如果你放下對牛仔的浪漫幻想，那麼模特兒在廣告中拿的香菸或漢堡就會失去吸引力。事實上，我們會非常驚訝地一次次發現，欲望來自經過美化的幻想，從一開始便失之真實。這個世界要賣給我們的就是這種不真實，以便迎合一般人嚮往浪漫、美化的欲望。廣告保證會讓我們變得比實際上更重要，如此不誠實的美化就是虛妄。

　　來看看心智的反駁：「這些充滿魅力的閃光點全都要放下嗎？我一定得放下所預期的情緒滿足及興奮嗎？」答案顯然是「不必」。我們未必得完全放棄這些。一旦清楚自己選擇的是什麼，便可以輕易達成這些目標。我們可以直接擁有魅力，不必透過開某一款車子來得到虛假的魅力。我們可以放下小我，去擁抱高我，再把這種特質由內而外映照出來，魅力根本就不假外求，我們可以變得有趣又迷人，讓大家迫不及待地想要認識我們，只要有心去選擇做這樣的人，並且放下想變成這個樣子的欲望（欲望是障礙）。我們可以直接擁有想要的，不必繞道去相信那些會帶來挫敗與失望的騙人承諾。

　　要成為風趣迷人、大家都想結交的人，方法很簡單：想像自己成為這樣的人，並臣服於所有的負面情緒、放下阻礙。然後，一切我們該有的東西、該做的事，都會自動到位。這是因為，**存在的層次，跟擁有、行動的層次**不一樣，存在的力量與能量是最大的。一旦我們設定了優先順序，存在就會自動整合及組織好我們的行動。「念念不忘必有迴響，越是牽掛的事越是會成真」是常見的體驗，可見這種機制是確實存在且有效的。

內在的真實聲音是有力量的

　　這不是一個哲學立場，而是可以從經驗得到印證。簡單做個試驗，就可以看到結果。由於心智喜歡把功勞歸功於其他方面，不願意承認意識的力量，因此不妨在日誌上寫下真心想要實現的目標及後續的進展，方便日後查證。為什麼？因為我們得耗上一陣子，才會相信目標之所以實現，確實是憑我們自己的力量。

　　以下是一個否認內在力量的有趣例子。有個人急於求職，慌到六神無主，我跟他說明臣服的技巧，指導他如何應用在求職上。他是個虔誠的教徒，於是我建議他忘掉找工作這回事，把一切交付給上帝去安排，也就是放下想要找到工作的急切渴望，把心打開去迎接任何的可能性。一週後，他告訴我：「那一天我放下想要找工作的所有念頭，但什麼都沒發生。然後，我姊夫打了長途電話過來，現在我要去他的公司上班了。若不是我姊夫，我絕對找不到工作，幸好我沒有等著上帝幫我安排！」

　　這個例子清楚披露了心智的傾向。真相當然是他先臣服了，才會吸引他的姊夫打電話過來。他想要找到工作的迫切渴望，反而阻止了目標的實現。當他放下求職的執念，工作很快就在二十四小時之內找上他。如果心智習慣去否定我們自己的力量，只會把力量投射到外面，這就是為什麼我們會評價自己軟弱無力。我們不是沒有力量，只是把力量投射到外部壓力上了。我們都是強大的存在，只是對自己的力量渾然不覺，還因為愧罪感及自覺渺小而否認了這股力量，將它投射到別人身上。

　　我們這一生的大部分遭遇，都來自以往某個時候所做的決定，這個決定可能是有意識的，也可能是無意識的。既然如此，想知道自己曾經做過什麼決定便非常簡單，只要檢視生活現狀再倒推回去即可。

　　舉一位求診的女患者為例。根據她的說法，她是因為「感情一再受挫」來尋求治療，她的每一段感情都談得不怎麼愉快，一直都有被利用及被虐待的感覺，也因此她心懷怨懟、自怨自憐；而癥結當然就出現在她的開場白中：「我的感情一再受挫。」

　　我們不承認心智的力量，因此看不到昭然若揭的事實。太奇怪了，我們怎會如此無知無覺？明明知道答案在哪裡的這個女患者，卻選擇視而不見。心智非常強大，如果把一個念頭擱在心上念念不忘，比如「我的感情一再受挫」，與美好的感情大概會一輩子無緣了。無意識精靈只會唯命是從，不能自己作主，於是它會確保每一段感情都以失敗告終。

　　不要忘了，她還會從令人失望的戀愛史中得到一些小「甜頭」，例如她會沉溺在自憐、憎恨、羨慕、嫉妒等情緒之中，還有讓小我吃

到飽的許多快感。如果我們檢視自己的小我，會看出以上這些情緒正是投小我之所好。生活悲苦、運氣很背、經驗慘烈、受到別人苛待，這些自我感覺都能讓小我如魚得水。但是，如果我們聽信這一套套的程式，就會付出慘重的代價。

以下的推演顯然是正確的。既然心智單憑一個決定，便有充足的力量讓我們在生活中遭遇負面情境，那麼反過來，心智也可以將同一股力量用在相反方向，促成美好的事。我們都可以重新選擇，而這一回，我們要做出正向、積極的選擇。卸載生命的舊程式，而卸除舊程式的第一步，就是捨棄從負面給的甜頭中撈取快感。

關於欲望的這一組情緒，最貼切的描述是：「自私」。光是提起這兩個字，愧罪感便立即建起了抗拒的圍牆。我們會因為自私而感到愧疚，然後就開始陷入兩難困境：要做到這個世界教我們的事，就得縱容自己的自私，然而，這個世界卻反過來譴責我們的自私。為了檢視這個議題，我們先約法三章，不要責怪自己的自私，也不要放任自己陷入深深的愧疚中。說穿了，愧罪感不就這麼一回事嗎？它算是一種自我放縱。

所以，檢視「自私」這兩個字時，可以把它看成是在描述我們集體的動機與小我的運作模式。小我的運作模式是心智固有的天性，由於我們的單純而允許自己去接受程式，現在我們決定要反過來卸載程式，就像電腦的「解除安裝」指令一樣。

放下自私不是因為愧罪感，不是因為它是一種「罪」，不是因為「錯了」。所有這一類的動機，都來自低層次的意識與自我批判。我們之所以要放下自私，是因為自私不切實際、行不通、代價太高、消

耗太多能量,並延誤目標的實現,把我們想要的東西往後拖延。小我基於它的特質而製造出愧罪感,再發揮它的功力讓愧罪感一出現就無法消除;也就是說,愧罪感讓我們努力去追求目標並獲得成功,但又因為成功而有愧罪感。這場愧罪感的遊戲,我們怎麼玩都贏不了。唯一的解決之道,就是放下愧罪感。

心智想要讓我們以為有愧罪感是好事,這個到處販賣愧罪感的頭號販子當然會大力鼓吹愧罪感。問問自己哪樣更重要?是感到愧疚,還是變得更好?如果有人欠我們錢,我們會希望對方為此愧疚,還是希望他還錢?如果我們感覺到愧疚,那麼至少應該是出於自主的選擇,而不是糊里糊塗地被愧疚宰制。

從小寫的自私(selfish)轉向大寫的自私(Selfish),意味著脫離小我,開始進入大我(高我)。我們會從虛弱走向有力量,從自我厭惡、褊狹走向愛與和諧,從衝突走向安逸,以及從挫折走向成就。

總結來說,與其因為自私與欲望而採取行動,不如去想像一下自己希望生活中能發生什麼事,以及如何輕鬆省力地完成心願。要做到這一點,方法是宣告我們的意圖、去接納、去做出決定,以及帶著覺知去做選擇。

第 8 章

憤怒，
低階情緒的突破能量

從怒不可遏到微慍，憤怒之火可大可小，按程度來分包括：復仇、憤慨、義憤、暴怒、嫉妒、記恨、怨憎、討厭、蔑視、怒氣、爭辯、敵意、諷刺、不耐、挫敗、消極、否定、好鬥、暴力、嫌惡、惡毒、叛逆、暴躁的行為、焦慮不安、凌辱、粗暴、生悶氣、悶悶不樂、繃著臉、執拗。在每天的電視新聞中，都可以看到程度不一的各種憤怒表現。

臣服的過程有可能會引發憤怒的情緒，生氣自己必須放下向來重視的感覺，也氣自己害怕失去；生氣自己所出現的感受，也氣自己無法讓感覺立即消失。

憤怒蘊含著充沛的能量，因此被惹惱或發火時，其實精神可能大振。在情緒處理上，人們學到的訣竅之一，是從冷漠與悲傷的等級迅速攀升到憤怒等級，又從憤怒等級躍升到驕傲等級，再升級到勇氣等級。憤怒的能量，足以讓我們展開行動，也因此有了全世界的各種實際作為。例如，當世界上的窮人被欲望所激發，對自己的匱乏感到憤怒時，這種憤怒的能量會驅使他們採取必要的行動，來實現對更好生活的夢想。

看看媒體不斷報導的暴力，就能知道人們壓抑了多少怒氣。觀眾看著螢幕上毆打、槍擊、刺傷、私刑、殺害等各種「壞傢伙」的消息與畫面，間接也釋放了自己的憤怒。

一般而言，我們會為了生氣而愧疚，愧疚到必須一口咬定是招惹我們的人「錯了」，好為自己的怒氣合理化。鮮少有人會為了自己的怒氣負起責任，老老實實地說：「我生氣是因為一肚子火。」

將憤怒能量用在正途上

　　人們經常會壓抑憤怒、挑釁及內在的敵意，認為這一類的感覺很討厭、不體面，甚至認為生氣是不道德的，是靈性上的退步。他們不明白被壓抑下來的怒氣仍然帶著能量，不去承認或化解，日後會危害身心健康及個人的全面發展。憤怒背後的意圖是負面的，即使沒有表達出來，照樣會招致不良的後果。

　　有個好方法是正面看待憤怒的能量，用它來點燃我們的企圖心，啟動有益的行動。比如你對老闆不滿，心懷怨恨，認為他從來不會主動去肯定員工的能力或努力。但你知道，直接表達憤怒及不滿是不明智的，很有可能會丟掉工作，或至少會讓老闆持續地討厭你，如果只是被刁難，那還算是運氣不錯了。為了自己好，倒不如善用憤怒的能量，激勵你提出新的企畫案，然後做得可圈可點，來證明自己是對的。憤怒的能量能帶著你向上提升，脫離不愉快的情境。此外，這股能量還可拿來創造新的工作機會，或是尋找更優質的工作、組織工會來改善工作環境，或是投入任何你覺得有助於個人目標的事。

　　在人際關係上，也存在相同的機會。憤怒能夠刺激我們改善溝通技巧、學習人際關係的課程，或是參加自我成長的工作坊。憤怒可以鼓舞我們再一次奉獻力量，做出目標更明確的努力，實際拿出更優異的表現。於是，引發憤怒的事情，帶來的是重新投注心力的結果。憤怒可以啟發我們探究自己的內心，透過接納而消弭一切負面的感覺。我們要做的是接受它，而不是對它生氣。

憤怒的另一個來源

憤怒有許多不同的來源，先前已經提過，林林總總的各種憤怒都與恐懼有關，一旦放下恐懼，憤怒便化為烏有。另一個憤怒的來源是驕傲，尤其是稱為自大的那一種。驕傲往往會餵養並延長憤怒。

驕傲的其中一個源頭，則跟自我犧牲有關。如果我們與別人的關係，是透過犧牲的形式來跟小我掛鉤，假以時日必定會忿忿不平，這是因為對方通常不會察覺到我們所做的犧牲，所以不太可能滿足我們的期待。

典型的傳統婚姻生活便是這一類的例子。妻子操勞家務一整天，打掃房子、照顧花草、重新布置家具，竭盡所能地把家裡打點得乾淨又舒適。等到丈夫回家後，不但沒有半句誇獎，甚至根本沒有注意到妻子的付出。他工作了一天，累壞了，心裡還在想著工作上的考驗與麻煩。他腦子裡想的是自己的各種犧牲：氣呼呼的顧客、塞在車陣裡的痛苦、動不動發脾氣的老闆，以及追趕各種期限的壓力。在他想著為妻小所做的一切努力及所面對的各種艱辛時，妻子的怨氣也在攀升，她氣丈夫沒有肯定自己的付出，開始在心裡重溫自己這一天所做的種種犧牲。她大可跟朋友出門午餐、把那本心愛的書讀完或坐下來看喜歡的電視節目，但她選擇為丈夫做牛做馬，但丈夫對她努力的成果卻隻字不提。夫妻兩人都感到生氣、委屈和挫敗，他們內心的憤怒騰騰往上升，並表現在冷淡的行為上面，一整個晚上都在看電視來逃避彼此，然後滿懷心事地上床睡覺。以上是典型的美國居家生活場景，正因為這太過平常，才有學習的價值；我們可以抽絲剝繭，揭開

這一對夫妻的關係是如何惡化的。

　　當我們想要、渴望和堅持從另一個人那裡得到某種東西時，對方就會覺得有壓力。因此，他們會無意識地反抗。在上述的例子中，夫妻雙方都在尋求對方的肯定。他們想要被肯定、渴望被肯定，卻阻斷了彼此肯定的機會。雙方都感覺到壓力，進而本能地抗拒。抗拒是因為有了壓力，而壓力是來自我們覺得對方是在否定自己的選擇。這就是一種情緒勒索。無意識的公式是：「滿足我的要求，不然我就用退縮、發火、繃著臉、生悶氣和怨恨來懲罰你。」沒有人喜歡被情緒勒索的感覺。我們都知道，一旦察覺到某人想要我們的稱讚時，我們會心生牴觸，於是在有意無意間抗拒對方。

　　當驅策的動力是自我犧牲時，就是在向對方施壓。即便別人在脅迫之下肯定了我們，我們也高興不起來。強求而來的稱讚無法令人滿足。這時，一部分的怒氣來自我們對自我犧牲的驕傲。我們對自己為他人所做的事懷有一種微妙的虛榮心，一旦我們的「犧牲」沒有得到肯定時，對自己的表現越是自豪，越容易發怒。

　　要抵銷這股怒氣，方法是承認並放下驕傲，放下我們想用自憐自怨來換取快感的欲望，把我們為別人所做的事視為**禮物**。如此一來，我們會感受到慷慨的喜悅，這便是我們的回報。

處理人際關係的解藥

　　維繫感情的關鍵祕訣之一是肯定對方。別人對待我們的一切行為，永遠暗藏著一份禮物。即使乍看之下很負面的行為，也不是全無

好處。往往這個所謂的「好處」是一個訊號，提醒我們要變得更有覺知。比如有人罵我們「笨蛋」，當下的自然反應當然是生氣。我們可以有意識地去使用憤怒的能量：「這個人在要求我去深入了解什麼情況？」捫心自問，或許會察覺到：自己太自我中心了；沒有關照到別人；沒有給予他們肯定；沒有意識到雙方的關係變了。

如果不斷執行以上的流程，會覺知到生活中所遇到的每個人都是一面鏡子。他們映照出來的，是我們未能在內心承認的東西；他們正在強迫我們去檢視自己必須正視的需求。我們需要消融的，是小我的哪一個特質？這意味著，必須不斷放下驕傲，才能解開憤怒的情緒，感恩日常生活中有源源不絕的自我成長機會。

要做到這些，就要抗拒誘惑，不要一味地認定自己或別人是「錯的」。如果檢視內在的小我，會看清一點：認定自己或別人「錯了」，是小我最熱中的活動之一。這是因為小我不知道想要實現目標，還有更好的辦法。它看不見另一條出路，不曉得我們可以自由地選擇去改變現狀。

我們會逼自己擺脫不愉快的處境，其中一個手段是認定自己或整個情況「錯了」。比如說，除了選擇換一個更好的工作之外，小我還會認定現在這份工作、老闆或同事「錯了」。既然我們看見的是錯誤的部分，整個情況就變得更難以忍受，因此不得不去改變它。如果一開始就選擇另謀高就，那就省事多了。然而，我們往往會在義務及愧罪感的驅使下，不肯走這條簡單的出路。也就是說，由於我們在某種情況下得到了好處，所以會因轉身離開而感到內疚。因此，無意識便巧妙地創造出這一套「錯誤」機制，逼我們走出死胡同。這種情形經

常發生在人際關係中，為了替離開找藉口，我們必須讓自己覺得是對方「錯了」。訴諸這種錯誤機制，只不過是在否認自己有選擇的自由罷了。

憤怒的一個來源，是我們對他人表達的愛沒有獲得肯定。這裡所說的愛，是指日常生活中一些有愛的簡單行為，比如體貼、體諒、禮貌的行為舉止、鼓勵及給予。當別人沒有對我們所付出的感情給予足夠的肯定，一場內心的對話常常可以持續很多年。如果我們是這樣，別人也必然如此。因此，生活裡總有人克制不住地在心裡腹誹我們，只因為不懂得欣賞他們所付出的感情。

真誠地肯定別人對我們的善意，就可以抵銷、杜絕所有的憤怒，像這樣的肯定非常可貴。這意味著，我們願意去肯定別人跟自己的所有溝通。比方說，朋友打電話過來，要感謝對方的來電。這樣做會讓對方感覺到滿足與完整，覺得跟我們的關係很穩固。這就是在肯定他們在我們生命中的價值，結果就是皆大歡喜。

憑著這個簡單的肯定機制，只要幾天功夫，就可能改變一個人的人際關係。這樣的肯定不見得要表現出來，可以在內心進行。審視自己的人際關係時，可以問問自己：「在我時常接觸的那些人中，有哪些地方我沒有把『肯定』做好？」

現在選一個經常挑我們毛病的人，然後在心裡開始檢討自己在哪些方面沒有好好肯定對方，這樣做非常重要。因為我們將會放下對這個人的所有負面感覺，認可對方的好，肯定他對我們的價值。他們的價值或許很簡單，例如不時給我們刺激，好讓我們的情緒有所成長及發展。嘮叨的另一半、不滿的鄰居，都是在設法跟我們溝通。在這一

類的情況中，幾乎對方都會覺得我們小看了他們對我們人生的貢獻。一旦自身的價值獲得我們肯定，對方的不滿及嘮叨便會停息。

小心，不要讓期待變成情緒勒索

　　不再拿自己的期待向別人施壓，就會創造出一個空間，讓對方可以自動給出正向的回應。我們可以做個預防性的舉措，將為別人做的事從犧牲的層次升級為愛的禮物，以事先抵銷掉怨憎。然後，再肯定自己所採取的這個行動，並放下期待，以消融他人的抗拒。

　　一項簡單的實驗就可闡明這種變化。有個人從墨西哥帶回了兩件新襯衫，款式跟他平日的衣著風格大相逕庭。在他決定穿新衣服的那一天，察覺到自己帶著一股期待，對自己勇於嘗新也感到微微的驕傲。他選擇保留這種心理狀態，也就是說，他是有意識地決定不使用臣服技巧來放下驕傲。他想試試結果會如何，瞧瞧別人的反應。當天，他得意洋洋地穿著新襯衫，果然沒半個人談到他的新行頭，儘管這與他一向的風格截然不同。那件襯衫非常醒目，他卻沒收到一句評語。他回家後，笑著想起企業家羅勃・林格（Robert Ringer）對這一類情況的貼切比喻：「男女理論」（男生想要女生時，女生對男生興趣缺缺。當男生對女生失去興趣後，女生反而開始想要那個男生了）。

　　隔天早上，他決定穿另一件新襯衫，但這一回他放下他的自負以及想吸引人注意的期待。他臣服於自己勇於嘗新的小小驕傲，肯定所有朋友的愛，也肯定他們對他的幸福人生很重要。他做完放下的整個過程後，對於穿新襯衫一事已經徹底臣服了。他之所以知道自己已經

徹底臣服，是因為不管朋友們有沒有注意到他的新襯衫，他都無所謂了。然後，那一天卻忽然變成了「新襯衫之日」！他遇見的人幾乎都會聊一下這件新襯衫，詢問他在哪裡買的，吸睛程度完全不同上一次。這個實驗幽默地凸顯出了一件事：**當我們不再堅持，就會得到我們想要的！**

　　別人對我們的期待是一種情緒勒索。當他們要求我們提供某種情緒「商品」時，我們會感覺到自己的抗拒。看看我們與他人的相處情形，可以幫助自己擺脫這種情緒勒索，然後就可放下想操控他人情緒的意圖。

　　另一個預防憤怒的方法是從內心做出決定，從此不再接受小我及他人的否定。這個決定可以用一個堅定的聲明來表示：「我再也不接受自己或別人的否定。」除了做出聲明，還可以跟以下的習慣搭配使用：肯定自己與別人內心所有的積極面。如此一來，人際關係將會迅速改觀，因為可能引發憤怒的根源都被斬斷了。

長期懷恨的心苦人

　　未被辨識出來的長期憤怒與怨恨會以抑鬱形式，在我們的生命中重新出現，成為一種把矛頭指向自己的憤怒。如果這些情緒被壓抑得更深，進入潛意識中，便可能以身心症的形式再度浮現。偏頭痛、關節炎及高血壓，都是長期壓抑憤怒的常見例子。若是能夠學會放下內在的憤怒，這些症狀通常會緩解。例如，在一項研究中，受試者在接受放下負面情緒的指導之前和之後量了兩次血壓，結果發現在放下長

年累積的情緒壓力後，每位受試者的血壓（包括收縮壓及舒張壓）都下降了。史丹佛大學的「寬恕研究計畫」（Forgiveness Project）也證明，消除憤怒與怨恨對心臟健康有益。這項研究的受試者，是在愛爾蘭新教徒與天主教徒的暴力衝突中失去孩子的父母，他們學習如何放下對「敵人」的怨氣，測量數據顯示，他們的心臟健康及體力都比之前改善了不少。寬恕療癒了他們的心，而他們的心臟也真的變強了。如前所述，使用肌肉測試可以立即驗證憤怒與怨恨會削弱身體、情緒及能量的流動，也會讓左右腦半球不再同步。憤怒殺死的是憤怒的人，而不是所謂的「敵人」。

心智樂於讓我們認為有所謂「合理的憤怒」，也就是俗稱的義憤。如果我們檢視義憤，會看出來義憤的兩大支柱是虛榮與驕傲。「我們永遠是對的，錯的都是別人」，我們樂於這樣想，也從中得到了短暫而廉價的小小滿足。然而，肌肉測試證明這麼做，只會折損整體的身心平衡。長期心懷憤怒與怨憎，遲早會付出病痛與減壽的代價。拿這個代價來交換自己認定的小小滿足，值得嗎？

我們在這些狀況下所願意支付的代價，有時會高得驚人。假設情況是我們借錢給某人，對方卻一毛未還，於是我們為此一直懷恨在心，每次見到對方都不給好臉色，也盡可能不跟對方說話。如果我們對自己夠誠實，應該會看出來自己對「我永遠是對的，錯的是別人」的狀態非常滿意。事實上，我們愛死了那種感覺，老實說有一部分的我們甚至不希望對方還錢，否則就無法繼續享受對方做錯事的私密快感了。這個數百美元借款的例子，情況正是如此。債主在內心決定對自己誠實，承認他從「我永遠是對的，錯的是別人」的想法中得到了

所有的小小滿足，接著再把小我的快感一一放下。顯而易見的，是小我的快感在阻止對方還錢。債主持續臣服，終至完全放下這件事，並且改變了想法，將這一筆債務視為禮物。無疑的，對方的確需要這筆錢，所以何不乾脆把這筆錢當成禮物，放下對方應該還錢的期待呢？現在，債主不再懷恨在心，而是充滿了感恩，感激自己有機會在人類同胞急需用錢之際伸出援手。結果，不出四十八小時，他收到了一張債款全額的郵寄支票，外加一封對於延誤還錢的道歉函。

這一類的經驗非常多，可見所有人都在精神層次連結在一起。我們心裡對另一個人所抱持的態度，會迫使他們採取與我們相對應的防衛立場。因此，我們不是盲目地寬恕與遺忘，而是有智慧地承認情緒的真實情況。所有的情緒都會以能量振動的方式往外輻射到空間中，人與人之間的內在活動就是由這些振動能量的組態決定的。振動的能量以及相關的念相（thought form，思想形式），會創造出別人可以讀取的紀錄。

對大多數的女性來說，應該會認為這是很平常的日常經驗，不足為怪，在人類的社會裡，直覺敏銳正是女性的特質；如果換成是男性，應該都會對這種經驗訝異不已，因為男性多屬於左腦型的人，欣賞的是理性與邏輯而不是直覺，直覺是右腦的特色。

當我們持續放下負面的情緒與想法，促成內在情緒的療癒，左右腦的機能會更趨近平衡。男性當然也擁有直覺力，一旦他們察覺到自己的直覺力出現了，往往會很驚喜。當理性與邏輯完全派不上用場，只能靠直覺瞬間「判讀」情況時，其實是一種新奇又令人滿足的體驗。理想的情況是靠直覺形成一個可行的假設，然後再用理性和邏輯

來加以檢驗。當然，這麼做會抵銷因為誤解與誤判而生起的憤怒，從而增加我們對情緒的熟練掌握。

另一個消除憤怒的方法更簡單：除去憤怒的意願。一般來說，這個意願代表我們決定找出更好的方法，停止仰賴憤怒，上升到勇氣與接納的情緒等級。這個意願會開始啟動化解憤怒的過程。習武的人很清楚憤怒會暴露弱點與脆弱；憤怒是對手可以利用的工具，而且是我們親手奉上的。從肌肉測試，可以看出為何事實是如此：怒氣一上來，便會失去一半的肌力，以至於在肉搏戰中錯失獲勝的關鍵瞬間。

社會上的主流看法，認為暴躁易怒是男性的「陽剛」特質，我們都曾經聽過有人得意地描述自己如何「叫那個傢伙滾蛋」。可以問問自己：「誰還需要敵人？生活中的負面影響已經夠多了，用不著多添一個敵人，不是嗎？」尤其是當我們正視這樣的一個事實：所有情緒都會在宇宙中產生振動的能量，所以針對敵人產生跟他們有關的負面念相，再被這樣的負面能量包圍有何意義呢？何必往內心囤積消極與怨恨，拚命把它們當敵人呢？或許，回顧個人經歷時，會發現化敵為友所付出的努力，會為我們帶來滿足感及後續的回饋。在大多數情況下，事實會證明這樣做對我們的生活有積極的好處。還沒翻到生命之書的下一章之前，我們永遠不知道誰會成為朋友。

我們必須意識到自己在不知不覺間成了「不公不義的收藏家」。媒體報導充滿了這一類的長期憤怒，我們也在國際關係中看到「不公不義」的現象：將其他國家塑造為「錯誤的一方」，是各國的主要目標。我們下意識地相信「收集不公不義」是「正常的」的程式，這種習慣性的模式具有破壞力，會弱化我們。相反的，放下的技巧則讓我

們不必去記住別人如何「錯待」我們，於是可以把被釋放出來的時間與注意力，用於欣賞周遭的美與機會。

憤怒是束縛，讓我們失去了自由。它將我們和另一個人綑綁在一起，讓他留在我們的生命中。我們受困在這樣的負面模式裡，直到放下憤怒的能量，放下我們從合理的義憤、委屈、報復心所得到的小小快感。雖然在我們生命中出現的人可能會來來去去，但他們都具備了相同的特質，都會挑動我們的憤怒與怨恨。這種事會接二連三發生，直到我們終於處理好了內在的憤怒為止。然後，擁有那種特質的人突然從我們的生命中消失了。因此，憤怒或許會迫使某個人在現實中疏遠我們，但在精神上，憤怒會讓他們更緊密地與我們綑綁在一起，直到我們徹底放下憤怒與怨恨。

化解憤怒會帶來諸多好處，包括：可以自由去體驗舒適自在的情緒、感恩得到成長與療癒的機會、無條件地彼此關心、改善健康，以及擁有更多的生命能量。憑著這些突破，我們會升級到更有效率且不費力的內在自由狀態。

/ 第 **9** 章 /

驕傲，隨時害怕
被戳破的假盔甲

通俗來說，驕傲常常被認為是「好事」。但仔細檢視後，便會看出驕傲跟我們目前探討過的所有負面感受一樣，是沒有愛的。因此，驕傲本質上是具有破壞性的。驕傲可能的表現形式，包括是高估、否認、扮演烈士、固執己見、自大、自誇、趾高氣揚、高高在上、傲慢、自以為是、勢利、自我中心、自滿、目中無人、沾沾自喜、仗勢欺人、懷有成見、偏執、偽善、輕蔑、自私、不肯原諒、被寵壞、死板、屈尊俯就、武斷，以及用帶有偏見的方式將人歸類。

智識上的驕傲會造成無知，靈性上的驕傲則是妨礙靈性成長的主要絆腳石。宗教上的驕傲是自以為正義，自詡「走在唯一的正道上」，所有的宗教戰爭、門派之爭與宗教法庭之類的慘事都由此而起。最惡劣的是宗教上的驕傲，自認為有權殺害與自己信仰不同的人。

對我們所有人來說，「我知道答案」的驕傲感會阻礙成長及發展。有趣的是，心智自私的那一面，會選擇犧牲整個人的其他部分來保全它自己。為了守住驕傲，人們寧願放棄肉身的生命或做出部分犧牲，也不願承認自己的錯誤（例如宗教戰爭及十字軍東征）。男人驕傲地接受了社會所認同的程式，認為他們應該是陽剛的、有男子氣概的，使得大部分的男人在情緒及心理上的發展都受到了阻礙。如今有些女人也加入了沙文主義的行列，導致問題更加複雜，也讓兩性戰爭更趨激烈。

不要誤把驕傲當自尊

驕傲的人時時刻刻都在防備，因為自負與否認都不堪一擊。反

之，謙虛的人不會覺得受辱，他們已經放下了驕傲，所以對脆弱免疫了；取而代之的，是內在的安全感與自尊。很多人試圖以驕傲代替真正的自尊，但在驕傲消融之前，真正的自尊並不會出現。自我膨脹不會為內在帶來力量，反而會增加我們的脆弱，提高自己的恐懼程度。在驕傲的狀態下，我們不斷揮霍能量，忙著捍衛自己的生活方式、工作、鄰里、服飾、汽車的年份及車款、祖先、國家、政治及宗教信仰。我們不厭其煩地關注表象、其他人的想法，很容易因為別人的看法而受到打擊。

　　一旦消除驕傲及自我膨脹之後，取而代之的便是內在的安定感。當我們覺得沒有必要去保護自己的形象時，他人的批評與攻擊便會減少並停止。當我們放下需要被肯定或想證明自己是對的這些心理需求時，別人便不會再來挑戰我們。

　　於是，在此要提到意識的另一條基本法則：**防衛招致攻擊**。檢視驕傲的本質，讓我們得以放下驕傲，不再把驕傲當作寶。我們會看見驕傲的真面目是軟弱。「驕兵必敗」的格言是正確的。驕傲是薄冰，絕對無法取代出自勇氣、接納、平和，如磐石一樣的真實力量。

　　那麼，有「健康的」驕傲嗎？我們說健康的驕傲，指的是自尊，也就是覺知到自己真正的價值在哪裡。內在覺知所攜帶的能量，與驕傲的能量完全不同。一個對自己的真正價值有自覺的人，不會處處防備。一旦帶著覺知去觸及到我們如實存在的真相，認識內在自我的本質，了解它的單純、偉大及人類心靈的高貴，就不再需要驕傲的外殼了。只要我們對自己是什麼了然於心，這樣的自我認知便已足夠。凡是我們真正知曉的，永遠都不需要去捍衛，這跟我們這一章討論的驕

傲能量不一樣。

　　來看看我們接受了哪些類型的驕傲程式，它們能否禁得起檢驗呢？對家族的驕傲、對國家的驕傲、對成就的驕傲，都是信手拈來的典型例子。驕傲真的是人類最崇高的情感嗎？既然驕傲的特質是防衛，此一事實就證明它不是。當我們以自己所擁有的東西為傲，或是以自己所認同的組織為傲，就會覺得有義務去保護、捍衛它們。以自己的點子和觀點為傲，則會造成永無休止的紛爭、衝突及痛苦。

　　愛是一種比驕傲更高境界的情感狀態。如果我們愛以上所說的所有東西（家庭、國家及成就），就表示這些東西在我們心目中的價值無庸置疑，也就不用採取守勢。當真正的認可與知曉取代了觀點（觀點是驕傲的一部分），便沒有爭執的餘地。我們對某件事物純粹的愛與欣賞，就是一個顛撲不破的堅定立場。

　　相反的，驕傲的立足之地是脆弱的，意味著還有一些疑慮有待釐清及確認，原本所堅守的，很輕易就會被唱反調的人戳破。當所有的疑慮都被移除後，觀點與驕傲就會蕩然無存。此外，驕傲也隱含著歉意，彷彿你引以為傲的東西缺乏足夠的價值，是站不住腳的。值得我們去愛、去尊敬的東西，根本不需要為它辯解，而驕傲往往留有辯解的空間，對於引以為傲的東西是否真的有價值是存疑的。

　　真心愛上某樣東西，從而逐漸與它合為一體，是因為我們看到它內在的完美。事實上，它的「不完美」也是完美的一部分，畢竟我們見到的宇宙萬物都還在變化（becoming）的過程中。變化意味著正在朝著完美靠近，這是完美的一環。因此，含苞待放的花不是不完美的花，不需要捍衛；相反的，開花過程精確地遵守了宇宙法則。同理，

這個星球上的每個人都在開展、成長、學習，反映出相同的完美。可以這樣說，進化過程的逐步推展，正是遵循宇宙法則的精確行動。

如上所述，驕傲的弊病之一是立場不夠穩定，這樣的弱點會招致攻擊。因此在社會上，我們可以見到驕傲的人招來了批評，而他們的脆弱也證明了「驕兵必敗」的道理。在《聖經》中，有了崇高地位的路西法，因為驕傲的弱點而墮落成為撒旦。

懂得真正的謙卑，就不會有受辱的恐懼

因為愧罪感而強制去壓抑驕傲，是行不通的。把驕傲的能量貼上「有罪」的標籤，然後將它壓抑到心底隱藏起來，或是假裝我們不驕傲，全都無濟於事。這樣做，只是讓這股能量巧妙地新瓶裝舊酒，成為所謂的靈性驕傲。

驕傲的人會讓身邊的人感到不自在，也因此驕傲會阻礙溝通及愛的表達。當有人對自己的成就沾沾自喜時，我們還是會愛他們，但我們是包容對方的驕傲，而不是愛他們的驕傲。

把驕傲視為靈性上的罪而產生愧罪感，只會把驕傲鎖進心底深處，這不是解決問題的方法。真正的解脫之道，就只是去檢視驕傲的真實本質，然後放下。一旦我們認清驕傲的真正面目，驕傲就成了一種容易放下及臣服的情緒。首先，可以問問自己：「驕傲的目的是什麼？它給了我什麼好處？為什麼我要追求驕傲？它在哪方面補償了我？我必須對自己的真實本質有什麼認識，才能夠放下驕傲而不會有失落感？」答案顯而易見。內心越自卑，越想要填補自己不夠格、不

重要或沒價值的內在感受，於是就會以驕傲的情緒來撐場面。

越是放下負面的情緒，越不用去倚靠驕傲來支撐；而真正支撐我們的，是這個世界稱為「謙卑」的那個特質。對我們主觀的感受來說，謙卑會帶來平靜。真正的謙卑，完全不同於「把謙卑掛在嘴上」或是「故作謙虛」，這種矛盾的情緒在公眾人物身上相當常見。故作謙虛是假裝貶低自己，想藉由他人之口來肯定自己的成就，這是因為他太過驕傲，以至於不好意思自吹自擂。

自稱謙卑的人體驗不到真正的謙卑，因為謙卑不是一種情緒。真正謙卑的人是不會被羞辱的，他們對羞辱已經免疫了，也不覺得需要辯駁。他們沒有弱點，因此真正的謙卑不會受到別人的致命攻擊。相反的，真正謙卑的人會把別人批評的話，視為對方內在的問題。假如有人說：「你以為自己很厲害，對吧？」真正謙卑的人會看穿對方有嫉妒的毛病，而這個問題打一開始就是虛的。不用覺得被冒犯，也沒有必要隨之起舞。相反的，如果是驕傲的人會把這個問句視為一種侮辱，他們會為此難過或出言反擊，有時甚至會訴諸暴力。

喜悅與感恩，比驕傲更高階的驅動力

驕傲有時會被視為追求成就的動力，那麼有沒有比驕傲層次更高的動力來驅策我們呢？其中一個答案是喜悅。把喜悅當成是成功的報償，不是很好嗎？何必選擇驕傲呢？驕傲攜帶著希望獲得別人肯定的欲望，要是一直等不到肯定，就會生氣或失望。相反的，如果我們實現某個目標的原因，是出於對完成目標的愉悅、享受及喜愛，以及隨

之而來的喜悅，就不會因為別人的反應而難過。

　　當我們看出自己的選擇與行為是為了能夠贏得別人的各種反應後，就知道我們為何那麼容易痛苦。這包括言談舉止、表達、穿衣風格、個人物品的選擇、車子的品牌、住家的類型、居住的地方、我們或子女就讀的學校，以及購買的商品牌子等等。事實上，只要看看目前的社會，便會知道驕傲的程度高得離譜。例如，許多衣服及個人用品的商標都高調地亮在外頭，雖然目前耙子及鏟子一類的工具還沒有出現這種現象，但說不定哪天就有了！搞不好有一天我們真的會拿著印了設計師名字的耙子及鏟子，炫耀地走來走去。

　　於是，這凸顯出驕傲的另一個弊病：增加被剝削的機會。驕傲讓別人可以易如反掌地擺布我們：為了追求這種不合情理的時尚，而掏出大把鈔票。我們被剝削成這樣，卻還驕傲得不得了，這樣的現狀實在荒謬可笑。在某些圈子，誇耀自己如何為身外物撒大錢，代表的是身分地位。然而，當我們移除這些身外物的光環後，或許就會笑說那些人有多愚蠢了。他們要不是容易被唬得團團轉，就是太過天真、不明事理。

　　勢利是最俗不可耐的一種驕傲。賣弄、炫耀真的能打動人心嗎？其實是不能。我們所看到的反應是一種迷戀。人們從表面上的風光得到快感，但實際上，對方心裡不會有真正的敬意，因為他們知道真相是什麼。滿足於賣弄及炫耀的人，誰都不會對他留下好印象。

　　這種行為模式，可以在有次造訪加拿大豪宅的行程中看得一清二楚：一路上，那個有錢屋主隱晦地透露出許多物品的價位。在這趟行程中，我們也看到了好幾個營養不良的混血孩童，在塞滿穀物的大穀

倉附近玩耍，而穀倉之所以堆滿了穀物，就是蓄意造成短缺來哄抬價格。當這位富人談到他的財產時，我腦中浮現的是那些瘦弱孩子的身影。他的財富不但不讓人羨慕，反而讓人為他的價值觀感到悲哀，憐憫他因為自我價值的缺乏，不得不以如此可悲的表面工夫來彌補。

難道這意味著，我們不能從昂貴的財物中獲得樂趣嗎？當然不是。我們現在說的是驕傲，坐擁金山銀山不是問題，問題在於我們對擁有的財富感到驕傲，產生了占有欲，並且沾沾自喜。正是這種驕傲的心態，給了恐懼空間，所以這個加拿大富豪也安裝了一套價值不菲的防盜系統。就像其他的負面情緒，驕傲也會引發愧罪感，而愧罪感會引發恐懼，恐懼表示有失去的風險。因此這也意味著，驕傲的人很難擁有內心的平靜。

與驕傲的占有欲相反的狀態，是樸實。樸實不是一無所有的貧困，而是一種心態。例如，有個人的身價高達數百萬美元，名下有大量的房產與財物，但她的為人卻是簡單樸實。她的財物只是反映出這個世界為她帶來了什麼，而她則在這些財物中看出了它們的美好並從中獲得喜悅。因此，從來沒有人批評她，也沒有人嫉妒她。

重要的不是擁有什麼，而是如何擁有、如何在意識上去定位它們，以及這些東西對我們的意義。順帶一提，上述這位女士沒有在家中安裝任何防盜設備，也沒有飼養看門犬。事實上，當別人好心提醒她時，她還說：「如果有人真的需要那些東西，就給他們吧！」她家裡從來沒有遭過小偷，這跟她願意分享的事實是一致的；而她不怕失竊，也跟她對自己的財產不驕不奢有關。

占有欲與執著是驕傲帶來的後果。執著可能會在日後引發痛苦，

畢竟它對失去存在著恐懼，萬一真的失去了，我們便又回到冷漠、抑鬱及悲傷的情緒等級。假如我們對擁有車子感到驕傲，然後有一天車子被偷走了，我們一定會很懊惱、痛苦及煎熬。相反的，如果我們在情感上，對擁有這輛車子不是那麼在乎，只是單純去享受這輛車子的美好、便利與精良，並對自己能夠擁有它心存感恩，那麼失去車子時，只會有些許的失望而不是痛苦。

人類心智對冠上所有格「我的」的所有事物會產生自豪感，這實在相當有趣又奇特。對最微不足道的東西卻有高得誇張的驕傲，只要看出當中的可笑之處，就不難放下驕傲。

諷刺的是，有些人很難抵抗的不是勢利，而是反勢利。他們會以搶「便宜貨」及平價商店的戰利品為榮，認為花大錢買東西的人是待宰的肥羊，他們會暗自腹誹：「笨蛋的錢很快就飛了。」對這群平價商店的勢利眼來說，能夠拿到驚人的折扣價才是身分地位的象徵。事實上，他們時常互相較勁，看誰能找到最便宜的東西。原本掛在平價商店裡一件不值什麼錢的衣服，在變成「我的」以後就突然被附加上了龐大的價值。這樣的變化實在很妙。

在東西前面冠上所有格「我的」，最怕的就是對自己的物主身分感到驕傲，而讓我們覺得有必要去捍衛所有貼上「我的」標籤的東西。我們可以放下占有欲，用以降低自己的脆弱程度；與其使用「我的」，不如改說量詞「一個」，例如不是「我的」襯衫，而是「一件」襯衫。於是，我們將會注意到，如果將自己的意見視為「一個」看法，而不是「我的」看法，我們對這個意見的感受就完全不一樣了。為什麼會為了自己的看法而大動肝火呢？只因為我們覺得那是

「我的」，假如能夠單純地把它當成「一個」看法，就不會脆弱到輕易地被驕傲挑動怒氣了。

你的看法只是一個意見，
不是非如此不可的「高見」

　　讓我們認真地來檢視一下所謂的「看法」，就會明白看法多如牛毛。街上的每一個人，對成千上萬個主題有成千上萬個看法，而且看法說變就變，輕易地隨著一時的流行、廣告及時尚起舞。今天「當道」的看法，可能明天就「落伍」了；今天早上的看法，到了下午就成了明日黃花。可以問問自己：「如此隨意地認同這些一閃而逝的念頭，宣告那是『我的』，就不怕露出不堪一擊的弱點嗎？」每個人對每件事都有各自的看法，那又如何？看穿「看法」的真正特質後，就不會再賦予它們那麼重的價值。回顧一下人生，便會看到我們所犯的每一個錯，背後都有一個看法。

　　想法、點子、信念都是我們的看法，如果能夠放在不同的背景下來看，就不會那麼容易受到打擊。我們可以將它們看成是自己喜歡或不喜歡的觀點，如此而已。有的想法令人愉快，所以我們喜歡，但僅僅因為今天喜歡這些想法，不代表就一定要拚死捍衛，為它們開戰。對我們有用的概念，我們便喜歡它，並且樂在其中。當然，等到這個概念不再讓我們愉快，我們就會很乾脆地捨棄。檢視自己的看法時，便能看出從一開始，就是我們的情緒在賦予它們價值。

　　與其為自己的想法感到驕傲，為何不單純地喜愛它們就好？為何

不只是因為某個概念之美或具備啟發人心的特質或因為實用，而單純地喜愛它呢？如果能夠這樣看待自己的想法，就沒有必要再因為「我是對的」而驕傲。如果對於自己的好惡也抱持這樣的立場，就不會再動不動跟人舌戰。比如說，如果自己有喜愛的作曲家，根本沒有必要去捍衛他的作品。我們或許會希望另一半有相同的喜好，但假如對方不喜歡我們所珍視或享受的東西，自己頂多就是感覺有點失望罷了。

如果能試著這樣做，就會發現別人不再攻擊我們的好惡及觀念。我們不會急著辯護，而是會感激對方能夠理解我們的喜好，不再批評或攻擊我們，或者頂多就是開個玩笑或是揶揄幾句。沒有驕傲，就沒有攻擊。

這種應對模式，對政治、宗教等領域是很有價值的戰略。縱觀人類的歷史，關於政治、宗教的議題很容易引發爭端，以至於在彬彬有禮的上流社會中，大家都會巧妙地避開這些話題。我們會發現，單純出於愛的宗教信仰，不會受到攻擊。但是，假如我們對自己信奉的宗教滿懷驕傲，就必須完全避開相關的話題，否則幾句話就會引發怒火，因為憤怒是驕傲的副產品。真心重視某件東西時，會將之高高抬起而不是貶低它，讓它淪落為挑動口舌之爭的靶子。

對於真正珍視及尊敬的東西，會得到我們充滿敬意的護持。如果告訴別人，我們做某件事是因為樂在其中，別人就沒有置喙的餘地，不是嗎？如果暗示自己做某件事是因為那樣做才**正確**，立刻就會看到別人浮現怒意，因為他們對於怎樣做才正確也有自己的看法。

價值觀純屬個人偏好。我們抱持這些價值觀，是因為喜歡及享受，能從中獲得樂趣。從這個角度來看待自己的價值觀，就可以平心

靜氣地去擁有它們。

驕傲之所以會招來攻擊，原因在於暗示自己「比別人好」，這是驕傲重要的特質之一。許多人對自己的飲食之道驕傲，時常爭辯什麼飲食與營養學的觀點才正確，甚至會逼迫親友採取相同的飲食，吹捧自己的飲食習慣在道德或健康上的優越性。相反的，有的人遵循相同的飲食只是因為自己高興，覺得採行起來身心舒暢，或是符合他們精神或靈性上的某些要求。因此，他們從來不會跟別人為了飲食而唇槍舌劍，因為他們沒有什麼是需要辯解的。如果有人說，他們奉行某種飲食是因為喜歡那樣吃，我們哪有置喙的餘地，不是嗎？相反的，如果他們暗示自己的飲食之道才是正確的，暗指我們的飲食方式錯了，言下之意就是在說他們比我們優秀，這不招人討厭都說不過去。

不對自己的看法驕傲，才能自由改變看法。我們往往會愚昧地對某個看法傲慢起來，甚至不得不去做自己根本不想做的事，就此困在裡面而無法脫身！每每想要改變心意，或是換個方向前進時，都會被我們驕傲的立場困住了。

於是，接下來就要說到我們會抗拒放下驕傲的原因之一，便是驕傲本身。會抱持傲慢的立場，一個潛在的問題就是恐懼。我們害怕要是在某件事上改變立場，便會破壞別人對自己的看法。

我們之所以要對自己的看法謙遜，其中一個原因是看法是會變的：對某個主題或情況的了解越深入，看法也會隨著改變。乍看之下事情似乎是如何如何，但在認真鑽研過後，常常會發現其實不是那麼一回事。這種情況當然會令人懊惱，尤其是政治人物，因為他們經常會根據表面或想像的事實來許下承諾。等他們掌權之後，才察覺事情

與原先的想像相差十萬八千里，有些問題實際上複雜多了，而有些情
況其實是社會上好幾股強大勢力交互影響的結果。政治人物唯一可以
給我們的承諾，是在深入了解每件事情後，善用他們最佳的判斷力去
追求所有人的利益。

　　生命像這樣不斷進化，才是我們所有人唯一能夠給自己的承諾，
而這種自我認知能夠保護我們，讓自己免於幻想破滅。這便是禪修所
謂的「初心」，「開闊的心胸」能夠給我們一個安全的立足之地。當
我們把心打開去接納，便是承認自己無法掌握所有的事實真相，而是
願意依據事態的發展隨時修改看法。如此一來，就不會為了捍衛必然
會失敗的事而困在痛苦之中。

　　即便是在我們認為完全基於事實、有可觀察到的數據為基礎的領
域，例如科學領域，也是如此。事實上，科學的本質是在驗證假設，
因此科學觀點會不斷改變。外行人大概會很訝異，因為科學界的見解
也會受到潮流、來來去去的熱門議題、典範盲點[1]、政治壓力等因素
的影響。以精神病學的領域來說，營養、血液化學成分、腦功能與精
神疾病之間的關聯，在過去並不是流行的研究項目，浸淫在這個領域
的科學家與臨床醫師屬於「邊緣」族群。隨著時間推移，事實證明這
個領域具有研究的價值，主流的科學見解才跟著轉向。幾個重大的發
現，讓我們得知營養與腦功能息息相關，而利用這些基本發現來提供
產品的許多產業也應運而生。如今，這門學科已廣被接受並受到尊

---

1 編按：在科學領域中，典範是指科學研究者所一致接受及認同的整體信念、定律、學
　說及研究方法等。而在許多專業化學科中，典範會對研究者的觀點產生不自覺的操控
　及遮蔽作用，因而出現盲點。

重，臨床醫師與科學家都可以名正言順地在這個領域內進行研究，成為「熱門」族群之一。由此可知，驕傲會阻礙科學的進展（地球暖化理論也是如此）。

驕傲讓我們看不見許多對自己有益的事，對驕傲的心智來說，接受那些事等於暗示自己錯了。內在力量越是強大就越有彈性，可以敞開胸懷去接受一切有益的事物。驕傲還會阻撓我們看見昭然若揭的真相，有成千上萬的人因為驕傲而放棄了健康與生命。有毒癮及酗酒的人會因為驕傲而否認（否認是驕傲的特質之一），終至邁向死亡，他們往往會說：「有問題的是別人，不是我！」此外，驕傲還會防礙我們認識自己的局限，去接受克服這些局限的必要幫助。驕傲，孤立了我們。

一旦放下驕傲，助力就會進入生命之中，協助處理那些傷透腦筋的問題。要驗證這個說法的真偽，可以挑出一個遭遇到難題的領域，徹底放下相關的所有驕傲。當我們這麼做時，出乎意料的事便會開始發生。放下驕傲會開啟一扇大門，接受對我們最有幫助的所有事物。你願意放下驕傲及優越感嗎？等你願意放下驕傲所建造的虛假安全感後，就能體驗到隨著勇氣、自我接納及喜悅而來的真正安全感。

第 **10** 章

勇氣，
一個能量轉變的關鍵

勇氣的特質是知道並感覺到「我可以」，這是一種正向、積極的狀態，覺得自己有把握、有技巧、有資格、有能力、有活力、有愛並且能奉獻，對生活充滿熱情。我們有能力幽默、活躍、自信，而且洞悉一切。在這種狀態下，我們感覺不偏不倚、平衡、有彈性、快樂、獨立，以及自給自足。我們可以別出心裁、有創造力、心胸開放。勇氣中攜帶著大量的能量、行動力、放下、韌性、機敏、愉快，可以「出面相挺」，能夠自動自發。具備勇氣的人，對這個世界是有影響力的。

放下的勇氣，讓你逐步克服恐懼

對於臣服機制來說，勇氣這個情緒能量等級大有作用。有勇氣時，我們知道：「我可以直視自己的感受」、「我再也不必害怕自己的感受」、「我有能力處理」、「我可以負起責任」、「我願意承擔風險，放下舊的見解，探索新的觀點」、「我願意快樂起來，與別人分享我的經驗」，以及「我體驗到自己是有意願也有能力的」。

光是肯定自己有勇氣去正視並處理自己的感受，就能輕易地從較低階的任一情緒能量等級躍升到勇氣等級。僅僅是願意正視並處理自己的感受，就能增強我們的自尊。比方說，如果我們有某種恐懼，又不願去正視它，就會覺得力量被削弱、自尊心下降。如果願意正視恐懼、審視恐懼，並承認恐懼的存在，看出恐懼是如何限制了我們的生活，然後開始臣服及放下恐懼，不論恐懼是否消失，我們的自尊都將會提升。

　　我們都知道，面對恐懼需要勇氣。我們支持、鼓勵那些可以面對恐懼，並勇於採取行動去處理恐懼的人。這樣的勇氣是一種高貴的品質，使人真正偉大。勇者會不顧自己的所有負面程式，不顧自己的所有恐懼，在生命中勇往直前，即便不確定事情或狀況是否會好轉。由此可知，勇氣會提升我們的自尊，並帶來別人的尊重，也讓我們不再需要覺得羞愧。

　　來看看以下這個例子。有個人患有懼高症，他花了幾年時間努力去克服這個跟了他大半輩子的恐懼，雖然狀況改善了不少，但仍然無法完全擺脫。當他跟朋友去大峽谷玩時，發現自己的懼高毛病還是很明顯。一開始，他站在離懸崖約六英尺的地方，以前的他可能會遠離崖邊至少一條街的距離。現在他遲疑地站在那裡，朋友拉著他的手，說道：「來，跟我一起往前走到懸崖邊。」於是，他走過去了。他不斷臣服恐懼、放下恐懼，一直往前走，發現自己真的可以站在懸崖邊上。當然，他必須承認，自己還是渾身不自在。當他們離開崖邊時，朋友讚許地望著他：「嘿，至少你辦到了！我知道這需要很大的勇氣。」儘管他沒有徹底克服恐懼，但他超越了自己內在的一項障礙，已經贏得了自己及別人的尊敬。

　　有了這些突破的經驗以後，對恐懼的觀感會開始轉變，也不再因為恐懼而覺得羞恥。我們不再允許恐懼去否定自己的真正價值，而這會增強內在的力量及自我肯定。等到時機成熟，需要勇氣去克服的底層恐懼就會消散，讓我們進入接納的情緒等級。

自己先有力量，才能給別人力量

在勇氣這個情緒能量等級上，重點在於行動力。我們已經知道，有能力滿足自己與別人的需求，也知道如果自己肯努力，就能得到想要的東西。因此，處於勇氣等級的人，是這個世界的實幹家。我們都知道，只有自己已經擁有的東西才能給予、付出，因此只有至少爬升到勇氣等級的人才可以支持及鼓勵他人。這是因為他們既有能力去付出，也有能力去接收，這種自然發生的施與受是平衡的。

到目前為止，我們在意識地圖上談過的情緒能量等級，主要都跟獲取有關。現在，到了勇氣這個等級，攜帶的力量與能量都比較大，因此開始有能力為別人付出，不再只把別人當成搬救兵、求救及尋找支援的管道。處於勇氣的狀態下，會覺知到自己內在的力量、強大及自我價值。我們知道自己有能力改變世界，而不僅僅是從這個世界獲取什麼。此外，因為內在自信心的提高，對安全感的關注及需求也會大幅下降；所關注的重點不再是別人擁有什麼，而是別人在做什麼、會成為什麼。

有了勇氣，便有承擔風險的意願，可以放下以往的安全保障，並且願意去追求成長、從新經驗中獲益。這也跟願意認錯、但不陷入愧疚及自責的能力有關。自我價值感不會因為關注的是我們需要改善的領域而有所消減，因此就可以把能量、時間、精力都用來改善自己。

到了這個情緒能量等級，我們對意圖及目標的聲明會更加有力，而預想的成果多半會實現。我們雄心勃勃、創造力大增，這是因為自身的精力不用再為了維繫身心的生存而疲於奔命。我們變得更有彈

性、更靈活，願意換個角度來看待事情，改寫它們的意義及背景，也願意承擔典範轉移會有的風險。

典範（paradigm）指的是一個完整的世界觀，只有我們認為可能的事物才會被納入，因此自然會受到限制。當我們看待事物的舊觀點受到挑戰後，世界觀便會開始伸展及擴張。過去認為不可能的事變成可能，並最終成為一個被我們所體驗的新實相。我們有能力向內審視自己，檢查自己的信念系統，提出問題，並尋求新的解答。在勇氣這個等級，我們願意採取自我成長的行動，學習覺察的技巧，冒險踏上向內走的旅程，追尋真正的自我及內在的實相。我們願意處於不確定的狀態，願意走過困惑及沮喪，因為在這些暫時的不安及不舒服之下，我們有長遠的卓越目標。在勇氣這個能量等級運作的心智會這樣說：「我應付得來」、「我們挺得過去」、「事情會搞定」、「我們會度過難關」、「一切總會過去」。

如果為處於勇氣狀態的人做肌肉測試，這些擁有「我應付得來」認知的人，其測試結果將會呈現變強的反應，對挑戰一直維持著有力的狀態。儘管負面的想法或能量（例如日光燈和人工甜味劑）仍然會削弱肌力，但生物能量場會比低階的負面情緒更加強大。由於勇氣輻射出來的能量場更有力量、更有韌性，因此生活上不太可能會被身體病痛長期折磨。或許還有一些源自較低意識層次的慢性病痛會殘留下來，但通常都不太穩定。處於勇氣等級，整體而言是一種強大、幸福的感覺。

有勇氣的人懂得真正的付出

　　這個情緒等級的人，體現了工作、享受及愛並重的生活形態。他們沒有過大的野心，也不是「工作狂」，但必要時，他們有能力去付出相當可觀的能量。由於走到勇氣等級的人已經放下了相當多的負面情緒，因此會想要去愛、去建立正向的人際關係，而他們也有能力去愛。現在，這些事與求生存的努力同樣重要。例如，他們需要在職場上有安全感，但也能在工作上關心他人的福祉。這個情緒等級的人對工作的期許，通常是想要一份有意義的工作，可以為世界盡點棉薄之力，而不只是求一份薪水。個人成長對他們很重要，處於勇氣等級的人都有這樣的覺知：我們的生命對身邊的人不是帶來正面的影響，就是負面的影響。

　　意識層次較低的人都是自我主義者，非常關心自己能獲取什麼好處，不太會在能量及思維上考量到自己對他人的影響。而往上走到勇氣等級，不會再只認同小我。這個世界不再被視為只會剝削及懲罰小孩的惡劣父母，而是把世界視為挑戰，可以帶來成長與發展的機會，帶給我們新的體驗。因此，勇氣等級的特質是樂觀，覺得憑著正確的資訊、教育、方向，大多數的問題遲早都會圓滿解決。

　　較低的情緒等級會限制意識，讓我們很少去展現個人關懷，但往上到了勇氣等級，社會議題會變得重要，於是我們會把能量用來幫助解決社會問題，以及幫助不幸的人。因此，我們有可能變得慷慨，不只是金錢方面，心態上也一樣。我們會因為推動理念、支持別人的努力而獲得快樂，這種能量會創造出新的工作、生意、產業，以及政治

和科學領域的解決方案。教育變得更重要，但未必只限於學校教育。

　　在勇氣等級會開始出現實質的覺察力，意識到自己有選擇的自由和能力。我們不再只能當個受害者，已經能夠得到心理、情感及精神上的自由。於是，位於這個情緒等級的人不再那麼死板，還因為靈活、對他人的關懷及真誠去付出愛，能夠成為好父母、好老闆、好員工和好公民。

　　我們有能力設身處地為他人著想、在乎別人的感受，以及關心別人的整體福祉。儘管仍然不時會出現等級較低的負面情緒，但它們不會成為主導或決定我們生活方式的影響因素；也就是說，即便我們嚇壞了，也不會就此逃避不去做。

　　在這個情緒等級的人是社會的中流砥柱，跟利益眾生有關的事，都可以找他們幫忙。他們願意承擔責任，是可以仰仗的可靠人選。位於這個情緒等級的人，具備社會良知及人道精神。愧罪感一向是我們做出道德決策的基礎，但上升到勇氣等級時，愧罪感會退居二線，謀求別人的福祉才是首要之務。

　　俗話說「成功孕育成功」，說的正是勇氣這個情緒等級。良好的表現帶來了正面回饋，而正面回饋增強了信心，於是允許自己更深入去探索自我、探索世界。儘管依然需要努力才能達成目標，但比起低階的情緒等級顯然要省力多了。由於得到的回報變大，而付出的心力又比克服恐懼要少得多，因此我們會更加滿足及感恩。這時的我們不僅有更大的能力去尋求幫助，而且更能夠善用助力、從中獲益。

　　到了這個等級，才有可能出現真正的靈性覺知。由於走出了自我主義，放下對小我的認同，因此可以體驗到較高頻的能量並擴展覺

知。在較低階的情緒等級，神在我們心中會沾染上那些低階的負面情緒色彩。因此，在「冷漠」這個情緒等級，即使沒有完全斷絕與神的關係，兩者之間的關係也是絕望的。在「悲傷」等級，人們會覺得自己不可能得到神的幫助。在「愧疚」等級，被罪惡感壓垮的人覺得自己不配與神有任何關係，等來的只可能是懲罰而不是愛。在「恐懼」等級，恐懼的能量可能會非常大，以至於無法面對與神相關的問題，因此相關議題會被擋在意識之外，並認為神是可怕的，會懲罰、報復、嫉妒及憤怒。在「憤怒」等級，神被視為剝削、專橫、反覆無常及一事無成。在「驕傲」等級，會對自己所屬的宗教或靈性立場很自負，其特徵是僵化、缺乏彈性、不寬容、排他、偏執、搞小圈圈，以及在宗教議題上針鋒相對。

　　在勇氣等級，我們願意為自己的宗教或靈性立場負起責任。意識提升後，常常會步上靈性道路，叩問宗教或靈性的真理確實可以使人真正覺醒。這可能會讓我們重申自己的立場，只不過這一次是有了嶄新的觀點，而且是出於自主選擇的觀點。如此一來，改變就有可能發生，這種變化或許是緩慢的、漸進的，但也可能突如其來。在這個情緒能量等級，意識覺醒了，認識到我們的信念與觀點都是自主選擇的結果，而不再像過去那樣盲目地下載程式。我們會尋求意義，所針對的可能是道德及人道主義層面，而不是某個正式宗教派別。我們還會探索自己在社會功能及在世界上的角色，不只是關心自己生命的價值，也想了解自己對別人的價值。

　　榮格曾經說過，健康的人格是在工作、玩樂、愛及靈性等方面取得平衡，而靈性是人格的一個層面，可以定義為尋求意義與價值。這

些探索會帶來內心的沮喪與不安，但也會帶來接納與平靜的時刻。我們會遇到某些直覺時刻，一瞬間就能了然於心，這樣的時刻會召喚我們持續探索，在實體的物質世界之外、在這個世界上不斷變化的現象之外，是否還存在著別的事物。

在勇氣等級的意識，很適合用於檢視並放下更多的負面情緒。在這個等級的人，有能量、能力、自信及意願去獲取專門的知識，執行必要的學習步驟。在這個等級的人，會產生自我精進的欲望，明白自己有可能提升到更好的心智狀態。上升到勇氣等級的人，知道自己沒有必要去忍受負面情緒所帶來的痛苦和折磨，也沒有必要放任負面情緒干擾自己對生活的滿意程度。

有了勇氣，我們不再願意為消極及負面的情緒付出代價，也會關切自己的負面感覺是如何影響了親朋好友的福祉。大多數已經學會放下及臣服的人，會持續使用這個技巧，直到他們達到這個意識層次。在這個意識層次上，主要的生活問題都已在控制之中。他們在職場上的表現非常成功，自己也感到滿意；物質需求也獲得滿足；人際關係上的大困擾都已排除；他們會有意識地不再去體驗身心的痛苦，對自己在某些領域的成長與發展都感到滿意。

在心滿意足之後，很多人往往想要停止使用臣服及放下的技巧，只在事態緊急或在負面情緒再次讓他們痛苦時，才不得不把臣服技巧再拿出來使用。然而，臣服技巧的效果不只如此。只要隨時做到臣服，效益只會越來越多。

持續臣服會帶來不斷的細微變化，尤其是在愛人的能力方面，覺知力會變得更為細膩。愛來自更高的層次，先前我們就把愛的發散比

擬為陽光的能量，並且注意到，移除負面的烏雲之後，不管是這一股愛的能量，或是我們接受愛並將愛發送出去的能力，都會持續增強。

在勇氣等級的我們，愛的能力變得更強也更穩定了，可以用來支持並鼓舞別人，給他們積極、有建設性的力量。我們幫助其他人發展，並欣慰地看著他們成長、變得更快樂。我們內在的這種能力會持續增強，當這股力量越來越強大，不僅能讓自己獲得回報，也對其他人有好處。

我們可以用勇氣來鞏固自己對成長的欲望，讓自己超越現狀，因為在這個情緒等級，我們已經開始意識到，內在存在著某種我們至今未曾發現的東西。之所以會有這樣的感覺，是因為有時候會突然體驗到完美的靜默與平和，我們會變得通透，有更高的領悟力，對美的敏銳度也會提高。

我們發現自己是**透過**音樂（而不是因為音樂本身）體驗到了心智突然沉靜下來的那一刻，就在那靜默的一刻，我們意識到一個更寬廣的維度。或許就是那麼一閃而逝的瞬間，感覺到自己與其他人毫無隔閡地合為一體，彷彿原本就是一個完整的個體。

在這些時刻，我們穿越了障蔽，直抵真實的內在高我。對這些時刻的記憶，會讓我們永生難忘。當這樣的時刻首次出現時，我們幾乎不知道那意味著什麼。我們以為那是意外、巧合，只會偶然發生，並將這樣的美好感受歸因於外在事件，例如美麗的日落、一段昂揚的交響樂，或是一個飽含著愛意的姿態。但是當我們繼續探究下去，就會發現外在情境只是一個讓事情得以發生的管道，而不是主要原因。外在情境讓一向喋喋不休的心智可以靜默下來，讓我們可以有一時半刻

的時間去體驗心智以外的東西，暫時抽離心智不斷播放的感官感覺、情感、想法、情緒及回憶。

在時間似乎靜止下來的這些時刻，我們窺見了所有的可能性。這些時刻非常值回票價，是會珍惜一輩子的經驗。當這些時刻降臨，我們會體驗到某種令人印象深刻的東西。超越這個世界與心智的紛紛擾擾之外，是否存在著一種靜默？一個永遠守候著我們的寧靜、平和的國度？

第 **11** 章

接納，
從理解到包容的過程

走到接納這個情緒能量等級，會體驗到和諧的美好感受，生活似乎過得很平順，讓我們覺得穩定又安全。在為別人服務時，絲毫沒有自我犧牲的感覺。這個能量等級的通常感受是：「我很好」、「你很好」、「沒事」。處在這個等級的人有歸屬感、連結感、圓滿、愛、理解和被理解、關懷、溫暖，以及自我價值感。這種狀態下所產生的穩定感，我們允許自己變得柔軟、溫和、自然、喜悅，覺得「好相處」而放鬆下來，可以自在地做自己。

泰然自若的核心本質

在接納狀態下，一切都不需要改變，因為它們原本就是完美的、美麗的。這個世界值得你樂在其中，對人慈悲，也對眾生慈悲。在這種狀態下，我們會自動自發地滋養及支持別人，全然不覺得自己有任何犧牲。由於內在的安全感與富足感，我們會變得慷慨、不吝於付出、不期望回報，也不計較自己的功勞，比如我們不會說：「這是我為你做的。」處在接納的狀態下，會真心地愛朋友而不是挑剔，儘管他們有缺點，我們也樂得忽略，依舊願意愛他們。

接納的能量包容一切，會覺得每個人其實都在盡力而為，眼中看見的是所有生命都在朝著完美進化，而我們隨時都與宇宙及意識的法則同步。

在這種狀態下，我們開始真正了解愛。在接納等級體驗到的愛是一種穩定的狀態，是一種永久的人際關係。我們認為愛的源頭就在自己之內，從自己的天性往外發散，並把別人也納入其中。相反的，在

欲望狀態下，我們說的是自己「置身在愛中」，因為我們覺得幸福與愛的源頭是在自身之外。如果是能量層次較低的欲望，我們會渴望被愛，彷彿愛是某種要「得到」的東西。但是在接納這個等級，愛是自然而然地從核心本質散發出來的，因為已經放下了許多會阻斷我們去覺知愛的障礙。

愛是我們的內在天性，一旦阻斷愛的障礙被移除，愛就會自動出現。這便是偉大的導師們所說的「真正的內在本質」，是我們真正的面貌，也就是高我。高我的目標是超越我執（小我），我執是由全部的負面感受、負面程式、負面思緒所構成，所以要超越我執，才能夠體驗到內在的核心本質。

有許多途徑可以讓我們進入接納狀態，這是通往下一個顛峰狀態（愛與平和的意識層次）的最後一道門戶。對許多已經修持臣服一段時間的人來說，這個終極目標會越來越凌駕於其他的所有目標。我們的終極目標是停駐在無條件的愛裡面，停駐在泰然自若的平和之中，這比其他一切成就都重要得多。

接納才能體驗真正的和諧

在接納等級，我們感知別人的方式已經發生了重大的改變，不再手忙腳亂地被恐懼所蒙蔽，變得可以覺察到自己、鄰居、朋友、家人的內在純真。偉大的導師們曾經說過，我們在某個人身上或在社會上所看見的負面部分，其實都是出自盲目、無知及無意識。一旦感知到別人內在的純真，也會覺察到自己內在的純真。我們的一切作為，都

只是因為當下的自己不知道有更好的方法。如果在事發當時知道有更好的方法，我們就會選擇那樣做。我們說：「當時這個辦法看起來很不錯。」我們可以看出別人也一樣盲目，於是可以忽略他們的性格缺陷，看見他們內在那個純真的小孩。

一旦看見自己的純真，便能夠去認同他人，於是孤單、壓力等感覺便會消失無蹤。即使是最魯莽、明顯惡劣的行徑，我們照樣能看見那些行為背後的純真；同時看進別人的內心，看見的是一頭不知如何是好、受到驚嚇的動物。我們也覺知到，要是被逼急了，那頭困獸必然會發動攻擊，張嘴咬人。由於對方意識不到我們的和平意圖，所以只會狂暴地出擊。

進入接納狀態，才有可能原諒自己的過去，也原諒別人的過去，以及療癒過往的憎恨。我們也有可能從怨恨已久的往事中，看見隱藏其中的禮物——包括往事可能具有的業力意義。在這個情緒能量等級，當我們回顧前塵舊事時，便有可能開創出不同的解讀脈絡，進而療癒過往傷痛。最後，等到圓滿完成接納等級之後，對未來不再感到恐懼時，就可以升級到更上一層的愛與平和等級。此時，理性與邏輯變成了實現這個潛力的工具。

接納等級的另一個特質，是我們不再關心好與壞的道德評判。什麼行得通、什麼行不通，會變得一清二楚。我們很容易就能看出什麼具破壞性，而什麼是最好的選項，並且不再斷定任何事物是「邪惡的」。愧疚及罪惡感會消失，對別人及自己的所有批判也會跟著一起消失。然後，我們明白了這句話的意義：「不要論斷人，免得你們被論斷。」[1]

在接納狀態下，我們放下了內在那個販賣愧疚及罪惡感的販子，他們連人類最基本的人性都要吹毛求疵。我們可以擁有物質上的享受，既不用背負著道德問題，也不會無法控制地一味沉溺。我們接受別人南轅北轍的信念與行為，因為他們也有自己建構出來的一套自認為合理的人生觀與道德觀。一旦能看見每個人的純真，便可以實際做到「愛人如己」，由此可見，臣服讓我們得以實現一個崇高的目標，甚至不需要刻意地去做。

接納等級的兩大特徵是無私與服務，這是因為我們放下了創造出小我的那些負面情緒，因此不再認同小我，從而體驗到了內在的和諧與寧靜，這是高我的特質。由於我們卸載了負面程式，更多的創造力、靈感與直覺就會湧現出來。

因為篤定個人的需求必然會得到滿足，所以人際關係會發生轉變，現在的我們會把注意力放在對方的福祉與快樂之上。這是因為到了這個等級，其實已經不再需要依賴他人，也不再覺得必須從對方身上「得到」什麼。我們能夠用愛去接納對方，在這樣的關係中，微小的不完美不再被放大來看，而是會直接被忽略。

處於接納狀態下，比較不會忙著去「做點什麼」，而是越來越重視生命本身的品質，而我們關懷對方、愛對方的內在能力也會日趨完善。儘管負面感受仍不時會浮現，但頻率會越來越低，處理起來也更得心應手。大致而言，到了現在這個階段，日常生活的運作會非常容易，既不費力，也不用花心思，幾乎都是在自然而然的狀態下完成。

---

1 編按：出自《馬太福音》第七章第一節。

好還可以更好，為自己的意識狀態負責

　　這個狀態的特點是為自己的意識負起責任，而且往往會對各種形式的冥想產生興趣。靈性與道德議題變得更加重要，比方說，如果我們有虔誠的信仰，可能會主動去參加靜修，或是根據個人喜好為靈性或慈善活動盡一份心力。

　　我們眼中的世界是和諧的，若是有任何不和諧之處，會意識到那是自己內在衝突的投射。在這個能量等級，可以覺察到一切負面情緒都是自己的問題，不再試圖從外在尋求解決方法。

　　現在的我們，對於提升自己的意識與自我覺知會非常認真看待，並把焦點放在精進及磨練意識及覺知的品質。走到這個等級，可能會開始對哲學、科學研究及靈性典籍感到興趣，看看它們如何探索人類心智和精神的最高潛能。我們越來越重視自己會**變成什麼樣子**，而不是自己擁有什麼、做些什麼。在這個等級，所接受的挑戰是實現自己最大的潛能，並且去支持及培養別人的潛能與夢想。

　　在接納狀態下進行肌肉測試，會呈現強而有力的反應；並在相當程度上，可以對日光燈、人造纖維、人工甜味劑等負面影響免疫，這些東西都會削弱身體的振動。現在的我們也會認真照顧自己的身心健康，在各個層面改善自己。健康問題通常被認為是心理、情緒或精神層面出了狀況，我們會主動尋求相關資源來解決各層面的問題，而這時的我們也具備了自我療癒的力量。

　　到了這個等級，可以自由地活在當下。一旦能夠坦然接受自己的真實本性，這個世界與整個宇宙都會反映出來，於是就不會再為了過

去懊悔，也不再畏懼未來。只要療癒了過去，對未來的恐懼就不復存在。這是因為意識狀態通常是以小我為中心，而小我往往會把過去投射到未來，如果我們認為過去是負面的，那麼投射到想像中的未來時，未來就會令人畏懼。放下了愧疚、恐懼、憤怒及驕傲等低層次的情緒能量，等於減輕了過去的重量，也清除了未來的烏雲。我們樂觀地面對今天，為能活著而心存感恩，同時也了解昨天已經過去，明天尚未到來，我們唯一擁有的是今天。

總之，接納這個情緒能量等級是我們都渴望達到的，因為接納讓我們能夠從許多人生問題中找到自由，體驗到滿足與快樂。

第 12 章

愛，
是世間美好事物的精華

走到愛這個能量等級，整個人會變得真摯、慷慨、有教養、情感豐富、堅定、寬宏大量。愛的特質是保護、合作、振奮人心、全面、寬厚、溫暖、感激、欣賞、謙虛、完整、願景、動機純潔及甜蜜。

愛是一種存在方式。當我們移除了阻擋愛的障礙，散發出來的能量便是愛。愛不僅是一種情感或一個念頭，更是一種生命狀態。當我們走上臣服之路，最後會成為愛。愛的存在方式就像這樣：「我可以給你什麼幫助？我怎樣才能安慰你？你破產時，我如何把錢借給你？我要如何幫你找工作？在你承受重大的喪親之慟時，我要如何撫慰你？」愛是我們照亮世界的方式。

日常生活中的愛

每個人都有機會善待一切生命，為世間的美好與和諧貢獻一己之力，支持高尚、珍貴的人文精神。盡情奉獻給生命的，終會回流到自己身上，因為我們都屬於生命的一部分。就像水面上的漣漪，每一份禮物都會回到贈予者手中。給別人的肯定，實際上就是在肯定自己。

一旦願意付出愛，很快就會發現自己早就被愛所包圍，只是在此之前，我們不曉得如何去獲得愛而已。愛其實無處不在，我們只需要意識到愛就在那裡。

愛有許多不同的表達方式。小男孩記住父親教他的短詩，過了八十年仍然琅琅上口。海軍水手在狂風巨浪中，一個人連著三天不吃不喝、不眠不休地握緊著船舵，因為艦上的弟兄們都在暈船。醫生關愛每名病患，暗中為他們祈禱。母親幫腹瀉的幼子清洗髒褲子，一邊安

撫著：「寶貝，這不是你的錯，拉肚子本來就忍不住。」妻子天天早起，幫丈夫煮一杯他喜愛的咖啡。狗狗守在門前，主人一進門就搖起尾巴。小貓咪打呼嚕、鳥兒歡鳴……

通常一談到愛，多數人想到的是「浪漫」的愛，也就是「親愛的」、「甜心」的那一種。但浪漫的愛只是人類生命的一小部分，除了兩個人之間的浪漫愛情，生活中還有許許多多不同類型的愛：對寵物的愛、對親友的愛、對自由的愛、對目標的愛、對國家的愛，以及奉獻之愛、創造之愛、美德之愛、熱忱之愛、寬恕之愛、接納之愛、激勵之愛、欣賞之愛、良善之愛、人際關係之愛、群體之愛（例如戒酒無名會）、欣羨之愛、尊敬之愛、英勇之愛、夥伴之愛（朋友、同學、同船的船員或隊友）、友誼之愛、忠誠之愛、喜歡之愛、珍惜之愛、自我犧牲的母性之愛，以及奉獻之愛等等。

就像流行歌曲的歌詞：「愛，多麼絢麗輝煌。」從經驗來看，這句歌詞正確無誤。當我們放下對愛的所有抗拒，放下阻斷愛的負面感受，這個世界便會散發出愛的絢麗輝煌。在愛這個情緒能量等級，愛的絢麗輝煌不再隱遁於我們眼前。

愛的療癒力，改變你的人生

愛可以促成療癒，轉變人生。我們可以從一則真實故事，看到愛如何改變人生。有一位獵鴨人因為目睹了一場愛的行動，從此改變了他自己。有一天他出門獵鴨，這是他常做的休閒活動。他照著平時的經驗，見到一隻飛起來的鴨子馬上就開槍，鴨子受重傷後墜地。突然

間，他驚訝地看到一隻母鴨飛到了受傷的公鴨身旁，展開翅膀覆蓋住伴侶，保護好牠。親眼見到母鴨奮不顧身的愛，獵人的心改變了，從此他再也無法打獵。

一旦你變得有愛心，有些事就絕對再也做不了；而且有一些事只有在愛的能量場中，你才會去做。不僅如此，有人願意為你做的事，不一定也會願意為別人做。愛讓奇蹟成為可能，但我們無須貼上「奇蹟」的標籤，因為愛本身就具備轉化的效果。

有時候，最好不要跟人說你愛他們，這可能會嚇到對方，以為你別有居心，或是對他們有所求。坦白說，有些人害怕愛，對愛有疑慮，所以當你愛著這樣的人時，請不要直接告訴他們。愛是一種存在方式，會轉化你周遭的一切，這是愛的能量往外綻放的效應。這是自動發生的，我們不必「做」什麼，也不必給它冠上任何名稱。愛是一種能量，會默默地轉化每一種情況。

這意味著，滿心怨恨的人在我們身邊時，會突然變得願意原諒別人。我們可以看到對方在我們眼前的轉變，他們會放下憤怒，或許還會說：「好吧，也沒必要跟他發那麼大的脾氣……他還小，不懂事。」他們會找藉口為對方辯解，而不是攻擊他。愛給了我們力量，也會給我們身邊的人力量，於是我們做到了原本做不到的事。

寬恕是愛的一個面向，讓我們可以從恩典的觀點，來看待人生的大小事件。我們會寬恕自己在懵懵懂懂時犯下的過錯，這能讓我們將小我（我執）視為可愛的小泰迪熊。泰迪熊並不「壞」，我們不會討厭或斥責牠。我們疼愛牠，接受牠本來的樣子：這是一隻不懂事的可愛小動物。透過接納與愛，我們超越了自己那些小鼻子小眼睛的不足

部分，接受並愛它們，因為小我只是「受到限制」，不是「壞」。

在愛的能量場中，我們被愛環繞，心也充滿了感恩。我們感恩自己的生命，感恩生命中的所有奇蹟。我們感恩小狗與小貓，因為牠們代表愛。我們感恩別人的每一個善舉，感恩他們的真情、關懷及體貼。

最後，我們變成了愛，所做的每件事，所說的每句話，所做的每個動作，都蘊含著愛的能量。不論是對著一群聽眾說話，或是摸摸小狗，愛的能量都會被感覺出來。我們想分享心中的所有經驗與感悟，把它們好好放在心裡，讓所有生命也都能感受得到。我們祈禱身邊的每個人、每條生命，都能在內心體驗到無限的愛。對周遭萬物來說，我們的生命就是祝福。同樣的，我們也承認，其他人及我們身邊的動物，對我們來說也是禮物。

愛發自內心。當我們與相愛的人在一起，會接收到愛的能量。對我們來說，來自摯愛、寵物、朋友的愛，全都是神聖的愛。晚上就寢時，我們感謝自己這一整天都被愛包圍。因為愛，每一個瞬間才可能存在。因為愛，才可能寫出這本書。

在愛的狀態下，我們每天早上醒來，都感謝自己又得到了一天的生命，並努力讓周圍的人生活得更好。因為有愛，所有事情只會變得越來越好：雞蛋煎得更好，鴨子獲救，貓咪有人餵食，收容所的狗狗被人帶回家領養。我們將自己的愛分享給周遭一切，包括各種形式的生命：貓咪、狗狗及其他人，也就是**眾生**。沒錯，壞人也不例外。如果逮捕壞人進行看管是我們的責任，我們就要設法讓他的生活過得去。我們會說：「抱歉，我必須用槍指著你的頭，這是我的職責。」盡量做到寬容、和善，對誰都一視同仁。

　　越是去愛，越能夠愛。愛是無限的，而愛會衍生更多的愛。因此精神科醫師建議養寵物，狗狗的愛會擴展飼主心中的愛，而愛能延年益壽。事實上，研究結果顯示，養狗能讓主人多活十年！想想看，為了養生保健，我們試過的那些千奇百怪的運動、飲食方法與其他的養生法，而壽命也才多出了那麼一點點，但只要養狗，就能增加十年的壽命！這是因為愛有強大的同化作用[1]。愛能增加腦內啡，這是一種促進生命力的賀爾蒙。養狗之所以能夠多活十年，是因為寵物會催化愛的能量，而愛的能量會療癒我們，讓我們延長壽命。

　　在適當條件下，愛的能量有能力療癒身體。在生理層面上，由於心理狀態積極又正向，身體的病痛經常會自行痊癒。有些疾病在沒有刻意照顧下會自動康復，而那些沒能治癒的疾病，通常也可以透過意識技巧來緩解。至於一直不見起色的痼疾，則被認為是業力所致，或者具有象徵性或靈性上的意義。整體而言，在愛的狀態下，我們對身體的覺知會減少，因為現在身體可以自行運作，照顧好自己。我們不再認為自己只是一具*血肉之軀*，也不再只從肉體層次來處理健康問題。除非我們基於某個原因而特別去關注身體，否則有時甚至完全不會覺知到身體的存在。

　　直覺的體悟逐漸取代了「思考」，於是思考開始消失。隨著時間推移，「思考」及其心智過程，將會被自發性的直觀「知曉」取代。我們會直接跳過邏輯思考這一過程，之所以如此，是因為在最高層次

1　編按：同化作用（anabolic effect）是指將所吸收的營養轉化為體內物質，可以刺激肌肉、骨骼、結締組織及紅血球的生長。

的振動下，宇宙中的萬事萬物都是互相連結的。我們的理解會以「啟示」的形式從這個互相連結的場域推展開來，這種知曉是全面性的，沒有局限。

由於我們的內在已經安靜了下來，因此可以在非言語的層次感知到別人的想法及感受。也就是說，與他人進行非言語的溝通變得可行，並且稀鬆平常。我們不再體驗到負面情緒，因為小我已經被超越了，由更寬廣的高我所吸收。於是，情緒就被轉化了，比如說，因為失去所產生的情緒不再是悲慟，而是暫時的失望或遺憾。

無條件的愛，能量何其強大

持續臣服，會體驗到無條件的愛（測定的能量值為 540），此一狀態相當罕見，大約只有萬分之四的人可以到達這個層次。這種能量會創造奇蹟，具有以下的特質：包容一切、非選擇性、轉型、無限的、不費力的、輻射性的、虔敬的、聖潔的、瀰散的、慈悲的，以及無私。無條件的愛會表現出：內心喜樂、信心、欣喜、耐心、惻隱之心、堅毅、精華、美好、共時性、完美、臣服、狂喜、遠見及心胸開放。我們不再把個人的自我視為啟動因果的一個因子，透過共時性的作用，所有一切都會毫不費力地發生。

喜悅源自於我們內心的主觀體驗，其力量是主觀的，源頭永遠在內，不假外求。因此，這股能量的運轉不會耗竭。我們可以在點著燭火的小教堂，狂喜地整夜跳舞，彷彿是生命的源頭在舞動著我們。在這種狀態下，所有存在的完美與令人震撼的美好，會像發光體一樣閃

耀，在靈性能量的灌注下，轉化發生了：從感官的知覺到靈視力，從線性到非線性，從有限到無限。儘管處於高振動狀態（愛的能量測定值為 500），我們仍然可以履行俗世事務，但可能會離開一般的商業化世界，放棄我們原本的社會環境與職業。

在這種狀態下，神奇的事情很常發生，隨時都有可能遇到所謂的「超自然」現象，無法以理智、邏輯或因果來解釋。顯而易見的，沒有任何人在施展奇蹟，事情就在條件齊備的時候自行發生了。意識到這些現象是來自超越個人自我的禮物，就不會再養出一個靈性「小我」，明白我們只是愛的管道，並不是愛的源頭。我們知道所有靈性上的進展都是恩典，不是個人努力的結果，也因此，對於能達到現在這種狀態只會心存感恩，而不是感到驕傲自滿。當我們放下所有疑慮、所有信念系統、所有認知、所有立場、所有見解及所有執著，臣服的過程就會不斷深耕。我們越來越願意放下執著，甚至連妙不可言的狂喜狀態也不依戀。

出於謙遜，我們放下對他人的所有意見。在某種程度上，除了本人，任何人都不能幫助其他人完全改變自己。愛知道這個真相，因此沒有任何預設立場。愛會放大別人的優點，而不是缺點。愛對生命的所有表達形式，都只會把焦點放在良善上面。無條件的愛不期待別人的回報，心裡充滿了愛，就不會限制或要求別人必須做些什麼，才能換取我們的愛。不管他們是什麼樣子，我們都愛他們，即便面目可憎、惹人討厭也一樣！我們替罪犯感到遺憾，因為他們認為犯罪生活是自己最好的選擇。

當愛是無條件時，就不會執著、期待、暗藏企圖，或斤斤計較誰

付出更多。不論自己如何，不論別人如何，我們的愛一律沒有條件。我們付出愛，不帶任何索求，也沒有任何條件。在付出當下，我們不期待任何回報，因為我們已經放下了在有意無意之間對另一個人的所有期望。

愛照亮了他人的本質，進而照亮了他們值得愛的地方。這是因為愛打開了心扉，不是透過感官去知道，而是心的覺察。心智會有千百種想法，它會思考、會爭辯，而心一直洞悉一切。因此，即便人們犯了錯，我們也會愛他們。同樣一件事，心智告訴我們的是這樣，而心說的是那樣。心智會挑剔、否決，但心在任何情況下都在愛。心不會對外在狀況設定條件，只有心智才會那麼做。真正的愛沒有任何要求。

能夠不帶條件去愛，主要的關鍵是願意寬恕。有了寬恕，事件中的人物便可以在重新建構的背景下，成為一個只是「被困住」的人，而不是「壞人」或不值得被愛的人。因為謙卑，我們願意放下對往事的舊看法，祈求奇蹟出現，讓我們能看見事態或某個人的真相，並檢視自己為何緊抱著舊觀點不放，是否從中得到了什麼好處，然後再一一放下那些好處，比如自憐、我是對的、我是被冤枉的，或是從怨恨中獲得快感。

最終，我們連寬恕的想法都會放下。寬恕某個人，這意味著我們依然認為對方「錯了」，所以才需要被寬恕。真正的臣服，意味著我們要完全放棄這種觀點。一旦全面放下自己的認知，放下所有的批判，整個情況便會改觀，我們會看出對方的可愛之處。因為所有的評判其實都是對自我的評判，於是我們就在這個過程中釋放了自己。

能夠做到無條件去愛，我們就會愛每個人、每件事，即便面對的

是希特勒。我們會把他看作是一個被負能量操控的人，於是願意原諒
他，畢竟他對發生在自己身上的事無能為力。他被邪惡主宰了，但我
們不會因此就憎恨邪惡，而是覺得哀傷，憐憫人們被這樣的負能量壓
垮。希特勒做了他認為出於榮譽不得不做的事，這就是當時的時空背
景，他被那個時代流行的理想和信念所俘虜了。於是，即便是希特
勒，我們也看見了他真誠的奉獻——他認為自己的所有作為都是在為
世人服務。二次大戰的神風特攻隊，同樣做了他們認為應該為國家做
的事。即使他們蓄意用炸彈無情轟炸，也沒有必要憎恨他們，而是尊
重他們願意為國捐軀的情操。我們可以看出每個違反愛的法則的人，
其實是某些信念或時代壓力的受害者。

一切都是一體，我們與萬事萬物相聯繫

　　當這種狀態持續發展下去，便會改寫整個生命的意義，我們開始
覺知到萬事萬物的內在本質，不會只看到表面的形體。這種感知的變
化，讓我們能看見天地萬物之美。愛的經驗超越時間，沒有過去也沒
有未來。在愛的最高振動中，可以看到個人與宇宙並沒有分隔，我們
會經歷自己與萬物合一的美好體驗。在萬物合一的狀態之下，所能感
知到的實相更為寬廣，超越了我們在這個世界上的所有感官能力，只
能以深不可測來形容。

　　當內在發生轉變，我們的生活方式在旁人看來，未必有所不同。
然而，儘管習慣與行為看似相同，卻不再是不由自主或迫於無奈。一
旦想要停止、調整或改變，我們都不會像以往那樣勉強、不自在。不

過，生活方式也確實可能一夕翻轉，包括職業的重大改變，這是因為我們內在的價值觀變了，因此興趣與視野也擴大了。既然現在我們連接到一個更大的維度，或許可以透過靜思、冥想、藝術、音樂、閱讀、寫作、教學及參與靈性團體，讓自己更能沉浸在其中。

這時，臣服會更自動自發且持續不輟。我們越來越頻繁地進入內在的美與靜默，而且停留的時間也越來越長。這種經驗是一種高層次的境界，但奇怪的是，這些「入定」時刻可能會緊隨著內在劇烈的混亂與掙扎而來。一些強烈的內在運作之所以發生，是因為我們再也無法忍受負面情緒。當意識提高、覺知力變強，便可以更深入探求，去處理藏在意識最深層的課題。這些課題有可能跟身分認同或自我概念有關，而且還是最根本的源頭所在。

如下面的例子所示，在長時間的持續臣服之後，可能出現巨大的寧靜與平和。當你停留在喜悅狀態下時，有可能到了某個時間點會遇到某件事而心神開始騷動，例如你跟別人發生過的一次衝突，這件事被深埋已久，但現在卻浮現出來了。以往你很難去正視這個衝突事件，也一直迴避去重新體驗，然而，正是在這種精神能量極高的狀態下，這個內在衝突才被允許浮現出來，讓你走完全部的過程，並一勞永逸地解決。這股能量足足流動了十天，源源不絕，處理方式是隨時都向衝突臣服、放下，不試著以任何方式改變它。在此期間，這個內在衝突看似沒有止息的一天；但根據以往執行臣服機制的經驗，任何感覺都不會滯留不去，遲早都能釋放出去，只要持續放下即可。

遇到以上的情況時，可以暫時搬進樹林裡的小木屋，遠離會令你分神的事物，可以強化臣服過程。然後你發現，那次衝突盤根錯節的

源頭會更深入，而更痛苦的感覺也會全面爆發。你的內心會十分混亂、絕望，有時精神上會苦不堪言。但千萬不要放棄，不要讓任何障礙來干擾這個過程的推動。最後，你好不容易才進到了谷底，一股排山倒海的黑暗絕望迎面而來。即便如此，通透的你知道一切都會好起來，因為你所認同的不是絕望的情緒，而是臣服本身。

到了最後階段，對絕望的一切抗拒都已全然放下，釋放得乾淨徹底。然後一切戛然而止，那些不知所措、幾乎承受不住的種種絕望情緒，都在瞬間消失得無影無蹤。取而代之的，是深廣到無法言喻的平靜與祥和，它是如此無邊無際，出奇強大、無懈可擊。你正經歷一種深刻的內在靜默，對時間的所有感知都停止了。沒了「時間」，只剩下你對世間萬象的覺知。這樣的體驗會持續到第二天，事實上，體驗還會變得更加強烈。

接著，你帶著好奇心重返這個花花世界，想看看在這種意識狀態下，你的日常生活會是什麼樣子。你發現到，即便走在紐約繁華的第五大道，你的感受同樣沉靜、和諧與平和。這種無所不在的平和與靜默，似乎就在這個充斥著混亂、噪音及困惑的城市表象之下，就像是透過這樣強大的力量，這個城市的一切才得以發生，並聚合成一個連續體。靜默的核心擁有無限的力量，顯然就是這股力量抵銷並平衡這個城市的所有負面能量。外在如此，內在亦如是，同一股內聚的力量也抵銷並平衡了人格的負面能量。要是不出手干預，負面能量足以毀掉一個人與他的身體。

前面章節我們曾經提過，較低等級的情緒與人體幾個低階的能量中心（稱為脈輪）所累積的能量有關。一旦意識提升，放下負面情緒

後，這股能量往往會上升到較高的能量中心，也因此到了愛的等級，能量會上升到心輪位置。當愛昇華至無條件的愛，你會永遠充盈著喜悅，個人層次的愛也會讓位給普世之愛。一般而言，對於已經走到愛這個能量等級的人，我們會以「心胸寬大」、「宅心仁厚」來形容他們，這些用語表明了他們所在乎及關注的事物，已經從個人生活轉移到如何去愛人。當關注層次升級後，所有感知也會全面發生變化，他們的關注點完全跟陷入負面情緒的人不一樣。

舉例來說，一個心智還停留在較低狀態的人，看到街角站著一位穿著隨便的老人，會一眼就認為他是「流浪漢」。貼上這樣的標籤後，各種負面念頭就會紛至沓來：「他可能是個危險人物，我要離他遠一點」、「他是我們納稅人的負擔，八成還在領救濟金」、「警察應該大力掃蕩這些遊民」、「應該把這種人關進監獄，不然就關在精神病院」⋯⋯

相反的，一個處於愛這個能量等級的人或許會認為這個老人很有趣，他飽經滄桑的臉刻畫的是許許多多的人生經驗及智慧。他看起來更像有個自由的靈魂，已經擺脫紅塵俗事，進化到單純的存在狀態，不再汲汲營營地去做什麼及擁有什麼。

在紐約的第五大道，我確實見過這樣的一個老人，當時他正處於全然的靜默狀態。這位老先生走在人行道上，一眼就看出了我內在也處於同樣的靜默狀態，於是他對我全然敞開。他睜大著雙眼，什麼都沒有隱藏，他的靈魂開放又自由，可以任人解讀。顯然的，他已經意識到了真正的內在高我，並完全處於寧靜、平和的境界中。事實上，他是將這個城市凝聚在一起的那股強大、積極力量之一，與其他人一

起用愛來守護這個城市。

在那一瞥中，我們共享著一體性——超越時間的一體性。儘管素昧平生，但我們的靈魂是相通的，彼此共鳴。我們的能量合一，在那一刻一起為抵銷這個城市的負能量而努力。在我們全無遮掩的凝視中，達到了宇宙合一的狀態。在這種全然靜默的一體性中，反映出來的是一種無限的能量，足以抵銷紐約市當下的全部負能量，因為這一股共享的力量是無限的。若是少了抗衡的力量，紐約市將會自我毀滅。愛就是一種靜默、壓倒性的、無限的意識狀態，就在那發人深省的一刻，我的個人經驗印證了另一條意識法則：**愛是宇宙的終極法則**（這句話的能量測定值為 750）。

第 13 章

平和與寧靜，
堅如磐石的溫柔力量

　　到達平和與寧靜的情緒能量等級，不再有衝突，也沒有負能量，只有一種包容一切的愛。在此，可以體驗到完整、永恆、圓滿、靜默及滿足。內在是平靜、光明的，充滿著一體性及合一感，還有全然的自由。這是一種不可動搖的平靜狀態，所有行動都變得毫不費力、自發性及和諧，而行動的成果則是充滿了愛。處於這個能量等級，對宇宙的感知會全面改觀，對我們與宇宙的關係也會有完全不同的認知。內在的高我勝出，超越個人的小我，也超越小我的所有感覺、信念、身分認同及關注。所有的追尋者都在追求這樣的終極狀態，不論他們是宗教家、人道主義者，甚至是完全與靈性或哲學不相干的人。

寧靜致遠，一種無遠弗屆的影響力

　　我們都有過深刻的寧靜時刻，時間與世界似乎突然間停下來了，我們觸及到了無限。近年來，出版了不少談論瀕死經驗的書，在各種情境中，有過瀕死經驗的人，靈魂重新回到了肉身之中。這段經歷從此改變了他們的人生，成為永生難忘的經驗。他們對世界的看法，以及他們活在世上的意義，都發生相當可觀的變化。

　　在電影《失落的地平線》（*Lost Horizon*）中，男主角在見識過香格里拉以後，雖然後來又重回到這個世界，但他看待世界的角度已經截然不同了。他願意不計代價地回到香格里拉，重新過著世外桃源那種寧靜平和、歲月安好的日子。一旦體驗過這種滋味，就不再是世界的受害者，我們不會再像從前那樣容易被世界影響，因為我們窺見過世界的真相，看見真正的自己。

　　隨著不斷臣服，我們會開始體驗到這些寧靜、平和的狀態，而且發生頻率會越來越高。有時，這些狀態會非常深入，延續的時間也會逐漸拉長。當烏雲散去，陽光普照，我們會發現寧靜、平和才是我們一直以來追求的真相。而臣服機制，揭開了我們存在的真實本質。

　　當一個人處於寧靜、平和的狀態下，肌肉測試的結果為強，而且不論是精神、情感或肉體，遇到任何情況都不會再變弱。我們不再認為這具血肉之軀就是自己，不過身體上的毛病與失調未必能夠康復，因為對我們來說，這具血肉之軀不再有重要的意義，不會再像從前那樣關注它。

　　內心的寧靜、平和狀態會帶來強大的力量，一個全然寧靜、平和的能量場是無懈可擊的。達到這種境界的人，不再被恐嚇、控制、操縱，也不再會無意識地被設定程式。此外，這個世界的任何威脅也不再能撼動我們，於是我們能夠掌控好世俗的生活。一旦寧靜、平和的狀態趨於穩定之後，就不可能再有尋常的人類痛苦，因為脆弱的基礎已經完全被消除了。

以心傳心，不需文字與言語

　　我們以「開悟」來描述抵達寧靜、平和狀態的人，說他們沐浴於恩典之中。神祕主義者、智者、聖人及具有神通的人，都曾經描述過這個狀態或是超越這個狀態的各種開悟境界。

　　與進入開悟境界的人待在一起，即便是不言不語也能從中獲益。傳統上，這種人都是德行高深的靈性導師、聖人或智者。求道者為了

親炙這樣的能量場，即便長途跋涉也不以為苦。不管是信徒或求道者，都能在無聲無息中接收到靈性導師的高頻能量，這種自發性的能量傳輸方式被稱為「傳無心」、「加持」或「灌頂」。寧靜、平和的狀態會從導師或聖人的能量場自動散發出去，昔日當佛陀在眾弟子面前拈花微笑時，就是象徵這種能量的傳遞。如果能夠親自見到散發這種能量的大師，我們絕對不會跟原來一樣。對我們最有益的事，莫過於隨侍在大師身邊，因為在這種寧靜與臣服的狀態下，可以接收到能量的高頻振動。這種開悟狀態的默傳（silent transmission），是一種不用文字言語的能量傳輸現象。在上師氣場內的振動發揮了載波作用，讓我們能夠了解言語背後的意義。但促成催化效果的元素是能量波，而不是言語。上師或聖人的能量，可以經由默傳滲透進我們的氣場、大腦功能以及我們的整體存在。

正是這種向外傳遞的平靜能量，人類才得以生存。如果沒有這種能量的制衡，人類早已覆滅。這就是為什麼，我們的內在進化會對全人類有益。一旦我們的內在達到愛與寧靜的高階境界，我們的存在便成了這個世界的救贖。

向終極實相臣服

這個能量等級的特點是無欲無求，不再需要去渴求任何東西，因為生活所需的所有一切都會自發性地顯化，不用刻意去追求或付出努力。在這個能量等級，心裡的念頭會強而有力，往往會迅速顯化，而且這種共時性現象會持續發生。因果機制與宇宙的運作會清清楚楚

地展現出來，因為現在的我們已經見證了實相的基礎。

這些高層次的意識狀態通常會出乎意料地自動出現，而且往往會反覆出現，維持的時間也越來越長。一旦有過這樣的經驗，我們的意圖會自動地想要讓這種狀態永遠持續下去。

下文描述了這種狀態如何發生，發生時又是什麼感覺。這是在持續臣服三年半之後發生的事。

那是一個寒冷的冬日。連續十一天，我都在前所未有的意識層次上臣服，即便在做心理分析時，我都不曾到達這種境界。這跟小我求生存的基本需求，以及小我的自我認同有關；同時也跟我們如何體驗自己的存在，以及渴望去體驗自己的存在狀態有關。

日子一天天過去，臣服的過程似乎沒有盡頭。於是，一個疑慮浮現了：「這是我在妄想做到不可能的事嗎？」顯而易見的，這個疑慮本身是一種防衛機制，於是我捨棄了這個疑慮，繼續進行深度的臣服。

然後，在那個陰雨連綿的寒冷週日午後，我走進一家餐廳，獨自坐在一桌，突然間，這個世界神奇地轉變了。我的內在湧現了一種深刻的平和及靜默感，而且出乎想像的廣闊無邊。這個經驗超越了時間，事實上，時間在此已經毫無意義，空間的存在方式也跟平常所見不同。現在，所有事物都是相連結的，全都同屬於單一的生命，而同一個高我則透過所有的生命形式來表達它自己。此時的我，對這具肉身完全沒有認同感，不再對它感興趣，也包括餐廳裡其他的血肉之軀。所有的情緒與事件相互聯繫在一起，而這些現象之所以會發生，是因為每件事物都自發性地依據其內在本質顯化出來，盡情展現其潛能。這是一種堅如磐石、不可動搖的靜默。顯然，真正的高我是無形

的，無始也無終，我們只是因為認同自己生而為人，才暫時對自己的
身體與故事產生了認同感。

　　在此之前，我竟然會認為自己是一個與他人分離的獨立個體，擁
有一條有始有終的有限生命，這樣的想法奇怪又荒謬。現在，我完全
不再覺得自己是分離的個體，而「我」這個代名詞消失了，也變得毫
無意義。取而代之的，是身為萬有的覺知。這樣的覺知始終都在，永
遠都在。真正的存在是超越時間的，肉身待在地球的時間只有一剎
那，在如此短暫的片刻中，超越時間的真正存在因為小我的遮蔽而被
遺忘了。為什麼會這樣呢？原來，我們曾經起心動念，有個一廂情願
的想法，想體驗一下身為一個分離個體的滋味，於是這個心願顯化
了，我們擁有了個人身分以及一具血肉之軀。

　　萬物內在的相互連結其實相當明顯，這是佛陀與現代的高等理論
物理學所描述的全像宇宙，兩者都同意這是宇宙的固有特質。既然萬
物已臻完美，也就無欲無求，無從創造也無所變化。存在（Being-
ness）的核心本質是唯一的，所有生命都是由此而來。所以，此一存
在就是生命的源頭，但奇怪的是，它不是生命存在的原因。

　　我們對這樣的覺知並不陌生，彷彿人們始終都知道最後一定會踏
上回家之路。在此狀態下，既沒有情緒，也沒有感官知覺。雖然感官
的功能仍然存在，但已經跟個人無關，我們也不再在乎了。

　　在此做一個小實驗：我持續想著一個念頭，看看會發生什麼事。
結果是，在物質世界幾乎立刻就能看到顯化成果。比如說，我心裡想
著奶油或咖啡，完全沒有開口，服務生馬上就能正確無誤地把東西送
過來。似乎彼此之間的交流，完全沒有開口的必要。在靜默的這個高

階意識層次，可以與任何人做心與心的溝通。

　　那天傍晚，我的身體開車去參加會議，沒有人發現我有什麼不同。每個人看起來都精神奕奕，眼睛綻放出源自高我（我們每個人的高我都是同一個）的生命力。我的身體正在跟別人交談，自然地進行尋常的對話，行為舉止也跟平日沒兩樣。當時，我的身體就像一具承載著業力的發條玩具，靠著習慣的模式與程式在運作，完全不用分神去關照。身體似乎知道自己要做什麼，而且做得非常確實又自然。所有對話與互動都只是當成一種現象在旁觀，不用刻意去引導。我們曾經以為身體內有個小我，是小我啟動了身體的所有行動，這種想法現在看起來就是一種怪異的自大與自負。因為身體實際上是聽命於宇宙的，從來都不是誰在啟動身體的行動。種種現象都是心智的振動，不是各自獨立的存在或實相。只有這種一體性是確實存在的。

　　第二天下午，一個念頭冒了出來。既然通往實相的道路已經被揭示，那就有可能再回到個人的意識中。就像房間裡的空氣感受不到房間裡的東西一樣，也沒有一個「我」在感受「我的存在」。在那個空間裡，沒有一個「我」在感受「我就是我」。要回歸到個人意識，就意味著必須做決定。事實上，是那個決定在自行運作，畢竟沒有一個「我」可以去做決定。當你想要體驗個別的我，這個欲望就會自行重新填充能量。放下的選項是存在的，但是記憶會提醒你，你在這個世界還有未竟之事。當身為「我」的感官回歸後，你只是在見證這些選擇，而不是主動去選擇。當回歸的過程啟動後，你可以允許這個過程繼續執行，或是放下它。由於我允許它繼續執行，所以回歸過程得以進行下去。第二天的破曉時分，我完成了回歸，但現在的我對個人身

分的認知已經不同了，因為我已經知道高我的真相。儘管我接受了回歸這個選項，再度以個人身分去承擔體驗生命的責任，但我不再接受生命是獨立存在的信念，這個信念也就失去了它宰制的力量。事實上，由於這是我有意識的選擇，因此我必須承擔完全的責任。根據我的親身經驗，這一切都是自動發生的。

曾經，上述的意識狀態被視為神祕學的範疇。但是現在，探索這些狀態所得到的資訊，已經被視為先進的科學，尤其是跟量子力學及高能量次原子粒子有關的物理學分支。研究顯示，次原子粒子跟一般概念所說的實物不一樣，事實上，次原子粒子是作為能量頻率的結果而發生的事件。現在，科學界假設有一種超越時空的頻率。在許多實驗中，數量驚人的研究證明大腦的認知方式，是對頻率的模式進行精巧而繁複的數學分析。這些研究成果帶來了所謂的全像式模型理論，宣稱宇宙萬物彼此相連結，其中也包括人類的心智。在全像圖中，每一部分皆能反映出整體，因此每一個心智都有反映全宇宙的能力。意識與科學之間的關係，構成了一個迅速成長的研究領域，從雨後春筍般的眾多出版作品便可見端倪，例如《全像式模型理論》（*The Holographic Paradigm*）、《整體性與隱纏序》（*Wholeness and the Implicate Order*）、《物理學之道》（*The Tao of Physics*）、《跳舞的物理大師們》（*The Dancing Wu-Li Masters*）、《心靈的宇宙》（*Mindful Universe*）、《精神能量學》（*Psychoenergetic Science*），以及許多散見於專業期刊的同類型文章。

這些研究人員中的佼佼者，是史丹佛大學的神經科學家卡爾・普里布拉姆（Karl Pribram），以及倫敦大學已故物理學家大衛・玻姆

（David Bohm）。他們的理論可以概括為：我們的大腦透過解讀來自另一個維度的頻率，以數學方式建構具體的實相。由此可知，大腦是在解讀一個全像宇宙的全像圖。

有趣的是，被稱為左腦活動的產物——高等理論物理學，現在卻需要一個新脈絡才能夠理解。而慣用左腦的科學人所推演出來的新脈絡，則與右腦發達的神祕主義者所見證到的實相互相吻合。所以說，不管選擇從哪一側開始爬山，最後都會抵達同一個地點：山頂。

通往山頂的第三條路，是臣服機制。因此，每個人都有機會驗證實相的終極本質，也就是向神祕主義者及物理學家所揭示的那個實相。我們可以預見隨著每一次臣服，都會在山路上又往前踏出一步。我們有些人會一步步爬升，看到有美麗的風景就選擇停下來。有的人則會繼續往上爬，還有人則是不親自爬到峰頂絕不罷休。只不過到了那個時候，已經沒有一個單獨的個體來驗證任何東西了，因為那時身為一個人的概念已經被徹底放下了。

第 14 章

如何紓解壓力與身體病痛？

你的抗壓性如何？你是壓力易感性體質嗎？

　　雖然每個人都可能達到寧靜、平和的高層次意識狀態，但真正能做到的，卻沒有多少人。對大多數人來說，內在經驗的一大特徵就是持續不斷的壓力。在當今社會上，造成身心失調的壓力大都來自心理層面。我們對壓力的反應取決於「壓力易感性」（stress proneness），如同前文指出的，這是我們壓抑情緒所累積出來的直接後果。臣服並放下的情緒壓力越多，壓力易感性便會越低，越不容易染上與壓力相關的疾病。

　　多數人的主要壓力很多時候不是來自外部刺激，而是自己內在壓抑的情緒所造成。這些壓抑的情緒變成主要的壓力源，以至於即便外在環境平靜無波，我們依然承受著長期的內在壓力之苦。

　　我們可以觀察到，外部的壓力因子只是壓垮駱駝的最後一根稻草。主要的壓力負荷，我們隨時都背在身上。社會施加給我們的心理程式包羅萬象，讓多數人連放鬆心情、享受假期都成問題（愧罪感說我們「應該」做別的事）。如果沒能立即放鬆下來，就會感覺到失望。為了避免面對內在自我的痛苦，我們會無休止地追求「好玩」的活動。不少忙碌的高階主管在度假時，會暗自盼望早日回到工作崗位。表面上，他們或許會抱怨工作量太大，但當他們回到習慣的工作狀態後，真實的感覺卻是「終於恢復正常了」。

　　壓抑情緒的效應，再加上誘發壓力的因素，是大部分身心疾病的病根。所有的病痛都包括情緒因素或心理因素，因此，移除內在的壓力因子，就有可能逆轉致病過程。這就解釋了為何每天都會有奇蹟康

復的真實案例：那些病情沉重、可能喪命的病患，在操作情緒—精神技巧之後都恢復健康了。其中許多治癒案例，都是在試過所有醫療方法宣告失敗後才發生的。其中一個原因是，在進入「我們已經無能為力」的階段後，病人不得不放棄治療，轉而去尋求並接受病痛真正的根本性質與原因。

　　承認並釋放壓抑的情緒，可以逐漸減輕個人的壓力易感性，從而降低跟壓力相關的問題及病痛。大多數學習臣服技巧並實際操作的人，都注意到身體的健康情況及精神狀態持續在改善中。

從醫學來看壓力如何戕害身體

　　當我們感知到會危害人身安全或破壞身體平衡的威脅時，不管威脅是真實的或想像的，都會產生壓力。這些刺激（壓力源）來自內在或外在，可能是生理方面，也可能是精神或情緒方面。關於身體對壓力的生理反應，心理學家漢斯・薛利（Hans Selye）博士與華特・坎農（Walter Cannon）博士做了基礎的研究。薛利提出了「一般適應症候群」（general adaptation syndrome）的理論，說明身體對於壓力的反應可以分為三個階段：首先是警覺反應，第二階段是抗拒，假如壓力源持續存在，可能就會進入第三階段的衰竭症候群。

　　警覺反應發生的路徑是大腦皮層→下視丘（下腦）→腎上腺→血液（皮質醇和腎上腺素）。壓力會讓大腦釋出賀爾蒙，刺激身體的交感神經系統。接著，腎上腺素進入身體的全部器官，讓器官做好戰鬥或逃跑的準備。許多人，尤其是在大城市生活的人，由於大小挑戰不

斷，已經學會靠腎上腺素飆高的「快感」過活。競爭激烈的生存威脅會讓腎上腺素一直流動，處於興奮狀態；等到了週末或放假時，往往因為突然鬆懈下來而覺得沮喪。這意味著，他們對興奮及異常的刺激上癮了，已經習慣由高濃度皮質醇所帶來的半亢奮快感。

如果持續暴露在壓力刺激下，會進入第二階段的抗拒期，身體會慢慢調適，試圖恢復恆定狀態。這會涉及到賀爾蒙的變化、新陳代謝的變化，以及礦物質的平衡。由於體內有鈉，加上滯留在組織中的水，有些高階主管從週一起腳踝可能會開始水腫，到了週五晚上會頻頻小解，並因為皮質醇濃度驟降，而抱怨情緒變得低落。皮質醇除了會帶來某種程度的亢奮效應，還有麻醉效果；因此，在皮質醇分泌量下降的失落期，也就是週末或放假日時，一些在刺激的工作天裡沒有的生理症狀就會冒出來，他們可能會埋怨週末時這裡痠、那裡痛。

第三階段是衰竭。如果壓力一直沒有消退，超過身體調適機制的負荷，那些調適機制遲早會失靈。腎上腺素衰竭的狀態會延續下去；身體的防禦力被削弱，無力反制壓力的效應；免疫系統受到抑制；身體器官因為長期接觸壓力賀爾蒙，開始出現病理變化。以上種種加上身體的能量儲備已經耗盡，終於累積成疾病，最後便是有機體的死亡。

在急性的警覺反應期間，胃的活動暫停，消化停止，胃壁的供血量減少。隨著壓力持續下去，神經系統的失衡與賀爾蒙的變化，導致胃酸過多、消化酶過量生產。飆高的消化酶與鹽酸作用於虛弱的腸胃壁上，引發潰瘍，這就是壓力性潰瘍。若是壓力持久不退，潰瘍便可能出血或穿孔而釀成醫療災難。不過，對長期異常壓力的反應，有人可能是無法製造鹽酸或酵素，而導致慢性消化不良及營養不良。

　　除了胃腸道，心血管系統也會對壓力產生警覺反應。隨著壓力長期存在，心臟、血管及腎臟都可能受損，從而導致中風、高血壓、心臟病，這些全都是美國人的主要死因。

能量及經絡系統對壓力的反應

　　人體有三種神經系統：（一）可受意識控制的隨意神經網絡，主要分布於隨意肌。（二）非隨意神經系統（或稱自律神經系統，包括交感神經與副交感神經兩類），通常不受意識控制，自動調節身體的器官與生理機能，例如心跳、血液流動及輸送、消化、身體的化學作用。（三）經絡系統，可以將生物能輸送到整個身體與內部臟腑。東方醫學及人民對第三種系統非常熟悉，但西方醫學對這個領域還相當陌生。

　　在經絡系統中，生命能量透過無形的能量藍圖輸送到整個身體。這幅無形的能量藍圖把人體分為十二條主要的能量通道，在所有通道上都有針灸使用的穴位。這十二條通道有許多分支通往身體各個器官系統，當流經穴位的能量輸送發生異常時，同屬一條經絡的器官就會出現功能紊亂，最後發展為疾病。

　　這種至關緊要的生物能，就是生命之流，對壓力很敏感，反應十分快速。生活中總有各種各樣的波動因素，影響著我們的感知、想法及感覺模式，也因此，這種生物能時時刻刻都在發生反應，相對來說，使用常規手段來測量身體的醫學反應，明顯要慢得多了。一個轉瞬即逝的念頭可能會帶來情緒上的痛苦，但量血壓或脈搏時卻測不到

任何變化；相反的，生物能系統卻會立即反應並飛快出現各種變化，用科學、心理及臨床方法都能觀察得到。

　　人體經絡能量系統的整體平衡，由胸腺負責調節。生物能系統透過胸腺，與身體的免疫系統緊密聯繫。長期壓力會削弱身體的免疫系統、抑制胸腺，造成生物能系統失衡。強化胸腺的功能，或是服用對胸腺有益的營養補充品，有助於讓生物能系統重拾平衡。約翰・戴蒙（John Diamond）博士所著的《行為肌肉動力學》（*Behavioral Kinesiology*）與《生命能量》（*Life Energy*），對此有深入的說明。

緩解壓力的有效方法

　　一九八〇年代，利貝斯金德（J. Liebeskind）與沙維特（Y. Shavit）在加州大學洛杉磯分校所進行的研究，進一步釐清壓力、免疫系統及癌症之間的關係，研究結果顯示，間歇性壓力會影響腦內啡（有「大腦鴉片」之稱）的釋出。當人體免疫反應良好時會釋出腦內啡，而腦內啡是所謂的抗癌「殺手」細胞，會攻擊並殺死正在成長的新生腫瘤細胞。然而，間歇性的壓力刺激會抑制免疫系統，導致腦內啡的分泌量減少，無法發揮「殺死」癌細胞的功能。

　　兩人的研究發表在《科學》雜誌，文中指出：「我們的研究結果支持以下論點：中樞神經系統透過調節免疫功能，相當程度地控制了疾病的發生與發展。」該報告還說，無助感會讓抗癌殺手細胞活性減少、腫瘤加快生長。動物也跟人類一樣，抑鬱時會降低免疫反應，而無助感的程度，則跟我們對壓力事件有多少控制力有關。這些研究發

現，有助於解釋為什麼抑鬱及無助感會與癌症扯上關係。後續研究也確認了在動物與人類身上，壓力反應都是身體病痛的主要先決條件。

　　壓力對免疫系統的整體影響，會造成身體產生自體抗體（autoantibody），從而導致身體免疫系統無法正常運作。如果能夠阻斷這些自體抗體，免疫功能就會回復正常。由此可知，被阻斷的免疫系統是可逆的。例如，巴黎的巴斯德研究院（Pasteur Institute）研究出了一種用於注射的波格莫茨氏血清（Bogomoletz serum），可以重新活化免疫系統。這個療法有個特別的名稱 —— 免疫生物製劑回春療法（Immuno-Biologic-Rejuvenation treatment, I.B.R.），連續三天注射少量的血清，可以迅速重新啟動免疫系統。

　　想重新啟動對健康有益的身體反應，也可使用非醫療的手段，例如冥想，對於減輕壓力及抑鬱就很有幫助。有一個針對大學生的研究發現，冥想可以減輕他們的發炎應激反應，從而緩解抑鬱。該研究發現，老老實實做完六週冥想的學生，免疫系統的功能獲得了改善。另一方面，對照組的學生只接受了關於壓力的相關知識，但沒有參與真正的冥想，後來發現他們的生理或精神狀態不是只有改善一點點，就是完全沒有改善。

　　一九八〇年代，我曾經擔任過一些研究計畫的臨床顧問，這些未曾發表的研究報告顯示，比起單純使用醫療手段，用心靈技巧來減緩壓力的效果要好得多。像漸進式放鬆法（progressive relaxation）之類的醫學手段，確實可以有效減壓；但是，如果有意識地使用心靈技巧，改善心律及血壓的效果會更明顯，也更持久。

　　對懂得運用心靈技巧的人來說，這些科學研究的結果並不令人意

外。臣服及放下便是一種從內在著手的心靈技巧，而且適用於任一種壓力情況。實際應用過放下技巧的人表示，他們更能調適壓力，因為他們學會在負面情緒剛生起時就選擇放下，於是能夠更平靜地面對艱難的處境。

肌肉動力學的原理

肌肉動力學（Kinesiology）又稱肌肉測試，想要研究心智與身體的直接關係，這是一門相當有價值的學科。比起以往，如今基本的測試過程有更多的人知道，也有很多相關的資訊，非常方便學習。臨床診斷時，醫師也會使用肌肉動力學的方法，來測試經絡系統的平衡，以及生物能系統的整體運作情況。

肌肉動力學是以肌肉測試為主，從身體肌肉組織的迅速弱化來得知生物能量銳減。凡是進入生物能量系統氣場內部或附近的任何負面能量，都會引發這種反應。刺激源可以是實質的，例如人工甜味劑、日光燈、加工食品、人造纖維、重金屬或饒舌音樂的某些節奏。但最容易讓我們理解的顯著刺激源是負面想法或情緒，這會讓肌力瞬間弱化。**一個負面想法或感受，就能立即削弱身體，讓身體的能量流動失去平衡。**

由於肌肉測試可以非常精準又戲劇化地展示身心之間的關聯，值得花點心力去了解測試的流程，親自體驗一下。因此，我們將會更詳細地介紹測試過程，這真的非常簡單，只需要兩個人就可以做。需要注意的是，受測者與施測者都必須先檢測過意識地圖的能量等級，兩

人都要超越過勇氣等級（測定值 200），才能得出準確的答案（見附錄二）；也就是說，唯有致力於追求真相的人，才測得出真相。

如何做肌肉測試？

　　受測者站著，向身側平舉一隻手臂，與肩同高。第二人是負責測試的人（施測者）。施測者用兩根手指很快地按壓受測者的手腕背面幾秒鐘，感覺一下肌肉強度。當施測者向下壓時，受測者要抵抗往下壓的全部力道。進行這個步驟時，為了保持絕對的客觀，施測者絕對不能微笑、談話，現場也要保持安靜，不能播放音樂。最好讓受測者看不帶任何正負面屬性的中性物體，例如一片空白的牆壁或是閉上眼睛。試上幾回，施測者便會大致知道受測者的肌肉強度。

　　進行肌肉測試時，只需請受測者想一個不愉快的情況，或是想一個討厭的人。當受測者保持著那個不愉快的念頭時，施測者要再一次向下壓幾秒鐘，以測出受測者手臂力量的強度，這時受測者的手臂仍是平舉的。與此同時，他同樣要全力抵抗往下壓的力道。這時便會看到，三角肌的力量突然明顯變弱，測試所得的結果，顯示肌肉強度大約會減少五〇％。

　　現在，請受測者想著所愛的人，再檢測一次。結果顯示，肌肉強度立刻變強了。這是很戲劇化的現象，值得親自體驗，實際見證。這個測試可以重複做，請受測者將各種負面物品以另一隻手握住，或放在嘴裡，或是擱在頭頂上或太陽神經叢上。例如測試時，可以請受測者看著日光燈或電視廣告，或是分別聽古典樂與重金屬、饒舌音樂，

吃自己做的麵包與機器製作的麵包，吃糖與蜂蜜，摸人造纖維與棉布、毛料或絲綢，吃垃圾食品與有機健康食物，吃合成維他命 C 與有機的玫瑰果維他命 C，來比較一下肌肉測試的結果。多做幾個不同的測試，比如試試無糖汽水、香菸、香皂、心愛的讀物與時常接觸的其他物品，瞧瞧分別會有什麼反應。

把各種物品、想法及情緒的影響都試上一輪後，很快就能看出，宇宙萬物都有各自的振動頻率，而這些振動頻率分別有使人變強或變弱的效果。比方說，為了證明人工甜味劑等負能量食品的削弱效果，不一定要把食品放進嘴裡，放在另一隻手上或頭頂上，也會出現相同的削弱效果。

當一個人使用臣服機制來放下負面情緒，上述的肌肉測試結果便會由弱轉強。負面想法或負面的信念系統在放下及臣服之後，就不再有力量來消耗我們的能量。

以下是意識的一條基本法則：**心智想什麼，我們就服從什麼**。我們所相信的東西，身體會做出回應。如果相信某種物質對我們有害，肌肉測試的結果通常是讓我們變弱。相反的，當另一個人相信同樣的東西對健康有益時，測試結果則為強。因此，什麼東西會讓我們有壓力，大致來說是相當主觀的。對於無意識的信念系統及有意識的信念系統，肌肉測試都有用。肌肉測試往往會揭露一個人無意識的感覺或想法，根本與他們自己所認定的事實完全相反。比方說，一個人可能自以為想要獲得療癒，但潛意識卻依戀生病的好處。一個簡單的肌肉測試，便可以揭露真相。

意識、壓力及疾病的交互關係

　　正如我們所見，壓力易感性及耐受性，與意識地圖的情緒等級有直接關係。意識層次或情緒能量等級越高，越不會隨著壓力反應起舞。我們可以從一樁日常生活的小事，來說明不同的意識及能量等級對壓力的反應程度。

　　比方說，我們剛把車子停好了，要開門下車時，停在前方的車子在倒車時不巧撞上了我們的車子，把保險桿與擋泥板都撞凹了。面對這種情境，以下是不同的情緒能量等級可能會說的話：

　　羞恥：「太尷尬了，我開車技術爛透了，連好好停車都不會。我一直都是個沒用的人。」

　　愧疚：「這是我自找的，我太笨了，應該把車子停像樣一點。」

　　冷漠：「有什麼用？我老是遇到這種事。我看八成領不到保險理賠，跟那個傢伙談也沒用。他會告我的。生活真是遭透了。」

　　悲傷：「現在車子毀了，一切都回不去了。生活是殘酷的，這次我的荷包大概要大失血了。」

　　恐懼：「這傢伙八成很火大，我怕他會揍我，也害怕跟他吵起來。他十之八九會一狀告上法庭。我想，車子再也不可能回復原貌了，修車的人每次只會坑我的錢。保險公司大概也不會理我，只有我一個人倒大楣背了黑鍋。」

　　欲望：「我可以狠狠撈一筆。我想我可以捧著脖子假裝受傷，我妹夫是律師，我們要打官司，告到這個白痴慘敗。我要拿最高的估價

單去和解，然後到便宜的車行修車。」

憤怒：「該死的笨蛋！我看應該給這傢伙一個教訓，揍他鼻子一拳都是活該。我會讓他在法庭上一敗塗地，讓他吃盡苦頭。我熱血沸騰，氣得發抖，恨不得殺了這個混帳！」

驕傲：「開車要看路啊，笨蛋！天啊！這個世界上到處都是這種無能的白痴！他竟然敢弄壞我的新車！他算老幾啊？他大概只買了廉價的車險；謝天謝地，我的車險是最高的。」

勇氣：「好吧，我們兩個都有保險。我就寫一下資料，好好處理。雖然有點麻煩，但我應付得來。我來跟肇事駕駛談一談，不用上法庭解決。」

中立：「活在世上，這種事難免。想想看，一年要開個兩萬英里的路，不可能沒有偶發的小事故。」

意願：「我要怎樣才能讓這個人冷靜下來？他不用為這件事那麼沮喪，我們只要互相留一下必要的保險資料就行了。」

接納：「情況可能更糟，至少沒有人受傷。就只是花錢而已，保險公司會處理的。我想對方一定很懊惱，這很自然，有情緒也是沒辦法的。感謝上帝，幸好我不是宇宙的主宰。這只是一樁小事故而已。」

理性：「實際一點，我想盡快解決這件事，才能去處理今天要做的事。怎麼做才能最快解決我們的問題？」

愛：「希望對方不要太沮喪，我要讓他平靜下來。（對另一位駕駛說）『放輕鬆，沒事的。我們都有保險。我知道這是什麼狀況，我以前遇過一樣的事。只是凹了一小塊，一天就能修好。別擔心——如果你不願意，我們不會報警的。這應該可以算在自付額內，不會鬧到

要提高保費。沒什麼好沮喪的。』」（一手搭著對方的肩膀一邊安撫，發揮人類的同胞情操。）

　　平和：「這可真巧，我的保險桿本來就會嘎嘎響，反正是要修的，還有擋泥板也早就有點凹陷了。所以，現在我可以免費修車了。『嘿，你不是喬治的姊夫嗎？我正好要找你呢。我有一筆很棒的生意，想請你幫我處理一下，對我們兩人都有好處。你看起來是替我們做這事的好人選。不如去喝杯咖啡，好好詳談？對了，這是我的保險卡。咦，我們的保險公司還是同一間呢，真是太巧了。一切都有最好的安排。沒問題。』」（哼著歌與新朋友一起離開，把汽車擦撞的事故忘在腦後了。）

　　以上例子說明了這本書一直在探討的內容。正是內在的想法，創造出了壓力反應。一直以來被壓抑的情緒決定了我們的信念系統，也決定了我們對自己與別人的觀感。而這些，反過來創造出現實世界的大小事件，然後我們又轉過頭來責怪：「都是這些事，害我們做出這樣那樣的反應。」這是一個自我強化的幻相系統。開悟的智者所說的「我們都活在幻相中」，就是這個意思。我們所經歷的一切，都是我們的想法、感覺及信念投射到外界所致。我們所投射出去的，創造了我們見到的實相。

　　大部分的人都經歷過這些不同層次的意識，但總的來說，其中有某幾個層次的意識是我們會長期駐留的。多數人腦中所想的，都是各種或隱或現的求生存方式，因此他們才會主要反映出恐懼、憤怒等情緒，以及想要獲取利益的欲望。他們還不知道在所有求生存的工具

中，最強大的一種是充滿愛的狀態。

有趣的是，如同我們在前面章節所說的，養一隻寵物狗可以增加人類十年壽命。對另一條生命的愛、疼惜、關懷，以及因為養狗而得到的陪伴，緩解了壓力的負面效應。愛會促進腦內啡的分泌與生命能量，為容易產生壓力的生活帶來了一帖療癒止痛的良藥。

/ 第 **15** 章 /

心智與身體的關係

心智力量為何如此強大？

　　首先，我們要了解一條基本真理：身體服從心智。因此，身體往往會把心智所相信的東西顯化出來。我們對自己的信念或許有意識，但也可能毫無自覺。上面所說的「身體服從心智」可以擴充為下面這一條意識法則：**心智想什麼，我們就服從什麼**。任何事物之所以能支配我們，唯一的原因就是我們給予它們信念，讓它們產生了力量。此處所說的「力量」，指的是能量與相信的意願。

　　看一下意識地圖（見附錄一），很容易就能看出為何心智會比身體強大。理性（測定值 400）有它自己的信念與既定觀念，其能量場比肉身（測定值 200）的能量場要強大許多。所以，不論是有意識或無意識的信念，身體都會把心智所抱持的信念展現出來。

　　對負面信念的接受程度，取決於我們原有的負面程度。比如，正向的心智會拒絕接受負面信念，並爽快地判斷出那不是真實的。一個已被公認的負面觀點，沒有人會相信或接受。但我們都知道，要讓一個本來就充滿愧罪感的人自我譴責，或是讓一個滿心恐懼的人害怕某種疾病，卻是易如反掌的事。

　　例如「感冒會傳染」的想法就是個好例子。充滿愧疚、恐懼、對意識法則無知的人，會接納「每個人都會感冒」的念頭。不自覺的愧罪感，會讓一個人無意識地覺得自己「活該」感冒。身體會服從心智的信念，認為感冒是病毒造成的，而病毒的傳染力非常強。因此，由心智信念所操控的身體就顯化出了感冒。一旦人們釋出愧疚與恐懼底下的負能量後，心智就不再恐懼地相信「感冒會傳染，所以我會跟其

他人一樣生病」。

這是疾病背後的動態變化。生命能量系統的能量流會因為心智而發生變化，被壓抑的能量會溢流到自律神經系統，而這便是我們為何會生病的機制。

思維之所以強大，是因為它的振動頻率高。每一個想法都有如實質，有其能量模式。我們給一個念頭越多能量，它便有越多力量來具體顯化。這就是健康教育的矛盾之處：健康教育強化了恐懼的念頭，賦予恐懼可觀的力量，所以我們才會說媒體的搧風點火創造出了流行病（例如豬流感）。建立在恐懼之上的健康風險「警告」，實際上是在架構一個心理環境，讓我們所恐懼的那件事情發生。

在我們的物質身體之外包覆著一個能量體，其形狀與身體大致相當，而運作模式則是能量操控著身體，這種控制是發生在意念或意圖層次。同樣的，研究次原子的高等量子物理學也證明，觀察會影響高能量的次原子粒子。

心智力量可以支配身體，已經被臨床研究證實。例如在一項研究中，一群婦女被告知她們會施打一種賀爾蒙針劑，讓生理期提早兩週報到。但事實上，她們注射的只是生理食鹽水的安慰劑。即便如此，超過七〇％的受試者卻出現經前各種生理與心理的不適症狀。

在多重人格障礙者身上，也可以清楚看見這一條意識法則。以前認為多重人格是相當罕見的情形，如今相對來說更為常見，也因此研究者越來越多。研究顯示，同一具身體的不同人格各有不同的具體表現，包括腦電圖的腦波、慣用手、疼痛閾值、膚電反應、智商、生理期、優勢腦（左腦型人或右腦型人）、語言能力、口音及視力等等。

例如相信自己有過敏體質的人格出現時，身體會出現過敏反應；一旦換了另一個人格，過敏反應就消失了。或者是，某一個人格需要戴眼鏡，但另一個人格視力正常。這些不同人格，在眼壓及其他生理的測量數值上，也出現顯著的差異。

正常人在接受催眠時，以上這些生理現象也會發生變化。只要幾個簡單的催眠提示，就可以讓患者的過敏症狀出現或消失。催眠時，如果下達對玫瑰過敏的指示，等病人脫離催眠狀態後，一看到醫生桌子上擺著一瓶玫瑰，即使那是人造花，他們也會開始打噴嚏。

諾貝爾獎得主約翰·埃克斯（John Eccles）經過畢生的鑽研後，指出科學界與醫學界一向相信大腦是心智的起源，但真相顯然恰恰相反。心智控制大腦，大腦的作用只是個接收站（類似收音機），而想法就像無線電波。

大腦就像無線電接收裝置，是一個轉換器，用以接收思想形式，然後再轉譯為神經機能與記憶儲存。比如不久前，人們還相信肌肉的自主動作來自大腦的運動皮質，但是現在根據埃克斯的發現，在大腦運動皮質旁邊的運動輔助區，記錄到了移動的意圖。由此可知，大腦是由心智的意圖所啟動的，而不是反過來。

有許多研究拍攝了人在冥想狀態下的大腦影像，從這些研究也能看到相同的情況。例如，精神病學教授理查·戴維森（Richard Davidson）於二〇〇〇年代在威斯康辛大學麥迪遜校區所進行的研究，證實慈悲與愛的冥想練習，會促進左前額葉皮質（與快樂等正面情緒及記憶相關）產生高強度的諧振 γ 波（這是擴展覺知、機敏及洞見的跡象）。心智的意念具有改變大腦活動與神經構造的力量。

我們受制於各種無意識及有意識的信念，這些信念會作用在我們的身上，發揮影響力。這包括我們相信各種食物、過敏原、更年期、經期紊亂、感染以及其他與特定信念相關的疾病會對自己造成什麼影響，還要再加上壓抑的負面情緒所形成的壓力易感性。

在《週六評論》（*Saturday Review*）擔任三十年主編的諾曼‧卡森斯（Norman Cousins）親身證明了此一法則，他靠著大笑方式治癒了惡疾。他寫下《笑退病魔》（*Anatomy of an Illness*）一書，描述自己使用高劑量維他命 C，以及觀賞馬克思兄弟（Marx brothers）的電影來逗笑自己，治癒了令他行動不便的關節炎疾病。他發現大笑的麻醉效果，可以幫他止痛兩小時。大笑是一種放下的方法，卡森斯藉由大笑不斷釋放積壓的情緒壓力，消除負面的想法，讓他的內在出現了正向的有益變化，終至康復。

是哪些信念讓你容易生病？

我們可以檢視以下的問題，查明自己的致病傾向：

- 我是否擔心自己的健康情形，經常恐懼地想著自己不知會出什麼事？
- 聽到有新的流行病時，是否暗自害怕、激動，或覺得危險？
- 我是不是經常花時間檢查身體、閱讀與疾病相關的資訊，並對電視報導的疾病感到害怕？
- 我會時常關注名人生病的消息嗎？

- 我相信環境與食物中暗藏許多風險嗎？我相信食品添加物有毒性，會導致疾病嗎？
- 我相信某些疾病是「我們的家族遺傳」嗎？
- 我會停下來或是想停下來（卻不敢）看車禍的傷者嗎？
- 我喜歡看與醫院相關的電視節目嗎？
- 我喜歡看有毆打、吼叫、拳打腳踢、殺人、虐待、犯罪情節及其他暴力形式的電視節目嗎？
- 我是充滿愧罪感的人嗎？
- 我是否很憤怒？
- 我應該譴責別人的行為嗎？我動不動就評判別人？
- 我是否心懷憤恨？
- 我覺得自己被困住了，毫無希望？
- 我會跟自己說「不管有什麼流行病，我八成逃不掉」嗎？
- 我只關心能否得到某些財物、能否取得身分地位，而不關心人際關係的品質？
- 我是否買了一堆保險，還在擔心不夠？

　　總之，要改變身體，就要改變想法與感受。我們必須放下消極的想法與負面的信念系統，擺脫負面情緒的壓力，以免再灌注它們能量。所有來自外界與自己信念系統中的負面程式，我們都必須卸載。

　　看看那些害怕食物、化學物質及環境物質的人，便可以看到恐懼的負面程式對人的殺傷力。每一天都有新的東西或化學物質被宣布是有害的，永遠恐懼不完。我們越是恐懼，就會越快接受程式，然後身

體便會據此做出回應。對物質、食物、空氣、能量及各種刺激的恐懼，快讓人成了一個環境偏執狂了。有些人極度恐懼外界的一切，以至於他們的世界越縮越小，恐懼越來越多。有些人甚至向恐懼屈服，想要逃離這個世界，活在人造的泡沫防護罩裡，成為自己心智的受害者。

這種事可能發生在一個理智的人身上，甚至是醫師身上。一開始，是花粉、豬草、馬皮屑、狗毛、貓毛、灰塵、羽毛、羊毛、巧克力、起司、堅果（這些都認為是過敏源），後來糖也加入了（高血糖症），還有食品添加物（癌症）、蛋與乳製品（膽固醇）以及內臟（痛風）。接著，被列入「有害」清單的是食用色素、糖精、咖啡因、色素、鋁、人造纖維、噪音、日光燈、殺蟲劑、體香劑、高溫烹調的食物、水中的礦物質、水中的氯、尼古丁、二手菸、石化產品、汽車廢氣、正離子、低頻電壓振動、酸性食物、農藥、有籽的食物。

世界大幅縮水，沒有可以安全食用的食物，沒有能夠安全穿戴的東西，沒有能夠安全呼吸的空氣。身體一大堆的過敏症及疾病，都證明事實就是如此。出門吃飯成了往日時光的樂趣，因為菜單上能吃的食物只剩下生菜萵苣（當然要徹底洗乾淨），而拿起餐廳的餐具時，絕對要先戴上白色手套！

幸運的是，知曉一個核心真相以後，就破解了這整個模式。「**越是牽掛的事，越是會成真**」，也包括**無意識**的信念。罪魁禍首不是這個世界，而是心智。所有的負面程式與充滿恐懼的制約都存在於心智之中，而我們的身體會服從心智。這一條意識法則逆轉了高漲的妄想症與疑心病。當每一個內在信念都受到檢視並臣服時，所有負面的身體反應、疾病和症狀都會消失。也就是說，造成過敏反應的不是野葛

的葉子，而是心智認為野葛是過敏原的信念。當心智放下它的程式，身體的反應就會一掃而空。

做肌肉測試時，會出現完全相反的反應模式。原本造成肌力變弱的東西，不再有任何影響。整體的壓力易感性明顯大幅下滑，以至於身體對很多被認為是負面刺激的東西（例如日光燈、人工甜味劑），不會再有任何肌力變弱的反應。

臣服與其他技巧的比較

正如我們所見，內在壓力是對刺激的一個回應。壓力源實際上是被我們所壓抑的情緒能量，而情緒能量反映的是那些層次較低的意識。因此，如果想要消除並預防壓力，務必要改變意識層次，也就是改變我們的所思所想。一般對治壓力的方法，與醫學界的治療方式差不多。不過，他們試圖解決的是疾病造成的身體損傷，而不是處理疾病的內在根源。

比如說，探討壓力的研討會通常包括以下主題：

- 芳香療法
- 鍛鍊身體工作坊
- 用針灸紓緩壓力
- 生物回饋
- 整脊治療
- 壓力管理

- 營養

- 健身及運動

- 順勢療法

- 自我暗示放鬆訓練

- 身心靈全人療法

- 按摩療法

- 鹽水漂浮艙

- 牙科平衡（dental balance）

- 以肢體動作紓壓的技巧

　　從以上可以看出，一般做法都只是在處理壓力症候群所造成的結果與損傷，完全不碰根本的起因。此外，這些做法都涉及到相對複雜且耗時的步驟，無法在壓力發生當下即時應用。

　　舉個例子，假設你正在演講或講課。人就在現場，為了排解當下的壓力，你在演講中途突然停下來做呼吸練習、進入催眠狀態、幫自己針灸、連接上生物回饋儀器，這些是不是太不切實際了？你跟家人吵得不可開交時，漂浮艙又能有多方便使用？

　　再說，這些做法都只能短暫見效、耗時、通常所費不貲，開始時還會興沖沖地試上一陣子，但過沒多久熱情便會消退，畢竟基本上來說，這些都不是真正的改變。你對世界的根本觀點依然如故，相同的情緒壓力還在那裡，你的個性還是老樣子，生活環境沒有改變，意識層次沒有異動。你的心理狀態跟原來一模一樣，所以你還是維持原來的期待，而生活也一成不變地過下去。

　　意識不改變，壓力就不會真正減少。你所做的，只是在改善壓力造成的後果而已。所有這些事後的技巧與療法確實有幫助，通常可以緩解當下的狀態，讓我們感覺舒服一點，可惜沒能觸及到問題的根源。一個人可以把這些技巧照單全收，全試過一遍，但壓力還是很容易找上門。以我的經驗，要處理與壓力相關的慢性病，有意識地使用臣服機制會有效得多。由於我們排除的是根本的情緒因素，因此在沒有額外治療的情況下，身體病痛也會開始得到療癒。

　　在放下負面的想法與感受後，依然無法根除的頑疾相當罕見，那可能涉及了業力之類的未知因素。在這種情況下，要放下想改變或控制生命經驗的欲望，耐心等待我們內在對病根與疾病的意義有進一步的理解。當一個人放下想要康復的心理需求、放下想要療癒的欲望，便完成了深度的臣服。一旦解決了病痛的三個層面（身、心、靈），並放下對最終結果的執著，放下想要康復的期盼，就能以平和的狀態面對當下的處境。內在全然臣服於**如是**（what is），隨之而來的就是寧靜、平和的心境了。

第 16 章

臣服，面面俱到的身心靈解決方案

臣服，讓低能量情緒昇華到高能量情緒

　　放下負面情緒最明顯可見的效果，就是情緒與心理上的雙重成長，從而解決往往積存已久的問題。當我們移除內在的障礙，開始體驗成果，親自見識過消除障礙後的強大效應後，會覺得日子過得開心又滿足。於是很快會發現，過去信以為真的那些自我設限的想法與負面信念，只不過是負面情緒累積的結果。一旦放下那些感覺，思維模式便從「我不行」變成「我可以」，然後再變成「我樂意去做」。接著，新生活全面開展，以往感到彆扭或使不上力的地方，可能會變得毫不費力，而且活得歡樂有活力。

　　有個聰明、事業有成的中年人就經歷過這樣的過程。這個社會菁英分子不會跳舞，但是他想跳舞想得都快發狂了，也上過不少舞蹈課。每一回，他都全身僵硬、七手八腳，跳得尷尬又局促不安。他憑著鋼鐵般的意志力，有時確實能踩出點舞步，但從來不覺得樂在其中，也總是放不開手腳。他的動作非常造作刻意，這樣不自在的體驗，讓他得不到滿足，也對他的自尊沒有幫助。

　　在他練習過臣服機制大約一年後，他攜伴去參加了一場派對。女伴纏著要他起身去跳舞，他回答：「你明知道我不會跳舞。」對方懇求道：「來嘛，跳跳看。」她堅持不懈地說：「忘了你的腳，只要看著我，跟著我的動作就好了。」他不情願地應下了，一邊持續放下抗拒與焦慮的感覺。

　　在舞池中，他完全放開了。那一瞬間，他內心的感受升級了，從原本的冷漠躍升為愛，他驚奇地發現自己忽然能夠翩翩起舞了，這是

他夢寐以求的！他赫然領悟到「我能做到」，於是整個情緒狀態從愛變成喜悅，甚至達到了狂喜。他由衷的快樂傳遞給了每個人，朋友們停下來欣賞他的舞姿。就在一個瞬間，他從高度喜悅進入到與舞伴合而為一的狀態。然後，他從女伴的眼中看到了自己的高我，意識到在每個人的小我背後，其實只有一個共通的高我。他與她心靈相通，因此在她跳出每一個動作之前，他就知道她要跳什麼了。他們配合得天衣無縫，彷彿兩人已經共舞了很多年。他幾乎要控制不住自己的喜悅了，舞蹈變得如行雲流水，完全是不假思索、不費力地自動進行著。他們跳得越久，他就感到越有精神。

這個高峰經驗改變了這個男人的人生。那一夜，他返家後又跳了舞。自由風格的迪斯可向來是他望而生畏的，因為沒有可供記憶的固定形式，跳這種舞必須隨興、自由自在，而這正是他先前特別感受不到的。那一晚在家時，他放迪斯可音樂，自己跳了好幾個鐘頭。他看著鏡中的自己，身體的臣服與內在的自由感令他著迷不已。

突然間，他清楚記起了一段前世。前世的他是個優秀舞者，而現在，他開始記起那一世的幾位老師給他的具體指導。當他遵循那些指導時，效果好極了！他發現自己內在有一條垂直的平衡重心，他開始完美地繞著那個重心旋轉，動作輕鬆自如，他成了這段舞蹈的見證者，不再有任何「我」的感覺，只剩下喜悅與舞蹈本身。剎那間，他明白了蘇非派迴旋舞的根本原理[1]，他們之所以能夠不停旋轉，不會

---

1 編按：蘇非派迴旋舞是蘇非派信徒採行的一種冥想形式，藉由急速旋轉來超脫塵世束縛，進入冥想狀態。

有頭暈或疲倦等意識狀態，是因為來自於對個人自我的臣服。

　　這個男子在舞池上的突破經驗，自動轉移到許多原本停滯不前的生活領域。先前受到局限的地方，現在飛快擴展。這些變化看在他的親朋好友眼中非常明顯，而他們的正向回饋助長了他的自尊，也令他持續放下負面的情緒與想法，不再讓它們阻礙他在生活中體驗喜悅。

　　我之所以提到這則經驗談，有以下幾個原因。首先，可以透過它來說明前面章節討論過的意識層次與情緒能量等級，長達五十年的時間，這名男子在跳舞這個領域都處於最低等級，一直抱持的都是「我不行」的信念。由於這個信念的自我設限，降低了他的自尊，導致他有意識地逃避跳舞。許多年下來，對於必須要跳舞的社交活動他一律謝絕。他很氣自己有這樣的短板，也氣別人試圖拉他去跳舞。就在幾秒到幾分鐘的時間裡，他經歷整個意識地圖的每一種情緒，一路直升到頂峰。在那個當下，高階意識突然出現了，帶來了非常高等級的靈性覺知。隨著高階意識而來的，是理解並釋出靈通的能力（心電感應式的溝通、共時性，以及前世記憶）。於是生活中，他的行為改變了，而這一股動能也移除了無數個障礙與限制，為他帶來了正向的社交回應，而正向回饋則進一步加強已經啟動的成長動機。

　　練習臣服機制的人，情緒成長的速度跟年齡無關，而是取決於他們是否持續放下負面的感受。從青少年到八十幾歲的人，臣服帶來的效益是一樣的。

　　被壓抑的情緒必須靠能量鎮壓，才有辦法藏在檯面下。要鎮壓這些情緒，一定會消耗能量。如果能夠放下這些情緒，就可以釋出原本用來壓制負面情緒的能量，轉而善加利用。學會放下及臣服之後，就

能把能量用在創造力、自我成長、工作表現及人際關係上面，提高這些活動的品質與樂趣。除非卸載跟自己作對的負面程式，否則多數人都會一而再地耗盡能量，生活品質就不可能好到哪裡去。

解決問題，有更省時省力的方法

使用臣服機制來解決問題，每每效果驚人。重要的是，要先好好理解所有的過程，因為它跟世俗的辦法非常不一樣。這個方法想要輕鬆見效，必須做到：**不尋求答案，而且要放下問題背後的情緒**。一旦我們臣服、不抗拒問題背後的情緒後，就可以放下因為這個問題所生起的任何情緒及感受。等到終於全面放下每一個相關的感受，答案便會在那裡等著我們，完全不必費心去找。想想看，這麼做是何等簡單又容易，相形之下，心智解決問題的方式通常耗時又拖泥帶水，非常沒有效率。心智往往會不停息地去尋找答案，翻來覆去地研究一個可能的解答後，又舉棋不定地換成其他的可能解答。心智遲遲無法做出決定，其原因在於它看錯地方、找錯了方向。

在此舉一個日常例子，來說明臣服系統是如何運作的。假設你跟另一半要去看電影，但選片子時意見不合。先檢視一下你對這個處境的感覺是什麼？假設你找到的感受是生氣、失望與不滿，尤其是氣惱兩人共處的浪漫時光太少，今晚好不容易才有這樣卿卿我我的機會。當你從內心接受這個事實，認清自己其實是想要兩個人甜蜜地窩在一起，就能恍然大悟你根本不是想看電影，而是想跟另一半好好待在一起。但也有可能是相反的情況，你可能會發現，在想看電影的這件事

情底下，你真正的感覺是恐懼：你不想跟另一半待一整晚，不想跟對方親近。你看出來了，自己累積了一些不愉快的感覺。你的心裡有怨，所以放棄想要改變的想法，放任那種心情存在。心裡有怨氣是正常的，當你不再抵抗心裡生起的怨氣，愧罪感便會減輕。你可以向另一半承認自己在生氣，當這樣的對話展開後，對方同樣也把他的感受釐清了。於是，兩個人都覺得鬆了一口氣，也更親密了，接著你可能會說：「別看電影了，就待在家裡，做愛或在月光下散散步吧！」

　　這個方法適用於所有的決策。先理清潛在的感覺之後，做出的決定會更切合實際且明智。想想有多少次我們改變主意，為過去的決定後悔莫及。這是因為在那個決定的背後，有未經辨識、未經化解的感受。等我們執行了所做的決定之後，藏在下面的感覺就會改變。這時，從新的感受來看待事情，就會覺得原先的決定錯了。這種情況屢見不鮮，以至於大多數的人都害怕做決定，畢竟以前做錯決定的頻率太高了。

　　善用臣服機制來解決問題，往往能快如閃電地解決糾結已久的問題。你可以試看看它的工作績效如何，挑幾個拖了很久的問題，先停止尋找答案。然後檢視形成這個問題的潛在感受是什麼；一旦放下那個感受，答案便會自動浮現。

臣服，讓你的人生有了更多機會

　　我們有許多活動與執著，都建立在恐懼與憤怒、愧疚與驕傲的基礎上。當我們放下任何生活領域的負面感受，情緒能量等級便可提升

至勇氣。在勇氣這個往上躍升的臨界等級，生命會開始轉變。或者，如果我們選擇的是繼續從事相同的活動，動機也會不同，於是體驗便會跟以前不同。至少情緒上的回報是不一樣的，我們可能不再是聊感安慰，而是真切地感覺到喜悅。我們或許會發現自己投入的活動雖然跟以前一樣，但現在是真的樂在其中，而不是出於責任或義務。我們做某件事是因為想做，而不是別無選擇。當然這樣一來，我們需要動用的能量絕對是少得多了。

我們會愉快地發現，自己愛的能力遠遠超乎想像。我們越能放下，就變得越有愛，並把越來越多的時間花在喜歡的事情上面，或者跟我們越來越愛的人在一起。就這樣，我們的生活改頭換面，自己也煥然一新，別人給我們的回應也不一樣了。我們放鬆、快樂、隨和，別人會受到吸引而來，因為在我們身邊，他們感到舒服和愉快。突然之間，服務生與計程車司機莫名其妙地變得殷勤有禮，而我們還會納悶：「這個世界怎麼不一樣了？」答案正是：「因為**你**變了！」

放下負面的情緒和想法，就能擁有自己的力量。這會自動發生。幸福就在那裡，而現在擋住幸福的所有障礙都被移除了，還散發著歡喜的光芒。現在我們遇到的每個人，都會受到我們良好的影響。愛是最強大的情緒能量振動，為了愛，人們會不遺餘力地去做一些無論給多少錢都不會做的事。

移除負面的障礙與「我不行」以後，全新的生活領域就會向我們敞開。成功來自於從事自己最喜歡的事，但大多數人都被他們自以為非做不可的事情綁住了。一旦解除限制，就會釋出全新的創造力與表達能力。

　　來看看一位年輕女子的例子。她擁有音樂天賦，但不得不向錢低頭，大半時候都從事無趣的工作。她最喜歡做的事，就是獨自在家時演奏樂器，這是她私底下的一個愛好。她沒有什麼自信，很少當著別人的面演奏，連好朋友也沒有聽過。當她開始放下內在的自我設限，放下所有會阻礙她表達的低能量感受後，能力與自信迅速提升，開始可以在公開聚會中演奏。她的才華受到好評，建立了忙碌的音樂事業。她製作了一張非常成功的專業唱片，並減少了兼職時間，將更多的時間與精力用來培植蒸蒸日上的音樂事業，這給她帶來巨大的喜悅與滿足。儘管她是商場上的菜鳥，但在她開始朝著專業走後，不出一年就在全美建立了知名度，之後她的作品還打進歐洲市場。她開心地發現，做自己最愛的工作不僅讓她功成名就，還活得越來越快樂，每天都精力充沛。事業上的成功，也擴展到了她的其他生活領域，身邊的人都見證了她的大變身。

　　另一個例子是一名中年的工程師，他一向討厭詩歌，也沒有創作的本事。後來他學會放下負面的感受與情緒，赫然發現自己居然寫起了俳句。在此之後，彷彿打開了創作的閘門，他能夠毫不費力地大量創作俳句，後來還開發出自動書寫的能力 [2]。

　　還有一個例子是一名六十歲的婦女，她不顧有一份全職的工作，仍然決定返回大學讀書。最後，她陸續修完了學士、碩士及博士學位，成為一名肩負著重責大任的高階主管。

　　一旦放下「我不行」的想法後，生活便能快速擴展，這一類的真

---

2 編按：自動書寫是一種心靈能力，一個人在無意識狀態下可以自動寫出某些書面內容。

實例子不勝枚舉。現實生活中最明顯的改變，就是長期存在的困境突然就解決了。

弔詭的是，這樣的突破與擴展可能會改變原有的平衡，讓親朋好友惶惑不安。我們以前出於約束、恐懼、愧疚或責任感而做的事，可能說不幹就不幹了。新的意識層次改變了我們的感知，打開了我們的新眼界。許多驅策動機可能一夕之間就失去了意義，例如金錢、名氣、尊嚴、地位、威望、權力、野心、競爭、對安全感的需求等等。取而代之的，是愛、合作、滿足感、自由、創意的表達方式、意識擴展、理解及靈性覺知等新動機。此時的我們往往會更仰賴直覺與感受，而不是思考、理智與邏輯。一向陽剛的人可能會發現自己陰柔的一面，反之亦然。僵化的模式會讓位給彈性，而安全感與保障會變得不如自我探索重要。個人生活有了新動力，因此果敢行動取代了一成不變的生活模式。

關於臣服及放下的機制，還有一個令人驚訝的觀察結果：重大的改變可能會來得非常快。你奉行一輩子的模式可能會驟然消失，長期存在的壓抑可以在幾分鐘、幾小時或幾天之內就放下。快速的變化，則會帶來更多的活力。放下所有負面想法及負面情緒所釋出的生命能量，現在可以流入正向的態度、想法與感受，因此個人的力量會逐步增強，想法也變得更切合實際且有效。現在的你事半功倍，可以更省力地去做更多事。剔除疑慮、恐懼及約束之後，意圖會變得更強大。隨著負面想法與負面情緒的消失，所釋出的新動能會讓原本不可能的夢想，變成可以實現的目標。

排解心理問題：臣服與其他心理治療的比較

　　一般而言，臣服的速度往往比心理治療快上許多。臣服通常更能夠解放人心，促進意識與覺知的成長。不過，心理治療的設計更適合用來解釋潛在的模式。因此，我覺得兩者並用更能相得益彰。臣服機制可以催化及加快心理治療的效果，讓成效更快更好。心理治療或許更能夠滿足心智，因為心理治療是以言語進行的，關注的是行為背後的「為什麼」。然而，這也是心理治療的局限。在很多情況下，心理治療唯一的真正斬獲只限於智識上的洞見，很難穿透到情緒層面，而且通常讓求助者很痛苦，最後連碰都不能碰。相反的，臣服機制著眼的是當下這一刻「有什麼」情緒，跟理智無關。一旦消除「有什麼」，「為什麼」就變得顯而易見了。分析造成抑鬱的原因是一回事，而放下對這種感受的抗拒，完全進入到深度的絕望中又是另一回事。允許自己全然去感受那種滋味，然後逐一放下每一種感受、每一個念頭，以及放下你能從中得到的每一個小小的「甜頭」，你便自由了。不用去追究「為什麼」抑鬱，也能擺脫你在抑鬱「什麼」。

　　臣服與放下，其目標遠遠超越心理治療。放手與臣服的終極目標是全然的自由，而心理治療的目標是重新調整自我，使之達到比較健康的平衡狀態。這兩套系統，是立基於不同的現實模型，心理治療的目的，是用更滿意的治療方案來取代不合用的方案；相反的，臣服及放下的目的，是在消除精神與情緒上的限制，讓心智不受制約，終至超越心智本身，進入愛與平和的高意識狀態。

　　做心理治療需要心理醫師，要借重他們的訓練與技巧，還要仰賴

醫病雙方都能採納的心理學理論。科學研究發現，心理治療的成果與心理醫師的學派、訓練或技巧都沒有關係；反之，醫病雙方的互動、病人想要好轉的渴望、病人對自己的信心以及對醫師的信心，才會影響到治療結果。由此可知，治療的成敗也包括心理治療未曾察覺到的心理因素。

使用臣服及放下機制，不存在患者的角色，也不仰賴另一個人或任何理論。神經官能症的模式在得到承認、撤除及消失後，其根源會自動浮現。官能症的根源，往往位於心理治療觸及不到的潛意識深處。除了極少數的全人理論（例如榮格學派的心理分析、超個人心理學），絕大部分的心理治療可能建立在對整體心智的有限理解之上。一般而言，它們只針對小我部分大作文章，對於決定、驅動及控制心智的強大力量則忽略不管，也無法理解。既然大部分心理治療的目的，是在建立一個適應力更強的小我，自然就不會去設想小我之外還有什麼東西。

相反的，臣服與放下的目的是在消融小我。小我充滿了恐懼與自我設限，在放下小我之後，內在的高我便會顯現出來，因為強大的東西永遠遮掩不了。許多心理治療對高我缺乏真正的認識，因此，對現實本身是盲目的。如果單就治療效果來看，心理治療就像四輪馬車，而臣服與放下的機制則像太空船。當心理治療還在慢吞吞地刺探一個有限的區塊時，臣服已經遙遙領先地進入全新的維度了。

臣服與放下機制還有一個獨特的優勢：每放下一種負面情緒，其他負面情緒背後的能量會一起釋放出來，因此會不斷出現全面的效應。比方說，有一位受過良好教育的成功人士一直都有嚴重的懼高

症，在他學習如何使用臣服機制的當下，生活中還充滿著各種亟待解決的問題。在學會臣服之後，他所針對的都是生活中的重大問題，當他一一放下這些負面的感受與恐懼後，卻一直沒能刻意去放下他怕了一輩子的懼高症。有一次，他遇到了必須站在屋頂上的一個突發情況，當時他才驚訝地發現自己的懼高程度已經大幅下降了。他開心地走到屋頂外緣坐了下來，雙腳晃盪在屋簷外。現在，他可以爬上梯子，在屋頂上待一個鐘頭，完全不會感到不適。這說明消除一個恐懼，所有的不特定恐懼都會跟著降低程度。

心理治療的目標是改善身心狀態，但是臣服與放下的作用，卻是解開造成一切精神疾病的根本原因。臣服與放下是針對所有適應不良的感覺與行為，破除其基本結構。心理治療尋求的是改善精神狀態的平衡，而臣服與放下，則是全面清除精神上的所有困擾。

在大部分的心理治療架構中，存在著一個極大的限制：心理醫師必須遵循這個世界的觀點，對什麼是健康且運作良好的小我有固定的定義。在這個模型下，一個健康的病人會被認為，他也必須跟這個社會及心理醫師一樣去接受同一套錯覺與限制。相反的，臣服機制的目的，是超越這個世界的錯覺，抵達錯覺背後的終極真理——了悟自性（Self-Realization），以及發現心智的根源，也就是所有想法與感受的源頭。

臣服與放下的目標是消除一切身心痛苦的根源。這聽起來似乎很激進、嚇人，事實也如此！說到底，所有的負面情緒與感受都來自同一個源頭。一旦消除足夠多的負面情緒，此根源便會顯露出來。當此一根源也被放下後，我們就不會再認同它，小我便會瓦解。於是，痛

苦的源頭就喪失了它的力量基礎。

　　每個人能夠囤積的負面情緒是有一定上限的，當某種情緒背後的壓力被釋放後，該情緒便不再出現。比如說，不間斷地放下恐懼，一段時間後恐懼最終會被清空。此後，便很難或幾乎不可能會再感到恐懼。只有受到非常大的刺激，才能引發恐懼的情緒。最後，已經放下大量恐懼的人，必須很努力才能找出自己哪裡還殘存著恐懼。當恐懼的能量釋放出來後，憤怒也會跟著慢慢消散，甚至面對劇烈的挑釁也激不起一絲憤怒。一個沒有恐懼和憤怒的人，可以說隨時隨地都能感覺到愛，他會以愛的方式去接納遇到的人、發生的事，以及人世間的變遷與浮沉。

　　臣服的目標是超越。心理治療中認為健康的一些行為，從全然自由的觀點來看，是無法接受的。例如，心理治療或許會認為輕微的恐懼、憤怒、驕傲是必要的，主張這些情緒都是屬於可以接受的心理運作範圍，甚至還說是「健康」的。但我們已經知道，這些能量等級較低的情緒狀態還是有破壞力，認真來說是不能接受的──更何況靠著臣服的力量，就可徹底超越這些狀態。在「可接受的心理運作範圍」之外，還有更宏大的天命在等著我們，那就是完全的自由。

第 17 章

蛻變，看看臣服
帶來的全面效益

　　即便放下、臣服看起來操作簡單又容易，但最終的效果卻極其強大。隨手做個小小的臣服，有時人生就會大大改觀。不妨想像這就像船上的舵，如果把羅盤精準地轉動一度，不會看到有什麼不同，但當這艘船在海上航行一小時又一小時、一天又一天，羅盤上僅僅一度的轉向，就會偏離原先的航線很遠，抵達截然不同的地方。

　　在這一章中要探討多數人都很關心的健康、財富及幸福感，看看把臣服機制用在這些生活領域的效果。我們會檢視這些領域，是因為大部分的人都有這些方面的實際經驗，我們要比較一下如果一直臣服下去，生活上會有什麼改變。觀察別人的實踐成果，我們會看到他們的生活有一目了然的差別；換成自己，也同樣會有這些日漸明顯的轉變。有時，你不會意識到這些變化，因此不妨列一份目標清單，有了斬獲便立刻記上一筆，這樣一來，你會保持覺知，知道自己的進展。採取這個自我覺知的必要步驟，可以繞過心智的一個怪癖。當我們使用某個技巧來改善生活，而生活也真的好轉時，此時心智的怪癖往往會發作，讓我們忽視或否認該技巧的貢獻。這就像心智的小我是個非常自負的傢伙，不願承認功勞是別人的。

　　心智否定內在進展的這個怪癖，有時令人捧腹。比如有一個人困在同一個職位二十三年，他操練臣服技巧不到兩個月，突然升職為副總裁，一年後成了公司的總裁。當被問到是否滿意這項內在技巧的修習成果時，他的心智卻全盤否定臣服的效益，說能有這樣的成果完全是因為「商業模式的異動」。此外，他跟老婆的感情升溫了，而心智再次宣稱那是有外在原因的：「我老婆的態度總算改了。」他跟兒子的關係也改善了，心智又閃躲內在的蛻變，說這是因為兒子長大了。

在以下的討論中，我們會看到要從一個狀態進入更高的狀態，其實並不難。如果覺得「難」，也只是我們以當下的觀點所下的判斷罷了。務必要記住，當我們一直臣服，觀點也會跟著改變。我們的目標會自動升級，現在看似不可能的事，在練習放下技巧一陣子後，看法會完全改觀。

我們還會注意到，當心智拿高階與低階的生命狀態來比較時，有時候會對高階的生命狀態表現出特別的抵制。心智會開始吹毛求疵，企圖挽回面子，嘲笑高階的生命狀態；正是這種態度在妨礙我們進入高階的生命狀態。解讀這些訊息是很難得的機會，因為它們會一語道破我們的障礙，明確指出為何當下不可能實現這些目標。一旦抗拒、批評及貶抑的念頭生起時，我們就可以開始臣服，一邊解讀一邊放下。把握好這個良機，可以分辨是哪些內在障礙正在阻撓我們去實現目標。波哥（Pogo）[1] 說得好：「我們已經認出敵人的身分了，敵人就是我們自己。」

身為一名有數十年臨床經驗的專業心理治療師及精神科醫師，我認為大部分的人都做不到這些高層次的精神生活。但是，學習如何實際使用臣服機制，以及觀察數以百計的親人、朋友、病人如何改變他們的生活，就會徹底推翻原先的觀點。現在，高層次的精神生活有如自動發生般地簡單易行，每個人都做得到，而且經常是在短得驚人的時間內做到。事實上，這種程度的成功與幸福，乍看之下遠在天邊，但等你讀完這本書後，就已經進入一個更高的層次了。你可以從一開

---

1 編按：Pogo 是美國漫畫家沃爾特‧凱利（Walt Kelly）筆下的一個漫畫人物。

始便告訴自己，這些高階的精神生活不僅有可能，更是與生俱來的權利。這是你的自然狀態，只是從出生以來，心智就下載了許多程式，以致剝奪了這種狀態。

在繼續讀下去之前，建議你先安靜坐下來，在心裡做出一個決定：停止去抗拒高層次的生活。這意味著你要下定決心，不再否定更高層次的自己，並決定凡是遇到會破壞快樂、成功、健康、接納、愛及平和的障礙，都要全部放下。如此，前置準備作業就算完成了，你已經為整個閱讀體驗建立了一個會自動展開的環境。

健康：清除愧罪感是排除身體病痛的良藥

一般人關注的都是身體，包括身體的機能、表現、外觀及生存，滿腦袋所煩惱及畏懼的是身體的病痛、精神上的痛苦、疾病及死亡。因此心智會用盡一切手段來捍衛身體，這導致了對飲食、體重、運動及環境健康的過度關切。這樣的內在緊繃每天都不能鬆懈下來，等到一天結束後，往往覺得自己像一個受害者，整個人被掏空，沒有精力、疲憊不堪。

把心思全放在身體上的後果，就是自我意識過剩，對自己過度關注。就覺知來說，身體是一個非常突出的存在，心智會隨時注意身體在做什麼、在什麼地點、做了什麼動作、身體的生存、別人對這具身體的態度與認可，以及身體的外觀與行為。

在這所有的關注背後，都隱藏著一個無意識的等式：「我就是身體，身體就是我」。這是非常自我設限的意識層次。事實上，在精神

世界裡，這被稱為「無意識狀態」。因為這是在一種極度狹隘的覺知下所衍生出來的虛妄身分認同，宛如戴上了罩眼布一樣。打個比方來說，這就像鼻子上冒出了一顆痘痘，就以為全世界都繞著這顆青春痘打轉一樣，一整天都在想著這顆該死的痘子。

這種對身體的過度關注非常消耗能量，這是我們首先要意識到的。心智持續地被灌入無數種跟身體有關的信念系統，包括身體需要什麼、什麼有益身體以及身體的無限弱點，導致了我們時時刻刻都在忙著各種保健措施，追逐健康食品的風潮，檢查食品標籤上是否有會毒害身體的成分，害怕靠近抽菸的人，害怕灰塵、花粉及一切據說會汙染環境的物質。我們以各種反制的手段，執意排除一切「危險」。

從先前的討論中，我們知道身體最大的弱點就是：它只是心智的產物，因為身體會依據想法做出回應。我們前面看過多重人格的例子，用以說明身體會在每個瞬間反映出特定人格與心智的信念。

一旦開始放下這所有恐懼，卸載這些信念系統，重新認可我們真正的自我是無限的，不會受到任何限制，便可以提升我們的健康狀態及生命能量。有個非常有用的短語可以將這整個概念輸進自己的心智中，就是對自己說：「我是無限的存在，不會受制於＿＿＿＿＿＿。」可以在空白處填入心智認為會危害我們的疾病或物質。

只要放下對身體五花八門的恐懼、憂慮及信念，身體的病痛會開始自動解決，而且會覺得更有活力、更自由。在完全臣服的狀態下，幾乎不會意識到身體的存在。身體只出現在覺知的邊陲地帶，再也不是心心念念的對象。身體的運作變得輕鬆順暢，不用再刻意去關注。

臣服的人什麼都能吃，什麼地方都能去，擺脫了對汙染物、環境

汙染、吹風、細菌、電磁頻率、地毯、煙霧、灰塵、動物皮屑、野葛、花粉或食用色素的恐懼。我們對身體的認知改變了，現在身體更像是傀儡或寵物。這種認知上的轉變是從「我**是**身體」變成「我**有**一具身體」。

我們會越來越清楚地看出，不是身體在體驗它自己，而是心智在體驗身體。沒了心智，根本感覺不到身體。手臂不能體驗到自己是手臂，只有心智可以。當然，這就是麻醉的基礎。心智沉睡時，身體便沒有感覺。於是我們慢慢領悟到，事實上身體是沒有任何感覺的，只有心智才有這種功能。

這是很重要的一個意識轉變，現在的關注點不是身體，也不是如何保護好身體。注意力的焦點現在轉移到了心智，這才是真正力量的所在之處。當我們切換想法、感覺與觀點，就會察覺到身體也在順應這些變化。我們已經能看穿，別人根本不是在回應我們的身體，而是在回應我們的內在態度、能量狀態及覺知層次。總有一天，我們會恍然大悟，這個世界的每個人、每件事，都在回應我們的意識層次、意圖以及我們對他人的內在感覺。於是，我們明白德蕾莎修女、達賴喇嘛及聖雄甘地等品格高尚的人，為何如此充滿了個人魅力。我們明白，他們之所以受到世人喜愛不是因為外貌，而是內在散發出愛與平和。當關注的焦點從肉身層次轉移到意識層次，很快便會看到成效。

持續不斷地放下負面情緒與負面態度，意味著相關的愧罪感也在隨時消融。當心智卸下沉重的愧罪感，通常就不會再吸引疾病上身。我們的潛意識認為，愧罪感需要以生病等形式來施以懲罰，讓身心遭受痛苦，這是心智最常使用的自我報復手段。自我報復的形式，可能

是意外、感冒、流感、關節炎，以及心智所發明出來的任何疾病。由
於電視等媒體的宣傳，這些疾病可能以流行病的形式出現。當公眾人
物公開談論某種惡疾，罹患那種病的人數會驟然增加。當潛意識逮到
一個疾病時，會拿它來跟我們算帳。因此，我們需要隨時釋放內在的
愧罪感，一步步減少需要結算的舊帳。因此，一個沒有負面心態及愧
罪感的人，通常疾病與痛苦也比較不會找上門。

　　療癒可能會來得很突然。舉個例子，有個雜誌發行人罹患了嚴重
的多發性硬化症，已經沒有康復的希望，醫生也判定她是個絕症病
人。就在此時，她因緣際會地看到了《奇蹟課程》的一本「學員手
冊」，於是開始自修起消融愧罪感的技巧。她自訂的課程架構是每天
冥思短短的一課課文，在三百六十五天讀完，透過寬恕的機制開始去
拆解所有的愧疚與憎恨。她隨時都在原諒及放下負面情緒，就這麼消
除了她內在的所有愧罪感，然後多發性硬化症就奇蹟式地自動逆轉
了。在撰寫本書期間，她已經康復多年，整個人容光煥發，活得幸福
又快樂。

　　由此可知，釋放愧疚、罪惡感及其他負面情緒，並放下對身心安
康狀態的抗拒，身心健康通常是會自動發生的結果。透過臣服機制，
所有疾病都能瓦解，重拾健康。

　　前面提過，少數案例會由於業力等不明原因，導致疾病或身體孱
弱的狀態始終沒有好轉。持續臣服會帶來內在的深層療癒，因此即使
身體看似仍受到限制，在其他人眼中可能視之為「悲劇」，但本人卻
安之若素，由內在散發出可以提振他人的幸福感。這種人因為深度臣
服而放下了自憐與愧疚，放下了對生命情境的抗拒。他們的眼界已經

超越了以往,不再認為身上的疾病是破壞個人幸福的障礙,反而把病痛視為祝福他人的一種載體。近年來,此一現象的代表人物,包括已故的教宗若望保祿二世,他認為自己罹患無法治癒的帕金森氏症是一個靈性上的機會,讓他能與世人合而為一,甚至為其他人承擔痛苦。

財富:內在感覺富足就會真的帶來富足

這是一個重要的議題,不僅因為財富會非常直接地影響生活,也因為財富可以快速又簡單地揭開我們對金錢的感覺、想法及態度。對於灌滿了自我設限、負面想法及負面情緒的心智而言,金錢確實是個「問題」。錢會帶來永無止境的擔憂與焦慮、失去希望與絕望,或是導致虛榮、驕傲、自大、苛刻、羨慕與嫉妒。在這些負面狀態中,最壞的結果是產生經濟拮据、匱乏和被剝奪等感受。在這方面,由恐懼與限制所產生的「我不行」,往往讓當事人乾脆完全迴避跟金錢有關的問題,自暴自棄地認為自己低落的社經地位是「逃不掉的」。

一旦這麼認定後,潛意識會認為這是我們應得的,而真的把它帶給我們。比如說,如果認為自己渺小、受到限制、吝嗇(來自累積的愧罪感),潛意識就會將這些經濟狀況帶進我們真實的生活。檢視金錢所代表的諸多意義,就會發現自己對金錢的態度。比如說,數目可觀的金錢,可能代表了安全感、權力、魅力、性吸引力、成功的競爭、自我價值,以及我們對他人、對世界的價值。

以下是一個很有用的練習。先準備好筆和紙,寫上「金錢」的大標題,然後下面開始描述金錢在生活各方面的真正意義。接著寫下與

每一個生活領域相對應的感覺，並開始放下每一個負面感受與負面態度。這麼做時，我們會驚訝地發現金錢本身並不是最根本的問題，遠比金錢更重要的，是我們希望從花錢得到的情緒滿足。

假設我們發現自己之所以渴望錢，目標之一是希望能受到尊重與重視。得知這一點以後，我們才會曉得自己想要的並不是金錢本身，而是自尊以及內在價值感。我們將會明白，錢只是達成其他目標的工具，實際上，我們要的根本不是錢，而是認為金錢可以讓自己提高自尊及得到尊重。我們也會赫然發現，原本以為必須透過金錢才能達成的目標，**其實能夠直接實現**。內在越是自尊自重，越不需要別人的認同。意識到這一點，金錢在生活各方面就會有不同的意義。現在，金錢成了一種輔助更高目標的工具，而不是最終的目標。

沒有意識到金錢會引發什麼情緒，就會讓金錢對我們為所欲為。我們對金錢的無意識信念及所有相關程式，都在掌控我們。這就像坐擁金山銀山的人，會繼續累積更多的金山銀山。錢似乎永遠不夠，怎麼會這樣呢？這是因為，他們從來沒有停下來去好好檢視金錢對他們的真正意義。如果我們著魔地追逐金錢或其他財富象徵，那是因為我們內在的自我價值感太卑微了，才需要用大量的金錢來填補。內在的不安全感如此強烈，再多的金錢都填不滿。或者可以說，我們內在覺得自己越渺小，就必須累積越多的權力、金錢和魅力，以此來設法彌補內在的渺小。

處於臣服狀態時，就能從內在的渺小、不安全感及自卑中解脫出來，於是金錢只是實現世俗目標的工具而已。我們內在是安穩的、有安全感的，知道自己永遠都是富足、不虞匱乏的，總能在有需求時得

到需要的東西，這是因為我們感到圓滿，內在充盈著成就感及滿足感。於是金錢成了愉悅的泉源，而不是焦慮的源頭。

在某種程度上，我們甚至可能對金錢漠不關心。當我們需要一筆錢做某件事時，錢似乎總會神奇地冒出來。我們不會對這種情形大驚小怪，因為我們與自己的力量泉源是相連結的。當我們把交託給金錢的力量收回來，並認出那是自己的力量後，就不會再為錢傷神，也不會再需要積聚大量的金錢。一旦我們握有製造黃金的配方，就不用在肩膀上扛著一袋黃金，還要隨時提防他人的覬覦。

當然，過度累積金錢的問題，在於人們總是害怕失去金錢。有一位身價五千萬美元的男士因為生意疏失而損失一千萬，看著他簡直要精神崩潰的樣子，實在悲哀又好笑。這位男士真的是驚慌失措，因為他很害怕只有四千萬美元要如何在這個世界活下去。內心貧困的人會不停在物質上追求財富，猶如荒漠的心中會生出一種完全自私的態度，或是出現與貧困相對應的自負與虛妄的驕傲。

使用放下技巧的人經常會突然變得富足。曾經苦哈哈的演員，如今在好萊塢當主角；一貧如洗的劇作家，變成百老匯一部暢銷劇作的製作人。弔詭的是，有些人對金錢的態度，已經淡漠到捨棄大筆錢財，過起簡樸的生活。他們對金錢興趣缺缺，因為他們已經可以駕馭金錢了。以往要透過金錢才能得到的內在滿足，現在他們已經直接就能獲得了，所以內在的快樂並不需要仰賴外在的財富。在這種內心自由的狀態下，人是獨立於外在世界的，不會再被外界左右。這是因為他們已經超脫了所能駕馭的事物了。

快樂不是追求來的，而是自發性的

　　關於整體幸福感的幾個重要議題，我們已經談過了健康與財富，現在要進一步鎖定內在的情感世界，這才是我們真正生活的所在。畢竟追求健康與財富，就是因為我們假設擁有它們才會帶來快樂——而某種程度來說，這也沒有說錯。然而，快樂是可以直接體驗到的，而且不用建立在健康或財富的基礎上，兩者是相對獨立的。

　　讓我們客觀地來看看一般人對快樂的看法。首先，快樂極其脆弱。偶然聽到的一句話、一句批評、別人緊鎖的眉頭、被突然超車，都足以在一瞬間摧毀我們的快樂。失業的威脅、不被信任的感覺、醫生不樂觀的評估、粗魯無禮的計程車司機，也可以毀掉許多人的一天。為什麼我們的快樂如此不堪一擊，連再尋常不過的事都能「毀掉」一整天？

　　在分析情緒的章節中，我們已經看到了原因。由於負面的情緒、想法、態度，加上動輒評判他人，以至於我們常常覺得自己跟別人是獨立的個體，彼此之間是疏離的。內在的孤單與分離感，讓我們對人際關係產生了依附與執著，而凡是會動搖到這種依附與執著關係的任何威脅，都會挑起我們的恐懼、憤怒及嫉妒。這種內在的負面性，造成了許多常見的信念，例如：「你孤獨地出生，孤獨地死去。」事實上，沒有比這更偏離真相的想法了。近年來，市面上出現了一些探討瀕死經驗的書籍，就如書中所披露的，人活著時經常感到孤寂，但當死亡那一刻，感覺到的卻是一種絕對的一體性與連結感。

　　依附、執著、依賴及內在的小我，都可能讓我們覺得脆弱且處處

受限。愧罪感讓我們不待見內在的想法與感覺，這些都會投射到外界，以至於外在世界看起來是如此可怕。這些恐懼會被放在心上，於是可怕的事件便真的被帶進現實生活中，成為我們真正的經驗。恐懼會造成長期的憤怒，讓我們動不動就攻擊別人，心裡的情緒不時亂成一團。週期性的沮喪和情緒低落，帶來了痛苦與折磨。小我的心智認為每個人都是分離的個體，它會嫉妒看起來更快樂、更成功、感情更美滿、身體更健康、人脈更廣闊的其他人。很快的，由於內在沒能釐清自己的目標，所產生的困惑導致了自憐、嫉妒及進一步的怨憎。於是，自我譴責便不斷地投射到外界，並以招來別人譴責的形式呈現出來，而這又讓自己更覺得愧疚與渺小。

　　對有些人來說，唯一的出路是浮誇、偏執、苛刻、傲慢與憤怒，並表現為冷酷、霸道、殘暴、不把別人的感覺當一回事。往往，他們會找藉口替自己的麻木不仁開脫，例如：「我是個有話直說的直腸子。」或是：「我生性坦率，我是怎麼看你的，你都會知道。」這些論點都是在掩飾他們的遲鈍，或許更精確來說是粗魯無禮或笨拙不善交際。低落的自尊心會導致對自己及對他人的批評，時時刻刻都在競爭、比較、分析、鄙視、推論、懷疑，以及幻想著要報復。當這一切機制統統失靈後，便會再一次地陷入到冷漠、絕望及受害者的角色中。在這種狀態下，我們有太多必須隱藏的自我，於是就變得越來越孤僻。我們的行為導致了與他人的疏離，又因為高估生活中那些看似很順利的方面，而就此失去了平衡。

　　由於這種內在的混亂，使得一般人必須隨時保持在無意識狀態。可以看看心智為了維持這種無意識狀態，耍出了什麼花招：早晨一起

床，馬上就打開收音機或電視，好讓心智立刻轉移注意力，不去關注自己內心的喋喋不休。然而，即便有這些額外的消遣，想法與感受照樣會時不時就浮上心頭，直到心智展開這一天的工作，被各種汲汲營營的計畫或是娛樂占據為止。心智開始忙著關注身體，包括盥洗、噴香水、化妝、使用體香劑、挑選今天要穿的衣服。如何穿搭衣服又帶出了這一整天的主要安排，開始把自己塞進這一天的忙碌行程：預約、電話、雜事、社交活動、家庭責任與電子郵件。在上班路上或外出活動中，你忙著跟同事聊天、在車上聽廣播、打手機、傳簡訊、在地鐵上看早報。抵達目的地後，隨即處理這一天的外在事務：公事、交易、協議、安排、擔憂、操控，永無止境地追求主導權，而生存恐懼一直如影隨形。所有這一切的動機，都是為了獲得某種程度的意義與安全感，並透過各種手段來增強自尊及確保自我價值。

　　直到某個外在事件發生，突然間我們不得不停下來，才會真的意識到這一切是如此忙亂。然後，我們便會面對內在的空虛。於是，為了逃避空虛的感覺，我們不停地啃小說、看雜誌、看電視、看電影、瀏覽網站，或是不斷參加派對、喝酒及追求其他娛樂。只要不用去面對內在的空虛感，我們往往什麼都肯做。

　　這些活動本身完全沒有問題，我們要檢視的是意識狀態、覺知狀態，以及自己對這些活動樂此不疲的立場，了解自己是以什麼態度投入其中，又從中得到了什麼體驗。在內在自由的狀態下，一模一樣的活動與體驗會出現截然不同的意義。

　　同樣的活動，動機可能完全不一樣，包括追求快樂、追求自我價值感，以及追求完整。而相同的目標，未必要經由競爭才能達到，自

我實現也是一個方法。在人際關係上，可以用分享愛來取代嫉妒、競爭及獲得肯定。當我們的起心動念不是負面的、消極的，就能享受到令人滿足的人際關係，因為我們的初衷是去愛人，而不是去依附他人。我們可以允許對方自由，不嫉妒，也不會施予威脅。我們已經找到了內在的圓滿，所以不會成為被別人操控的受害者。

當負面的想法、情緒及態度被清除之後，我們重新擁有了以前交託給外界的力量。這個世界有很多東西的吸引力，很大程度是來自我們對它們的美化。於是，就產生了一個自我反省的問題：「我真的想要這麼多錢嗎？還是，我只是被自己賦予金錢的魅惑力給吸引了？我想要從博士、律師、牧師等頭銜得到什麼？是隨之而來的責任和事務嗎？還是我附加在這些名稱上的魅力與尊嚴？我真的喜歡那個人嗎？還是我愛上的只是自己投射到對方的魅力？」

放下得越多，外在事物就對我們越沒有吸引力。外在世界越是褪色，就越不能左右我們。當我們不再受到經過美化的魅力所影響，就不會再受到它的操弄。對媒體、政治及社會舞台那些操弄人心的程式設計師們，我們再也不會無力招架。此外，尋求他人認可的內在需求，也不會再牽制我們。

我們開始愛上他人的真實樣貌，而不是因為對方能替我們做些什麼。我們不再需要剝削別人，也不再需要贏得別人的認同。我們的愧罪感逐漸減少，而自尊持續上升。現在，我們的人際關係是建立在誠信之上，不再是情緒勒索的受害者。隨之而來的必然結果是，我們不再試圖用情緒壓力去勒索別人。這是因為現在的關係是奠定在誠實的基礎上，它們存在於一個更高的意識層次並發揮作用，使得我們不再

害怕孤單及疏離感。一個臣服的人不再需要他人來成就自我，他們是因為愛、因為樂在其中，才選擇與別人在一起。對他人的體恤、對人性的諒解，可以改變生活及所有的人際關係。

內在的自由才是真自由

如果一個人能持續臣服，他的生活會變成什麼樣子？他可能做到些什麼？

在臣服狀態下，我們不再依賴外界來得到滿足，因為內心已經找到了快樂的泉源。我們跟人分享快樂，因此在人際關係中，臣服的人能夠扶持別人、鼓舞別人，有同情心、耐心及包容心。臣服的人可以自在地欣賞別人的價值與才能，懂得考慮別人的感受。我們不再追求權力，也不再一口咬定自己的觀點才是對的。我們會自然而然地不帶任何批判，真心支持別人的成長、學習、體驗以及實現自己的潛力。我們親切、隨和、有教養，對待別人永遠抱持著接納的心態。我們會覺得放鬆、充滿生命力與活力，不再認為自己是為了別人在犧牲奉獻，或是為了別人而「放棄」某些東西；相反的，我們認為自己是帶著愛在服務別人與世界，並將生命事件視為機會，而不是挑戰。我們的性格溫和、心胸開放，願意不間斷地放下與臣服，好讓內在的揭示過程一直持續下去。

隨著不斷放下與臣服，內在也一直在蛻變。於是我們感恩、愉悅，對自己的目標堅定不移。我們活在當下，不會滿腦子想著過去或未來。由於投射到外界的力量已經收回來了，所以我們學會信任，不

再處處設防，並感覺自己是如此強大無所畏懼，從而感受到內在的寧靜與平和。

　　在開始臣服之前，我們所認同的是「我是身體」，而持續臣服之後，便能清楚地看出「我是體驗身體的心智，不是身體」。假以時日，當我們放下的信念更多之後，就會覺知到：「我不是心智，而是在見證及體驗心智、情緒與身體。」

　　透過內在的觀察，可以發現不管外界發生什麼，不管身體、情緒及心智經歷什麼，內在都有某種始終如一、恆久不變的東西。這樣的覺知，會帶我們進入完全自由的狀態。內在的高我現身了，這種覺知的靜默狀態就在所有動作、活動、聲音、感覺及想法底下，這是一個沒有時間的更高維度。一旦認同了這種覺知，自然就會昇華到平和、靜默、深刻的開悟境界。我們意識到，這就是自己始終在尋尋覓覓卻渾然不覺的東西，而我們已經在迷宮中迷失太久了。我們誤以為自己就是忙碌生活裡所有外在現象的總合，包括身體及身體的體驗、義務、工作、頭銜、活動、問題及感受。但現在，我們已經明白自己是超越時間的空間，各種現象都在這個空間裡發生。我們不是螢幕上閃爍的畫面，而是螢幕本身——不帶批判地見證生命大戲的持續演出，沒有起點也沒有終點，只有無限的潛能。對真實本質的這些體悟，是在為終極開悟（Ultimate Realization）奠定基礎，而終極開悟就是辨識出我們所本具的神性意識。

第 18 章

讓人際關係春暖花開

　　由於對愛和安全感的基本渴望，所以人際關係才會迅速喚起我們內心深處的感受。因此不論一段關係是好是壞，都是極其珍貴的。在情緒解放的過程中，所有感受都同樣珍貴。務必提醒自己，所有感受都是程式；也就是說，感受是學習而來的反應，通常有其目的。那個目的，與試圖影響另一個人的觀感有直接關係，好藉此操縱對方對我們的感覺，來實現自己的內在目標。

　　以下來看看常見的一些情緒反應，研究它們的真正目的。情緒反應與愛無關，因為愛是一種與他人合而為一的狀態，不僅是一種來來去去的情緒。世人所認知的愛，主要被理解為依附、依賴及占有欲。

讓人吃不完苦的負面感受

　　我們將會看到，所有對他人的情緒都包含著這樣一種基本信念，亦即我們本身是不完整的，因此才把別人當作是實現某個目標的工具。雖然我們可能無法隨心所欲地影響他人，但還是會幻想並期盼著去利用別人。我們還發現在人際關係中的體驗，很多事只發生在自己的想像中。以下先從最負面的情緒下手，我們將會發現那些情緒的潛在目的是什麼，以及對方可能的反應。

憤怒

　　我們將從最負面的情緒開始討論，包括討厭、惡意、氣憤、盛怒、報復及暴力等感受。顯而易見的，此處的潛在幻想是消滅、驅逐、殺害、摧毀、傷害、恐嚇及驚嚇。對方的可能反應則是避開我

們、反過來討厭我們，然後反擊。比較溫和的憤怒形式是批評、挑剔、怨憎、生悶氣、煩躁，以及對別人的負面評價。我們之所以會有情緒，目的就是懲罰別人、讓他們感到抱歉、試圖逼迫別人改變他們的感覺或行為、讓他們吃苦、扳回一城、貶低並看輕別人。當然，這會讓對方反過來也以批評、怨憎及閃躲等方式來做出回應。

要處理這些情況，必須明白幾乎每個人都有這些幻想。鴕鳥心態、想著別人很壞或自己有罪，都無濟於事。我們必須上升到勇氣的能量等級，正視最不堪的感受，承認那是生而為人的生存條件之一，並且記住，我們唯一要負責的事，便是如何處置自己的情緒。顯然，這些負面情緒對內在自我是極大的負荷。光是這一點，就有必要檢視這些感受，並一一放下。

看看在人際關係上的所有感受，我們現在又發現了一條意識法則：**我們的感受和想法，不論有沒有表現出來，都會影響到對方，也會影響到我們之間的關係。**現階段，我們不討論這條法則的機制從何而來，但目前高等量子物理學已經在進行相關的研究，特別是研究高能量次原子粒子以及它們與想法、思維模式的關係。

在個人經驗中，可以憑直覺印證這條意識法則是否為真。比如有人在生我們的氣，即使對方一個字都沒說，我們通常也會知情。當我們感應到了對方壓抑下來的氣憤時，或許會問：「出什麼事了嗎？」就算對方回答「沒事」，我們仍然會察覺到氣憤及沮喪的能量。

發現我們跟別人會在能量層面上交流，多少會令人驚慌，但任何人都可以從內在的探究中得知這是事實。對他人的態度不論有沒有表達出來，都會影響他們對我們的感受與態度。一般來說，女人的直覺

一向比男人敏銳，也更能夠察覺到別人了解她們的想法與感受。說到底，靈媒也不過是直覺上的專家罷了。

剛發現這個事實時，我們可能會疑神疑鬼。在成長過程中，幾乎每個人都會被告知自己的想法與感覺是屬於個人的，與別人無關，而每個人的心智都是各自獨立的，情緒只會發生在身體之內。一旦開始研究這個領域，我們就會發現自己對他人所抱持的感覺，往往會從對方的態度反射回到自己身上；而當我們在內心改變對他們的態度時，他們的態度也會跟著突然轉變。我們一直在無意識地影響著別人，因為我們的情緒是個洩密者。等到我們的直覺更敏銳，就會對自己之前的天真啞然失笑。而且，如果進一步研究靈媒與超心理學的世界，就會發現專業的靈媒即使人在地球的另一端，也可以讀取我們的想法與感受。

要克服這種初期的疑神疑鬼，只有一個解決辦法，那就是從清理自己的行為做起。要找出自己需要清理哪些行為非常簡單，只要看看你不希望別人知道你的哪些事情，然後再一一放下就對了！

透過觀察，可以清楚看出這些強烈的負面情緒會反彈回到我們身上，深深影響我們的人際關係。對方只是將我們投射過去的東西，反射回來給我們。內心充滿怨憎的人，會發現他們活在一個可憎的世界裡，四處都是討厭他們的人。在他們心目中，外在情境與世界是可憎的。他們沒能明白這樣的處境，都是自己一手造成的。

我們暗自希望自己的怒氣可以懲罰對方，讓對方痛苦。但事實上，我們只是讓他們有理由反擊我們而已。我們必須提心吊膽地提防著他們的報復，忍受自己不自覺的愧疚及罪惡感，而這樣的情緒往往

會造成身體的病痛。我們會發現，所有的憤怒與怨憎都來自於自己的觀點，也就是來自我們對某件事情的解讀。一旦清除掉內在的感受，改變對事情的看法，我們往往會很訝異地發現寬恕心驀然生起，雙方的關係突然就轉變了，即便從表面看起來，我們的言行並沒有表達出內在的這種變化。

當我們的意圖是克服怨憎時，這種情況會頻繁發生。《奇蹟課程》便是建立在這樣的過程：願意以不同角度去看待並抱持寬恕的意願，改變對某件事的觀點。耶穌說寬恕具有神奇的力量，正是這個意思。

有趣的是，耶穌勸誡我們要祝福仇敵、要愛他們，這也是有科學根據的。在能量層次上，越是低階的情緒，振動頻率就越低，力量越小。因此，當我們處於氣憤、厭惡、暴力、內疚、嫉妒或其他負面情緒時，精神層次就容易被他人侵犯。相反的，寬恕、感恩、愛擁有更高頻率的能量振動，當然力量也大得多。當我們從低階能量模式切換成高階後，會在能量層次上建構出一個防護罩，不再讓他人的能量乘虛而入。比如說，在氣憤當下，我們很容易因為對方回敬的怒氣而耗損自己的能量。弔詭的是，如果真心想要影響別人，最好的方式就是去愛他們。那麼，他們對我們的憤怒就會回到自己身上，動不了我們一根汗毛！《法句經》說：「在於世界中，從非怨止怨，唯以忍止怨；此古聖常法。」恨不能止恨，唯愛能止恨，佛陀要傳遞的就是這樣的智慧。

自我懲罰的愧罪感

下一個「沉重」的負面情緒是愧罪感。愧罪感的潛在目的，是透

過自我懲罰來平息、減輕及逃避懲罰，進而藉此原諒自己。其中最重要的一個目的，是想要引來對方的懲罰，再加上自我懲罰。這不是一個有意識的願望，而是愧罪感的無意識目的。稍微探究一下便能輕鬆驗證，哪一天如果我們覺得愧對某人，可以留意雙方下一次見面時的情況。幾乎不可避免的，對方一定會戳破我們的心事。假設我們為遲到而感到愧疚，這樣的愧疚情緒往往會引來對方的批評回應。由於心懷愧疚，我們給自己招來了別人的百般挑剔與貶抑；我們低落的自尊，藉由別人對我們生活方式的否定而回到自己身上。

如果自認為渺小、沒有價值，就會刺激別人以這樣的形式來回應我們，他們在言談中往往會顯示出我們的渺小、一無價值。如果自己認為只配得上吃麵包皮，就只會得到麵包皮。《聖經》說「貧者越貧，富者越富」，正是這個道理。不只是錢財，任何層面的貧窮統統都來自內在的貧窮，同理，外在的富裕來自內在的富裕。想讓別人停止挑剔、攻擊，答案是開始放下自己的愧罪感，以及放下會造成愧罪感的所有感覺。

為了弄清楚情緒在人際關係中的角色，有個非常快速的學習方式：假設別人已經摸透了我們內在的想法與感覺。如果能做到，應該不容易出錯，因為他們確實能憑著直覺知道我們的想法與感覺，即便他們不是隨時都這麼敏銳。他們回應我們的方式，彷彿對我們內在的真實感受一清二楚。**整段關係的走向，就像對方察覺到我們內在真正的感受一樣**。如果還幻想著沒有人知道我們真正的想法與感受，不妨看看狗狗識破我們的速度有多快！難道人類的感應能力還不如狗狗嗎？既然狗狗可以迅速讀懂我們的心思，可見我們周遭的人也能憑直

覺接收到相同的振動。

冷漠與悲傷

　　冷漠、悲傷、抑鬱、憂愁、自憐、憂鬱、絕望、無助等感受，都來自「我不行」的內在程式。其共通目的就是博取同情、贏回來、獲得支持、讓別人感到抱歉，或是得到幫助。這些感覺對別人會有什麼影響？即便一開始他們或許會伸出援手，但終究會變成憐憫，最後則是開始閃躲。為何閃躲？那是因為我們正在向對方索取大量的能量。我們自己找上門，企圖吸乾他人。結果就如同下面這句俗話：「當你笑，世界跟著你笑；當你哭，只有你一個人在哭。」聽起來是不是很無情？可惜的是，這幾句話往往是真的。

　　一直沉浸在悲傷中，會讓人敬而遠之。除非對方的靈性層次很高，可以不費力地保有慈悲心，否則他們會開始討厭或怨恨你的悲傷。長期的悲傷會讓人未老先衰、疲憊及耗損能量，唯有鼓起勇氣，允許悲傷在適當情境下生起，並願意臣服及放下，讓悲傷離去，才能走出悲傷。

恐懼

　　恐懼的感覺，不論是緊張、焦慮、害羞、自我意識過剩、謹小慎微、退縮或不信任，其目的都是逃離想像的威脅，並在內心與自己恐懼的情境或人拉開距離。弔詭的是，如同先前指出的，由於恐懼的能量太過強大，當我們把恐懼的對象擱在心上時，就會在現實生活中顯化出來，就像對自己下詛咒一樣。恐懼的能量會讓內心聚焦在那些可

能發生的負面事情上面，而這樣的聚焦足以將最恐懼的事情凝聚成形，顯現出來。

因此在人際關係中，恐懼意味著把自己的力量拱手交給別人，讓他們可以做出我們害怕的事。解決方法就是去看看最壞的可能情況，看看它們會激發出什麼感覺，然後再一一消融。就像其他情緒一樣，恐懼也可以拆解開來，像拼圖一樣一片片地卸除下來。比方說，假設我們害怕別人無情的言語攻擊，可以問問自己：「最壞的情況是什麼？」在這個問題上，我們看到恐懼的源頭是驕傲。當我們辨識並放下驕傲後，恐懼就會自動瓦解。同樣的，出現在人際關係中的恐懼，加以拆解後，可能會覺知到我們所害怕的，其實是發現到自己心存怨氣，或是擔心對方會針對我們的怨氣而挾怨報復。一旦消融了那股怨氣，恐懼自然會消失。

缺乏安全感的人，在人際關係中容易嫉妒、黏人、占有欲強及依戀，這樣的人反而很容易帶來挫敗感。會產生這些感覺，其目的是束縛並牢牢占有對方，藉由防堵失去對方的可能性來獲取安全感，有時候還會因為害怕失去對方，而想要懲罰他。同樣的，這些態度往往會讓內心的恐懼想法具體顯化。現在，依賴與占有欲的能量讓對方感覺到了壓力，他的內在衝動就是為了恢復自由而逃跑、抽身、擺脫我們，做出我們最害怕的這些事，而這樣的態度會更刺激我們的控制欲。憑著直覺，對方會接收到我們想控制他們的能量訊息，當然他們的直接反應就是抗拒。要排除這樣的抗拒，唯一辦法是放下想要支配他人的渴望。這意味著，當內心恐懼生起時，我們要學會放下。

驕傲

　　在我們的社會中，往往會縱容驕傲表現出來的行為，包括完美主義、整潔、守時、可靠、良好的人格、潔癖、工作狂、旺盛的企圖心、成功、道德優越感及禮貌。而重度的驕傲，則會表現為傲慢自大、目空一切、虛榮、自鳴得意及成見；在靈性方面，則是大義凜然地殺害「非信徒」。對他人產生這些感覺，其潛在的情緒目的是贏得他人的欣賞、避免遭受批評或排擠、獲得接納、成為重要人物，進而克服自己內在的無價值感。遺憾的是，這些感覺作用在別人身上，反而會招來對方的嫉妒、競爭，甚至是厭惡或覺得可以輕易地利用你。如果仔細檢視一下驕傲，會發現驕傲經常被當作真正自尊的替代品。

　　關於驕傲，還有一個相當有趣的現象。許多人會將人際關係的一些反應，也帶進他們跟神的關係之中。我們往往下意識地認為，神會為我們做出某種回應：「神會為我感到難過」、「神會報復我」、「神會懲罰我」、「神對我很滿意」、「神會眷顧我」。

　　當我們不驕不餒、擁有足夠的自尊時，就會激發起內在的謙遜與感恩，因此就不需要從他人或上帝那裡得到讚揚。不再渴望博取他人的喜愛，就會發現自己已經受到喜愛了；不再迎合他人或試圖控制他人來認同我們，就會發現他人確實尊重我們。藉由求和、奉承、順從、自卑及被動等形式來貶低自己，都是小我在討好別人，好讓他們能夠善待自己來達到我們的目的。假謙卑只是嘴巴上跟別人說：「我只是個小人物，這樣對我就很好了。」當然，別人會立刻照辦。

　　顯而易見，以上的所有情緒都是在操縱他人，只會破壞真實的人

際關係。這些情緒會折損我們的自尊，全都不堪一擊。因此，儘管在驕傲這個情緒能量等級，我們可能會感覺良好、覺得有安全感，但基本上，驕傲還是脆弱的，因此總會與防備心形影不離。每當我們覺得缺乏安全感時，驕傲就會自我膨脹。只要別人一句無心之語或輕輕挑高眉毛，便能輕易打擊到虛有其表的驕傲。

世代傳承的人生處境

所有負面情緒的本質都是恐懼，不是害怕因為自己或別人而讓我們失去尊嚴，就是害怕無法生存、失去安全感。大部分的負面情緒都會伴隨負面的價值判斷，因而它們會被壓抑或是被投射出去。壓抑、投射都是破壞性的行為模式，會在人際關係上持續製造壓力，令關係惡化。

我們假裝沒有人知道自己內心深處的真實感受，真的是這樣嗎？在精神及直覺層次，所有人都是相連結的；所以，別人能讀取並知道你真正的感受。你可能沒有意識到這一點，但透過別人對待你的態度，可以揭露他們的確知道你心裡是如何看待他們的。

比方說，你在職場上的所有外在表現都堪稱典範，你會問：「為什麼每次升遷或受到讚揚的都是別人，不是我？」答案就在你的內心，它偷藏著你對老闆、對工作的真正感覺。你以為老闆沒有接收到你內在的嫉妒、批判及怨憎？我可以肯定地告訴你，你身邊的人都能察覺到你內在真正的感受，以及跟這些感受串連在一起的想法。而你對他們的想法，很可能跟他們對你的想法差不多。一旦明白這個原

則，生活上的許多事情就說得通了。你可以問問自己：「假如我是對方，可以分毫不差地掌握了我內心真正的感受與想法，我會作何反應？」你的答案，通常可以說明對方為何會有那些行為。或許，你沒能獲得升遷，是因為在不用說出口的能量層次上，老闆知道你對他不以為然，知道你討厭同事，還知道你心裡正在七嘴八舌地想爭取認同及肯定。

在找出自己的負面情緒之前，最好記住這些情緒不能代表真正的自我——高我，而是人類世代傳承下來的程式。沒有人能夠倖免，意識地圖上從最高階到最低階的人，內在都有或曾經有過一個小我。即便是那些難得一見的開悟者，在他們開悟之前，也都曾經有過小我。這是生而為人的處境。想要誠實地觀察自己的感受，必須抱持著不批判的客觀態度。

首先，我們要覺知到內在實際上發生了什麼事，才能著手處理。每當放下一種情緒，就會有更高等級的情緒來遞補。辨識並承認某種情緒的存在，唯一目的就是瓦解它。臣服意味著，我們願意鬆開及放下某種情緒或感受，允許自己單純地體驗它，不去改變它。當初就是因為抗拒，才會讓那種情緒盤桓在心裡。

或許你會以為某些負面情緒，是你不可或缺的一部分。但加以檢視後，你會發現這只是錯覺。高等級的情緒所攜帶的力量要強大多了，也更能滿足你的需求。

問問自己：「我願意為摯愛做些什麼？」我們會立刻知道自己幾乎什麼都肯做。為了愛，我們簡直可以上刀山下油鍋。那麼，現在比較一下我們願意為恫嚇自己的人做什麼。我們會看到自己的不甘願，

能不做就不做。恫嚇我們的人，表面上似乎撈到了一時的好處，實際上卻失去了一切，不是嗎？他們的勝利是表面的、暫時的，甚至不是真的——只是看起來是他們贏了而已。最後，局面翻轉，恫嚇我們的人終會自食惡果。從負面情緒獲得的好處是短暫的，也不真實。真正的快樂來自雙贏的局面，在有人輸有人贏的局面中，代價是仇恨與自卑。在這一切的背後，我們既愚弄不了自己，也唬不過別人。當我們偷偷打算剝削、利用別人時，對方永遠都知情。

如果某種情緒很難鬆手放下，可以檢視一下該情緒的意圖是什麼，會有點幫助。它的目的是什麼？是為了對別人造成什麼效果？他們可能會有什麼反應？那真的是我們要的嗎？假如今天是我們生命的最後一天，我們真的想要那樣嗎？好吧，我們**確實**可以把今天當成人生的最後一天，因為這是我們舊人生的最後一天，從此我們不再抓著所有的衝突、焦慮及恐懼不放。那些負面情緒，便是我們緊抱前塵往事不放的代價。

從已經內化的所有程式中放下被壓抑的負面情緒時，會自動地以更高等級的情緒遞補。我們會覺得更輕鬆、更快樂，身邊的人也有一樣的感覺。以下就來看看那些高等級的情緒有哪些，並檢視它們會如何影響別人對我們的感覺與態度。

正面情緒的體驗及收穫

勇氣、意願、自信、能力、「做得到」、熱情、幽默、才幹、自給自足、創意，這些都是更高階的情緒與感受，其目的是：有效的行

動、運作與成就。至於別人會給予的回應，則是合作、勇氣、尊重，以及跟我們待在一起的意願。此外，由於我們提高了對方的自尊，他們會更喜歡我們的陪伴。檢視這一切時，會發現負面情緒曾經阻礙了這些高階感受浮現出來，等到我們願意放下這些負面情緒時，高階感受便可毫不費力地實現我們真正的目標與目的，這樣的回報是不是很美好？

當我們在接納、享受、親切、溫厚、輕柔、信賴、內在真理及信心的層次上運作時，會期待別人給我們以下的回應：愛、享受、愉悅、和諧、平和、理解與分享，而我們所接收到的反應確實也是接納、滿足、快樂、合得來，以及覺得被理解。付出愛，別人會自動用愛來回應。很顯然的，無論我們與對方是在什麼場合打交道，比如職場、社交場合、個人生活或簡單的日常業務互動，雙方一致的感受將帶來成功的合作。

連結感，讓高層次的交流成為可能

當內在的感受是平和、寧靜、靜默、開放及樸實時，對他人的影響便是他們的覺知會跟著一起提高，而且更能夠體驗到自由、完美、完整，以及跟我們合而為一的感覺。在相互的關係中會產生連結感，他們會認同我們，對我們有更深刻的理解，會覺得雙方相處起來更融洽。於是他們自然希望能跟我們多相處，因為這會讓他們感到完整、被認可及滿足，並且會對自己的真實自我有更多認識。當他們看到我們或想到我們時，心裡是愉快的。他們的回應會是愛，並慶幸有我們。在這樣的關係中，目標會自然而然、毫不費力地達成。由於我們

沒有任何負面的心態，也沒有任何隱瞞，這樣開放、坦率的態度會讓別人也放下一切防備。因為不再有愧疚或恐懼需要遮掩，所以雙方都能非常清楚地意識到心靈上的相通與連結。

在這個層次上，所謂的心電感應會時常發生。當我們能與他人完全和諧相處，便沒有任何想藏匿或捍衛的想法或感受。因為對方的反應也是相似的，所以毫不費力就能知道他們在想什麼，以及他們隨時的情緒狀態。我們全然接受了自己與他人的人性，因此看到對方一時生起嫉妒等負面的情緒反應時，會輕易地原諒他們。我們明白那是很正常且自然的反應，也知道對方同樣感覺得到我們一閃而過的怨憎。不過，他們會選擇忽視它，照樣接受及理解我們的人性和處境。他們能夠理解在某些情況下，我們一時半刻可能無法釋懷，但終究會放下這些情緒。那些跟我們分享愛與接納的人，會包容地看待雙方的人性。無論表面上有什麼情緒，我們仍然覺知到愛、接納及彼此之間的和諧，同時也跟這個世界和睦共處。

任何人都能達到這種層次的交流，即便是沒有密切往來的人也一樣。通常，我們會先在朋友身上體驗到這種心意相通的交流，畢竟與朋友坦率交流的風險，比親密家人要來得低一些。在世人的人生體驗中，另一個時常會出現這種高層次交流的情況是跟舊愛相處。舊愛之間有更多的了解，也不擔心會傷害到彼此的感情，於是就有可能發展出沒有任何隱瞞的純粹友情，雙方可以真正敞開心胸、誠實、正直地進行溝通。對於分居或離婚的伴侶來說，這種交流方式也不是不常見。在雞飛狗跳的關係平息下來之後，兩人很容易就可相處融洽，甚至成為多年的莫逆之交。

正面的情緒與感受，可以發揮多大的效應？

顯而易見的，高階的意識狀態對人際關係的影響非常大，因為有一條意識法則是**物以類聚**。我們的內在狀態確實會傳遞出去，即使沒有待在我們身邊，也能把正向影響傳遞給他人。情緒就是一種能量，而所有的能量都在振動。我們就像發送站與接收站，持有的負面情緒越少，越能覺知到別人對自己的真實看法。越是付出愛，越會發現自己被愛所包圍。以高階情緒來取代負面情緒，是許多奇蹟會發生的原因。持續臣服，奇蹟會更頻繁發生。

隨著我們不斷臣服，生活變得越來越輕鬆，內在的幸福及快樂不斷增加，越來越不需要仰賴外在世界的體驗，對他人的需求與期待也變少了。我們不再「向外」尋求，不再幻想別人給予快樂，也不再向別人索取，而是尋找付出的機會。現在是別人想要親近我們，而不是躲開。在英國文學家狄更斯（Charles Dickens）的小說《小氣財神》（*A Christmas Carol*）中，主人翁史古基最後體會到付出比索取更快樂。這種脫胎換骨的喜樂，每個人都能品嘗得到。

榮格曾經提到所謂的「共時性」（synchronicity）現象，是指從邏輯來看毫不相干的幾件事情同時發生的情況，也可以稱之為同步性（simultaneity）。當我們越是臣服，這一類的體驗會越頻繁。以下是一個持續練習臣服技巧大約一年的高階主管，他的親身經驗可以用來說明此一現象。

我是一家小企業的董事長，員工大約有五十個人。我們提拔了一

位很有潛力的年輕人，讓他管理公司的一個部門。沒想到，這個人非常不成熟，公司為他做了那麼多，他卻不知感恩，不願意跟團隊合作，反而變得浮誇、苛刻，還疑神疑鬼。他宣稱要闖進下一次的董事會議，提出他瘋狂的指控與要求。儘管我們可以輕易駁倒他的全部指控，但感覺上，處理起來會很棘手。有好幾天，他渾身充滿了怨恨，一直在威脅我們。到了董事會開會的那天（開會時間是下午一點），我開車行駛在林蔭大道上，氣憤地想著他的事。突然間，我放下了，對他的所作所為完全臣服。然後，我在他的身上看到的是一個嚇壞的孩子，於是我開始向他傳送愛。我所有的焦慮都消失了，感覺自己對他生出了一股憐憫。我看看手錶，那時是中午十二點三十分。我走進辦公室時，祕書說那個人臨時改變心意，表示他不會去董事會議鬧事了。我問祕書那個年輕人到我辦公室的時間，她說因為董事會議的時間快到了，所以她特別留意了時間，那個年輕人到辦公室的確切時間是中午十二點三十二分。

放下期待，無所求才能無所不有

當我們為了得到想要的東西而給別人施加壓力時，別人自然會心生抗拒，畢竟我們是在向他們施壓。我們越是咄咄逼人，別人反抗得越是劇烈。即便他們可能會因為恐懼而向我們的要求低頭，但心裡一定不肯接受，日後，我們終究會失去已經獲得的好處。這種抗拒每個人都會有。我們可以覺知到這種無意識的抗拒，然後找到藉口與似是而非的解釋來逃避。

　　前面提到羅勃‧林格在他的著作《威嚇致勝》（*Winning Through Intimidation*）中，將這種情形稱之為「男女理論」（男孩遇見女孩，當女孩察覺到男孩喜歡她時，男孩很難追到手。反之，如果男孩決定不追了，女孩反而想要他，而男孩會表現得很冷淡）。如果用此一現象來解釋推銷阻力，一個解決辦法是明白我們的責任是盡力而為，而不是試圖操控結果。另一個辦法是臣服，放下我們對別人的期望，放下以期盼與欲望的形式施加在對方身上的壓力。然後，對方就會有軟化態度的精神空間，甚至在行動上會主動配合我們的心意，實現我們一開始就想要的結果。

　　舉個例子來說明這種能量流動的變化：有位男士在離婚時就使用了放下的技巧。夫妻兩人在劃分所屬財物時，起了劇烈的口角。凡是丈夫想要的東西，妻子只會一個勁地說「不給」。在爭執中，他慢慢放下自己的渴望，對想要的那件東西不再執著，不管妻子是不是會把東西給他，他都無所謂。他在心裡先割捨了那件東西，就在下一瞬間，妻子突然鬆口，不僅答應把東西給他，還提議幫他打包及運送。

　　以上說明了我們可以用一種非常簡單、做起來卻絕對優雅的方法來釐清人際關係。首先，看看在一個特定的情境下，你心裡對另一方有什麼感覺。然後，假設對方知道你真實的想法與感受。現在易地而處，你的反應會是什麼？你會發現，假如你是他，你八成也會採取相同的回應方式。目標是放下當時的所有情緒，直到你能對這件事情產生一些正向的想法及感覺，從而給雙方一個可以轉圜的空間。當你進入這個正向的空間後，再想想如果你是對方，而且知道你心裡有了這些新感覺，這時你的反應又會是什麼？在現實中，對方很可能會跟你

想像的一樣，改變了他的行為。雖然時間上可能會延遲一些，但如果你能繼續觀察下去，情勢極有可能會發生變化。即便沒有，你也不會再為同一件事情煩心。有時，「回報」會拒絕出現，但我們可以說：「這是宇宙欠我的，時機到了就會出現。」事實上，知道有時候做好事未必有好報，仍然願意去做，也是人之所以偉大的原因之一。

想法及情緒的影響力，用這個世界的慣用語言來說就是「因果法則」，或「付出什麼就得到什麼」、「要怎麼收穫，先怎麼栽」。由於時間上的落差，往往看不出來因果法則的運作。比如有個朋友跟你借了兩百元，卻食言沒有如期還錢。你憤憤不平一年多，為了一口怨氣而躲開他，但自己又因為懷恨在心而有罪惡感，於是整個人的情緒就更不對勁了。最後，在這整件事情裡，唯一備受折磨的人顯然是記恨的你，而記恨的代價是失去了心靈平靜，於是你開始有了放下的意願。到了這時候，要放下怨憎的情緒就容易多了，借錢不還的那個人最後得到了你的原諒。至於這兩百元，就被你重新定義為一個缺錢的人所需要的借款。沒幾個月，你意外遇到了這個人，對方冷不防說道：「我一直記掛著還欠你錢。來，兩百元還給你。」你根本沒開口，對方就結清了債務。

對他人的期盼或怨憎，會阻礙我們從對方身上接收想要的東西。一個成效卓著的做法，是在雙方進入一個特定的情境之前，便預先放下對他人的期待。事實上，情緒是一種非常微妙的意圖，它試圖將我們的意志強加在別人身上，而別人則會下意識地抗拒。

想要促進良好的人際關係，一個好方法是滿懷愛去想像最美滿的結果。務必確保雙方都能從中獲益，也就是建立一個雙贏的關係。放

下所有的負面情緒，只觀想美好的畫面。當我們覺得不管結果如何都無所謂時，就知道自己確實臣服了；能實現固然很好，不能實現也沒關係。因此，臣服不代表是消極的，反而是一種正向、積極的方式。

當我們臣服時，就沒有時間的壓力；之所以會覺得挫敗、沮喪，往往是因為我們想要當下就能擁有某個東西或做到某件事，而不願順其自然地等到瓜熟蒂落。耐心，是伴隨著放下而來的附加效應，而我們都知道有耐心的人是多麼隨和。注意，沉得住氣的人，最後通常會如願以償。

抗拒放下的一個原因，是誤認為如果放下了我們的渴求與期望，就得不到想要的東西。我們害怕要是沒有一直強勢索求，就可能會失去。依照心智的想法，想得到某件東西，就要努力去追求。但其實，如果好好想一想，就會發現事情之所以會發生，是因為我們做出了決定，而會做這樣的選擇則是因為我們的意圖。我們得到的，是這些選擇帶來的結果，即使是無意識的選擇也一樣，而不是因為我們的渴望與索求。當我們放下欲望帶來的壓力，就可以神智清明地做出更明智的選擇與決定。

我們往往認為對事態的良好掌控能帶來快樂，而讓我們心煩意亂的是事實。但實際上，真正讓我們心煩意亂的，是我們對這些事實所產生的感受與想法。事實本身是中立的，是我們賦予事實力量，這跟我們接受或不接受的態度，以及我們的感受有關。如果被一個感受困住了，那是因為我們仍然暗自相信這個感受可以幫我們做些什麼。

性關係，臣服讓你有比高潮更美妙的體驗

由於各種類型的性愛影片相當氾濫，加上性愛經驗不再像從前那樣閉塞，使得很多人都認為自己在性方面已經解放了。但這種解放主要還是停留在智識上，而不是行為；情感上、經驗上及感官上的限制依然很多。所有的體驗都發生在意識層次，當然性經驗也一樣，因此性解放的程度也取決於我們內在的覺知及自由程度有多高。

越是放下對性事的感受，就能更清楚地看出我們的性經驗如何被綁手綁腳。當我們對性徹底臣服時，就像從原本二次元的體驗提升到了三次元。誠如一位女性所形容的：「那就像我以前只聽到小提琴的聲音，而現在大提琴加進來了，接著是長笛和其他樂器，所以我現在的體驗是充分且全面的。」

臣服會讓我們更自由自在地表達，從而促進情感上的愉悅程度，除此之外，臣服也會改變感官經驗。對大部分的人來說，尤其是男性，性興奮與性高潮的歡愉主要是來自生殖器的感覺。當一個人變得更自由後，高潮部位會往外擴大到整個骨盆與腹部、雙腿與雙臂，最後是整個身體。往往在達到這個程度後會有一段高原期[1]，接著出其不意地，高潮部位會猛然擴散到身體之外，彷彿是身體的外圍空間達到了高潮，而不是人在高潮。到最後，高潮完全沒有疆界，可以擴展到無窮無盡，沒有特定的核心或部位。彷彿個別的人已經不存在了，是高潮在體驗它自己。

---

1 編按：高原期是指到達一個高峰後會開始停滯不前。

想要讓性高潮達到這樣的擴展程度，便要意識到面部的緊蹙與屏息都是因為害怕失控而企圖限縮性體驗。如果換成緩慢、深沉的呼吸，並且面帶笑容而不是蹙起眉頭，就能意識到自己的恐懼，從而放下恐懼。

性失去了強制性。自由不只是放縱的自由，同時也意味著不做愛或不高潮的自由。當我們臣服了，就不會被想要達到性高潮的欲望所驅使。於是性的體驗與覺知就不會再受到限制，因為心智不再聚焦於高潮本身。一旦不再被性高潮的欲望所主宰，就能體驗靈性文獻中所描述的「譚崔性愛」[2]的美妙之處。西方人多少都有這方面的知識或親自嘗試過，不過不少人後來都放棄了，因為他們採用後通常的結果是更壓抑，而不是更自由。

我們越是自由，越會被愛所驅動，而不是單純為了滿足欲望。當性行為的初衷從渴求與飢渴轉變為分享歡愉與幸福時，性關係的本質就會出現重大的變化，與另一個人的親密關係將會變得更全面、更愉悅，並且更能擁有和諧的性生活，憑著直覺去滿足雙方的做愛喜好。以下是一對伴侶的現身說法：

我們彷彿只是在見證自己身體的行為，只要一個人有了欲望或幻想，另一人就會自然而然，甚至連想都不用想地主動配合去採取行動，就像是彼此心靈相通一樣。我們坦誠面對內心的某些幻

---

2 編按：Tantric Sex 是指緩慢的性愛過程，推遲高潮，讓性興奮感更持久，重點在於從性愛過程中獲得心靈上的滿足及親密感。

想，不用去顧忌另一人的可能反應。此外，做愛的頻率更高，做愛方式也更變化多端。以前我們會固定選在週五及週六晚上，而現在可能會連續好幾天都做愛，有時則是好幾個禮拜都不做愛。每一次的性事都是新鮮的，不再是千篇一律。不可思議的是，性愛過程還越來越美妙。每一次高潮似乎都比上一次更銷魂，但因為做愛過程通常已經夠令人沉醉了，所以不會刻意追求高潮。有高潮也好，沒有高潮也沒關係。在一起的親密感非常令人滿足，沒有約束，自由自在，結果反而是其次了。

另一名男士也表示：

以前我一直沒有意識到，性愛主導了我的親密關係。我真的有強迫症，老是害怕錯過任何一個做愛機會，只要有機會享樂，我絕不放過。現在我的做愛招式更是信手拈來；事實上，現在的我是無招勝有招。做愛就是做愛，它就是很開心地發生了。但沒有機會做愛時，我連想都不會多想。以前，我總是滿腦子都是性，而女人通常都會對我說「不」。但現在，當我不再那麼在乎時，反而是她們常常主動提起，或是在我開口時說「好」。而且，我發現自己更關心她們，而不是只在乎自己爽而已。過去，我真的只是利用女人來滿足自己的欲望，而她們總能憑直覺就識破我。現在的我是愛她們，真心在乎她們的福祉與幸福，即便只是一面之緣。我不用再撒謊了，真是輕鬆啊。

　　從以上的例子，可以清楚看出意識從匱乏到富足的變化。當我們只在乎自己，一心想從性愛中得到情感或生理上的歡愉時，就可能會感到氣憤、挫敗與失落。當我們越有愛，就越能夠接收到別人的付出，並發現自己被愛所包圍，隨時都有體會情愛的機會。以下是一位女性分享的經驗：

　　以前我的體重一直都超標，長得也不好看，總是對自己很不滿意。凡是跟性感沾上邊的女人都是我嫉妒的厭惡對象，當然我也怨恨過男人，因為他們會躲著我。我自憐自怨，甚至去看了心理醫生，但是後來我發現，那個心理醫生喜歡的是年輕漂亮的女病人，對我總是敷衍了事，於是我再也不去了。我試過各種自助方法，總算克服了自憐與抑鬱的心態，也找到了一份更好的工作。即便如此，男人還是對我興趣缺缺，不管是性或談感情，我都是個失敗者。

　　後來，她使用臣服機制去解決對自己及對親密關係的所有負面情緒；她允許那些感覺浮現，然後逐一放下。此後，她不再渴求別人的關注與接納，不再害怕自我表達、被回絕，或甚至不再害怕被人深深愛上，而隱藏在所有這些感受之下的真正心聲是：「我不值得被愛；怎麼可能會有人愛我？」她放下這些感覺後，不到一週便約會去了。她解釋道：

　　我興奮到連吃東西的胃口都沒了。我們玩得很開心，忽然間我發

現到了一個關鍵：我是在付出愛，而不是在尋求愛。這下子，我的人生整個翻轉了。我不再絕望地渴求別人的關注與愛，我知道自己有能力去付出愛。當我走進房間時，我看到的是寂寞、渴望愛的一群男人，他們看起來就跟以前的我一樣，所以我知道他們的心情，知道要跟他們說什麼，以及如何好好表現。我設身處地去跟他們交談，看著他們的心慢慢融化。以前的我會把他們嚇跑，因為我太飢渴了。知道了嗎？飢渴！那就是我以前的問題。現在我覺得很滿足，而我也把這份滿足與學到的心得分享出去。我的社交生活如魚得水，都沒空停下來吃東西了。不到一年，不用刻意節食，我就瘦了三十五磅。我只是對食物沒了興趣，我想那是因為現在我得到的滿足，對我真的意義重大。或許我對這樣的新變化有一點瘋狂，但我相信，很快我就會安分下來。現在，我認識了一位非常有趣的男人。

所以說，性反映出我們的整個意識狀態。只要放下恐懼與自我設限，性生活便會擴展，變得令人滿意，卻又不是幸福的必要條件。自由與創造力取代了強迫與限制，性成為另一種更能盡情表達、意識更擴展的生命元素。愉悅的心靈交流、非言語的理解，取代了原本只追求釋放壓力、追求性愛歡愉及自我膨脹的狹隘目標，這些都是以自我為中心的動機。誠如上文那個女子所說的，關鍵在於我們意識到，當我們是付出而不是索取時，自己的所有需求便會自動得到滿足。有個人說得好：「我聽採行這個技巧的朋友聊過很多個人問題，但他們沒有一個人有找不到愛人的困擾。」

/ 第 19 章 /

感受如何影響你的
職場發展

情緒、感受與能力

　　想法決定了我們可以展現多少才華與能力，也決定了我們成敗的質與量。然而，究竟是什麼決定並影響我們的思維方向呢？正如我們所見，是情緒及感受在決定及產生想法，而這些想法則決定了我們努力的結果是成功或失敗。情緒及感受，是主導我們擴展或限縮才能、能力及行動的關鍵。

　　一般來說，關於外在世界的事務，我們有滿腦子的知識，也受到良好的訓練。然而，對於內在世界，也就是情緒與感受的世界，我們有時卻很無知，沒有受到應有的訓練。既然是情緒與感受決定了想法，而內心的想法又決定了結果，因此釐清感受與能力釋放之間的關係非常重要，這樣才能讓行動得以成功。

　　為了總結並簡化我們對意識地圖及情緒量表的所有討論，可以暫時將所有感受分成負面或正面兩大類，當然，伴隨感覺而來的想法也要分為負面或正面。

關於工作的負面情緒與感受

　　既然是「負面」，當然不會是愉快的，範圍從輕微不適到痛苦，程度不一而足。這些情緒與感受會啟動一種思維過程，形成「我不行」與「我們不行」的想法，不管面對的是什麼事件、狀況或困擾。當我們不喜歡自己所看到的、聽到的、想到的或記憶中的情況，負面情緒及感受便油然而生。對於不喜歡的東西，我們會以氣憤、悲傷、

焦慮之類的情緒表現出來。處理這些令人不快的感受，慣常方式是壓
抑下來，也因此，我們以為這些情緒與感受是思維過程中必不可少的
環節。之所以出現這樣的誤解，是因為我們會透過想法來消化自己不
喜歡的情緒。但是，壓抑並不會讓負面情緒消失；相反的，它們會以
負面想法重新浮現。任何情況或事件都不帶有正面或負面的屬性，是
我們當下的反應給它們定了性。負面感受在得到正視與消融後，事態
便會快速轉變，從根本無解，變成可以輕鬆擺平、可行或甚至是助益
匪淺。

　　在職場上，阻礙成功的一個主要負面情緒是嫉妒。嫉妒的潛在驅
動力是見到別人領先時，會觸發我們的不安全感。這不單單是看到別
人的成就而嫉妒，而是別人的成就挑起了我們的匱乏感或不足感。嫉
妒會引發的感覺就像這樣：「也許我沒有達到我應有的成就」、「也
許我做不到自己想要的成就」，或者是「也許沒人會欣賞或注意到我
的成就」。

　　嫉妒令人痛苦，因為它會讓我們覺得不如別人。於是，當別人的
成功無意中激發我們這種情緒時，我們往往會討厭或憎恨那個人。我
們的這股怨氣，會在不自覺中助長了對運氣的無限渴望，而好運氣當
然輪不到我們，因為渴求會趕跑我們想要的運氣。

　　這個過程會不斷循環，對工作越是不滿意就越不快樂，然後日漸
跟同事疏遠，並可能產生「每個人都在跟我作對」的信念。家人可能
會厭倦我們不停在埋怨工作；而好不容易下了班的我們，可能會為了
逃避而坐下來開始不停地看電視，或是大吃大喝、睡大覺，甚至是吸
毒或酗酒。

　　如何才能走出嫉妒與不滿的惡性循環？答案就像先前所說的：**向內走**。嫉妒心一起，我們始終都在看著別人，評價他們的成就，拿自己跟他們比較。在電影《火戰車》（*Chariots of Fire*）中，我們看到了這樣做的代價：影片中的一位跑者在比賽時，轉頭去看對手跑到哪裡了，當他的目光從終點線移開，拿自己跟另一位跑者做比較的那一瞬間，就注定輸掉了比賽。在這場比賽勝出的人，只是單純地喜歡跑步，他全力以赴地跑步不是為了「擊敗」別人。他不拿自己跟其他跑者比較，只是盡力跑出最好的成績，因為他熱愛的是跑步，不是排名。

　　當我們凝視內在，會發現阻礙自己成功的潛在情緒是什麼，它們包括競爭、自我懷疑、不安全感、信心不足，以及想獲得肯定的渴望。我們願意正視這些感受嗎？一旦正視這些感受，就能一眼看出它們在扯我們後腿。這些感受會耗竭我們的努力，阻礙我們在這個世界取得成功。自我懷疑，擋住了我們所要尋求的認可。

　　一旦意識到負面情緒會讓我們賠上幸福與成功，我們就會願意放下它們，也放下從中得到的那些小甜頭。比如說，抱怨別人害得我們不能成功時，我們會從中得到一些廉價的快感；向別人吐苦水時，則能博得別人的同情。這些甜頭，現在我們都願意一一放下。只要放下自己的不足感，就會發現對別人的嫉妒消失了。我們變得像《火戰車》裡贏得比賽的那個跑者一樣，熱愛自己所做的事，為自己與他人的成功而高興，還有無限的精力可以在這個世界脫穎而出。

關於工作的正面情緒與感受

「正面」二字意味著，這些情緒與感受是令人愉快的，包括喜悅、快樂、幸福及安全感等等。它們會啟動一種思維過程，形成「我可以」與「我們可以」的想法，不管面對的是什麼事件、狀況或問題。

正面感受會自然流動，而負面感受則會停滯不動。我們不需要做任何事來獲得正面感受，因為它們本來就是我們自然狀態的一部分。正向的內在狀態始終都在，只是被壓抑的負面感受掩蓋了。

當烏雲散去，陽光就能普照。放下負面情緒，隨之而來的便是正面的心智狀態，它會自動釋出我們的能力、創意、才華及智慧。放下負面情緒，可以解放靈感，好點子源源不絕。例如，有一位得獎的百老匯音樂劇製作人，就將成功的那部作品歸功於使用臣服機制來釋出負面情緒。作家、藝術家、音樂家在辨識出自我設限的負面信念，又一一放下後，往往會靈感迸發。科學家也描述過相同的經驗，他們突然就「知道」什麼配方可以治療疾病。創造出天才的能量場一直都在那裡，等我們一驅散負面的烏雲，就會立刻跟它連結上。

感受對決策的影響

我們可以將意識層次簡化為三種主要的狀態：惰性（inert）、活躍（energetic）與平和（peaceful）。這三種狀態與決策過程有關。第一個狀態是惰性，反映的是冷漠、悲傷及恐懼的情緒能量等級。這些感受會干擾我們專注當下的情境，把注意力放在「我不知道」、

「我不確定」、「我可能辦不到」等消極念頭上。我們持續鑽牛角尖，無用的念頭反覆循環，讓我們暫時無法看清當前的整體局勢與可能性。

當這些負面想法與感受四處流動時，我們很難做出任何決定。有時我們會選擇暫時拖延，等感覺好一點再說。有時我們照樣做出決定，選擇自認為可以解決問題或擺平事情的辦法。遺憾的是，這種狀態下所做的決定是無法持續的，因為這個決定是建立在情緒狀態上，等到情緒一變，決定也會跟著改變。這樣的不安全感、矛盾及困惑，會讓身邊的人對我們失去信心。套用「垃圾進，垃圾出」這句電腦的習慣用語，負面的情緒狀態就是「垃圾進」，而由此所做成的決定必然也是同一個水準。

第二種狀態是「活躍」，等級高於惰性。這種狀態下的情緒，包括欲望、憤怒與驕傲。與前一種「惰性」狀態相比，這些感受比較不會干擾注意力，因為我們會允許一些正面的想法流過腦海，與負面感受交融。這是「拚命三郎」的狀態。儘管能夠做出一些成績，卻因為正負面的想法及點子混雜並存，使得表現並不穩定。諸如野心、欲望、「證明自己」之類的負面情緒，往往會鞭策著拚命三郎向前衝，有時他們會在不得不的情況下或一時衝動而做出決定。

這個意識層次的特徵，是把個人的自我利益當作主要的激勵來源。於是，許多決定都不能持久，因為它們是建立在輸贏而不是雙贏的情境之下。只有在做決定之前，也將其他當事人的感受與福祉納入考量，才可能做出雙贏的決定。

套用脈輪的用語，我們會說這個意識層次的人是受到「太陽神經

叢」（第三脈輪）的驅動。這意味著，他們追求的是成功與主宰世
界。但他們非常自我中心，做什麼事都是為了自己，不太在乎他人或
世界的福祉。由於所做的決定主要是對自己有利，因此他們的成功也
僅限於個人利益。把跟世界有關的好處都看成是次要的，因此其結果
也就談不上偉大。

　　第三種意識層次是等級最高的平和狀態，是建立在勇氣、接納及
愛的正面感受之上。由於這些感受太正向了，完全不會造成干擾，我
們得以全然專注在當下，仔細觀察所有的相關細節。因為內心平和、
靜默，靈感會帶來可以解決問題的好點子。在這個狀態下，心智無憂
無慮，因此它的溝通與專注力不會受到任何損害。在這種狀態下去解
決問題，會把雙贏當出發點。由於人人都可受惠，每個人都會盡一己
之力，成功也由眾人共享。這種做法常常會帶來偉大的貢獻，所有為
全社會帶來深遠影響的計畫，都具備了這種特質。在這個意識層次
上，我們發現當每個人的需求都得到滿足時，自己的需求也會自動滿
足。不受阻礙與限制的心智會創造性地找出解決方案，兼顧每個人的
利益，沒有人蒙受損失。

　　如果檢視某個情境後，聲稱不可能有雙贏的解決方案，我們就應
該警覺，明白自己的內在尚有一些未臣服的情緒與感受正在阻礙一個
完美的解決方案出現。請牢記一個原則，在我們對當下的形勢全然臣
服時，「不可能」會立刻成為「可能」。

讓所有人受惠的行銷能力

行銷是許多行業不可或缺的一環，銷售的項目可能是產品、點子或個人服務，行銷能力攸關一家公司的存續，值得我們花時間探討它跟三種基本意識層次之間的關係。

層次最低的惰性意識狀態，其主導情緒是冷漠、悲傷及恐懼，行銷能力顯然也最低。處於這種狀態下的行銷人員，通常在聽到潛在客戶說「目前我對產品沒興趣」後，立刻會陷入負面想法的泥淖中，而以「他們不要我的產品」之類的念頭來批評、打擊自己。行銷工作本來就容易遭到拒絕，行銷人員或許會想要暫時逃避這些感受，去喝杯咖啡休息一下，或是與其他員工聊聊。但無論怎麼排解，負面情緒還是會損耗他們的注意力，削弱他們想出好點子的能力。低落的自尊也令他們容易氣餒，進而產生對失敗的預期心理。一旦存著失敗的念頭，銷售時便會導致失敗。這時候，要正視及放下這些負面情緒，所帶來的好處會讓他們進展到下一個意識層次。

下一個意識層次是活躍狀態，其根本情緒包括欲望、憤怒及驕傲，攜帶著更多的活力與動力，也因此更能專注在工作上。不過，這些感受與情緒都帶點鍥而不捨的味道，可能會有過度的口頭表達，習慣花很多時間遊說潛在的顧客，而不是去傾聽顧客怎麼說。這可能導致過早敲定交易、將顧客逼得太緊，而造成行銷問題。儘管如此，在這個意識層次仍然有可能達成銷售目標，因為有更多的能量可供調用。對這個意識層次來說，通往成功的障礙是對自己的利益過度重視，以及「我贏他們輸」的潛在觀點。這種追逐私利的動機，會被潛

在顧客的直覺捕捉到而產生抗拒。擁有這個意識層次的人，其典型想法大致是：「我要讓他們掏出鈔票，才能抽取優渥的佣金。」

最高階的意識層次是平和狀態，以勇氣、接納及愛的感受為基礎，有最高的專注力。擁有這個意識層次的行銷人員能夠認真聆聽別人說話，並以買方利益為重，而不是賣方利益。由於心智處在平和又有創造力的狀態下，他們永遠不缺開創業績的好點子，也知道如何將問題轉化為解決方案。這個意識層次的人常會把顧客變成朋友，而且潛在的顧客通常會「一試成主顧」。達到這個層次，達成業績目標是必然的，因為心智所抱持的信念是建立雙贏的積極局面，篤定可以做出業績又能兼顧顧客利益。

向看似無解的情況臣服，形勢往往會迅速好轉。有位在畫廊工作的銷售人員，就有過這樣的經驗。她連續幾週都沒有做成一筆生意，業績非常差。她試過觀想、正向思考、預售技巧及抄寫肯定語等好幾種意識技巧，也勤於練習，但統統沒有用。深受打擊的她，挫折感不斷累積，一直覺得「自己不行」。最後，她死馬當活馬醫，把所有情緒都放下，徹底釋出她累積很久的感受。她的內心突然自由了，不必再拚死拚活地往前衝。就在壓力、情緒緊繃消散的那天早晨，她心情平靜地到畫廊上班，開工不到一個小時，便賣出了兩個雕像複製品，而雕像的名字就是「放下」。

許多企業的管理階層都有類似的突破經驗。比如美國一家赫赫有名的會計事務所，有位合夥人就因為臣服機制而帶來成功，最後離開了事務所，四處與別人分享自己的方法，他認為這是自己學過最受用無窮的技巧。他打算把這個技巧介紹給許多大企業，其中就包括一家

規模名列前茅的保險公司。他從中發現，學習這項技巧不出六個月，保險業務員的業績比對照組增加了三三％。他的結論是：在這個世界要成功，專注力不可或缺；也就是說，一次只處理一件事情，並且不能受到其他思緒或感受的干擾。

　　聚焦在正向思考的心智，所產生的心靈力量足以讓正向想法在紛紛擾擾的世界上有最大機會顯化成真。世界上最成功的人，是隨時把所有關係人的最高利益放在心上的人，而這些關係人也包括他們自己。他們知道每個問題都有一個雙贏的解決方案，他們會跟自己和平共處，因而可以支持他人發揮潛力、追求成功。他們會從事自己喜歡的工作，因而能夠持續得到靈感，創造力不間斷。快樂不是他們追求來的，而是做自己喜歡的工作所帶來的附加好處。他們的成就感是來自對他人的生活做出貢獻，包括家人、朋友、社群及全世界。

第 20 章

臣服是自我療癒的催化劑

　　自我療癒是一個很熱門的議題，身為醫生的我，有很多相關的個人經驗在講堂上、演講時或工作坊被分享了一遍又一遍。很多人對自我療癒的故事總是百聽不厭，因此這一章要討論的重點就是康復與療癒，從中可以進一步說明本書一直在談論的原則與技巧要如何實際應用在日常生活之中。

　　生活經驗與臨床觀察證實，大部分病痛都可以用以下的某些原則來治癒。除非涉及到強大的業力，否則很多疾病是可以被逆轉的。

　　弔詭的是，在那些已經喪失所有希望的重症患者身上，自我療癒經常會發生得很突兀，病情好轉的速度令人驚訝，而且往往有最好的結果。或許這是因為當事人終於願意放下了，於是對所有發生在身上的事都覺得「合情合理」。他們已經做好了準備，願意從更廣闊的角度來改變對事情的看法，也就是物理學家托馬斯・孔恩（Thomas Kuhn）所說的「典範轉移」[1]。有時，一個人要經歷長期的病痛、精神上的痛苦、肉體的不適及面對死亡的恐懼後，才會願意放下自己珍視的信念，打開心胸接受臨床的實際真相。

啟動自我療癒過程的基本原則

　　在這一章，會詳述一位醫師這一生中從許多身體病痛中獲得療癒的細節。我們會列出幾個促成自我療癒過程的基本原則，並同時回顧

1　編按：典範轉移（Paradigm shift）又稱範式轉移，指的是整體信念、價值及方法上的大轉變，會帶來全新的視角及思考邏輯。

先前我們已經介紹過的內容，整合成一份完整的經驗談。以下就從基本的運作概念說起：

- 每個想法都有如實質，具備各自的能量及頻率形式。
- 心智透過想法及感受來控制身體，因此要療癒身體，就必須改變想法與感受。
- 心裡所想的，往往會透過身體表達出來。
- 身體不是真正的自我，而是像一具被心智操控的木偶。
- 無意識的信念可以顯化為身體上的病痛，即便你不記得這些潛在的信念。
- 疾病往往源自壓抑的負面情緒，以及一個讓疾病顯現出來的想法（也就是說，你之所以會得某種病，是因為你在有意無意間選擇了這種疾病，而不是其他疾病）。
- 被壓抑的感受會產生種種想法，一旦放下某種感受，它所引發的幾千個乃至上百萬個念頭就會消失。
- 儘管可以消除某個信念，拒絕再以能量餵養，但試圖改變想法通常只是浪費時間而已。
- 所謂臣服，是允許某個情緒或感受存在，不加以譴責及批判，也不抗拒。我們只是看著它、觀察它、感覺它，而不試圖去改變它。當我們願意鬆開、放下某個情緒或感受時，它就會在適當時候耗盡。
- 強烈的情緒可能會反覆出現，這表示內在仍有尚未被認可及放下的殘餘情緒。

- 想要臣服及放下某個情緒，有時必須先處理由該情緒所引發的感受（例如，「我不該有這種情緒」所引發的愧罪感）。

- 為了放下某個感受，有時必須先正視並放下從中取得的甜頭（例如，憤怒帶來的快感，或以受害者之姿得到的同情）。

- 感受不是真正的自我，而是來來去去的程式；真正的自我是始終如一的。因此，不要再把一時的感受當成自己。

- 不要去管你的想法，直接忽視它。想法只不過是把你的內在感受不斷合理化的說詞而已。

- 不論生活中發生什麼事，在負面情緒生起時要堅決持續放下。

- 與其抓住負面感受不放，擁抱自由更令人嚮往。

- 負面情緒生起時，選擇臣服而不是表達。

- 放下對正面情緒的抗拒與懷疑。

- 放下負面感受；分享負面感受。

- 做完臣服及放下之後，注意心裡會升起一種微妙的輕鬆感。

- 放下欲望不代表你得不到想要的，它的作用反而是清除障礙，好讓事情得以發生。

- 想要擁有渴望的東西，可以多接近擁有這些東西的人，親炙他們的氣場，透過「滲透作用」來實現願望。

- 所謂「物以類聚」，要多跟有心擴展自己的意識、進行自我療癒的人在一起。

- 要意識到你的內在狀態不是祕密，隨時都在往外傳遞訊息。你身旁的人都能憑直覺感應到你真實的感受與想法，即便你沒有說出來。

- 堅持必有回報。有些症狀或疾病可能很快消失，但如果是長期病痛或許要經過數月或數年才能康復。

- 放下對臣服機制的抗拒，用它開始新的一天；並在一天結束時，花點時間把這一天殘餘的所有負面感受都放下。

- 心智想什麼，我們就服從什麼。如果你經常有意識或無意識地把一些負面想法或負面信念套用在身上，它們就會操控你。

- 不要再給任何的生理疾患冠上病名或貼上標籤，因為一個標籤代表的是一整套程式。放下實際的感受，也就是感覺本身。事實上，**我們感覺不到疾病**，因為疾病是心智的一種抽象概念。以「氣喘」為例，單純地觀察身體的感覺，問問自己「我實際上的感覺是什麼？」會有幫助，答案可能是「胸悶、喘、咳嗽」。「我吸不到足夠的空氣」只是心智產生的一個恐懼念頭、一個概念，以及一個稱為「氣喘」的程式，不是我們真正的體驗。實際上，我們真正體驗到的，是喉嚨或胸部的緊繃或收縮。同樣的道理，也適用於「潰瘍」或任何身體病症。我們不可能感覺到「潰瘍」，我們所能感覺到的，是一股股的灼熱感或刺痛感。「潰瘍」這個病名是一個標籤、一個程式，一旦我們用這兩個字來為本身的體驗貼上標籤，便認同了「潰瘍」的一整套程式。甚至「痛」這個字也是一個程式，我們真正感覺到的是某一種身體感受。當我們放下標籤，不再為各種生理感覺冠上名字或貼標籤，自我療癒的過程會進展得更快。

- 我們的感覺也是如此。與其為種種感覺貼上各種名字或標籤，不如單純地去感受它們，釋放它們背後的能量。不必為某個感

覺貼上「恐懼」二字的標籤，也能覺知到它的能量並消融它。

療癒奇蹟就發生在我身上

以上述這位醫師來說，他身上大大小小的病痛實在多到無法勝數，不可能全部記住，講課時還必須列在索引卡片上來提醒自己。以下這些，都是他在五十歲時深受困擾的毛病：

- 慢性偏頭痛：頻繁發生
- 耳咽管阻塞：耳朵疼痛
- 近視與散光：醫囑是配戴三焦鏡片
- 鼻竇炎；鼻涕倒流；過敏
- 各種皮膚炎
- 痛風：嚴重到必須在後車廂放枴杖備用及限制飲食
- 膽固醇：限制飲食
- 慢性十二指腸潰瘍：反覆發作逾二十年，藥物治療無效
- 胰臟炎：因為反覆性潰瘍而間歇性發作
- 胃炎：胃酸過多、間歇性幽門痙攣，因此需進一步限制飲食
- 結腸炎：反覆發作
- 憩室炎：症狀類似闌尾炎，有時會出血，需住院及輸血
- 胃腸道下端的常見毛病：需手術治療
- 頸椎關節炎：第四頸椎移位
- 下背痛：需要整脊治療

- 雷諾氏症候群（或稱振動性白指症）：指尖因末梢循環障礙而失去觸覺，嚴重時會造成組織壞疽
- 中年症候群：手腳冰冷；體力及性欲下降；情緒低落
- 脊椎底部的藏毛囊腫：只能手術切除
- 支氣管炎與慢性咳嗽：偏頭痛加劇；椎關節疼痛；下背部症候群惡化
- 對野葛過敏：皮膚每年都會長疹子，嚴重時需住院
- 香港腳：相信旅館房間地板會傳染香港腳而導致
- 頭皮屑：相信理髮店的不潔用具會傳染頭皮屑而導致
- 肋軟骨炎（提策氏症候群）：一種罕見疾病，肋骨與胸骨的關節脹痛
- 口腔與牙齦問題：牙根周邊的骨質流失；醫生建議動手術治療牙齦問題
- 全身能量失衡：肌肉測試顯示全部能量系統都失衡，每一條經絡的測試結果都呈現弱反應

如今看來，這樣的身體居然還能活在世上並照常運作，實在令人難以置信。由於每一種毛病都需要限制飲食，因此有段時間只剩下萵苣和胡蘿蔔是「安全」食物，結果就是體重足足少了二十五磅（約十一公斤），整個人看起來瘦弱又憔悴。後來有朋友透露，當時他們甚至打睹那樣的身體還能活多久，多數人的預估是頂多活到五十三歲。

一個內在問題是：這樣一位成功、受過高等教育的專業人士，在這個世界發揮他的創造力，過著均衡的生活，做過徹底的精神分析，

也體驗過許多種治療及康復方法，身體為何還有那麼多毛病？當然，他的工作量非常大，但是閒暇時，他會做運動鍛鍊身體，也會從事木工、石工及建築設計等創造性活動來平衡生活。不僅如此，他每天上班前及下班後都會做靜心冥想兩小時，也嘗試過自我催眠、長壽飲食、反射療法、虹膜檢測、極性療法、肯定語、星光體投射、群體深度療癒、放鬆等等保健養生方法。

　　試遍各種技巧，參加過各種群體，做過各種療癒，卻依舊一身病痛，如此莫名其妙的矛盾現象該如何解釋？此外，即便身體一堆毛病，還有長年累月的疼痛，他卻能在這個世界上活得好好的，為什麼？答案似乎是：堅定的意志力。意志力讓他穿越一切障礙，有充足的力量排除讓他無法生存下去的所有干擾（主要是負面感受）。有了這樣強大的意志力，當某種感受被壓抑時，就會一直被壓抑下去。

　　理論上，科學是客觀的，這意味著不能帶有任何情緒。要在臨床與科學上落實這樣的理想狀態，就需要壓抑感受。以實際的臨床經驗來說，每天要面對重症患者及患者家屬似乎沒有盡頭的深切痛苦，醫療工作者必須強力鎮壓所有的負面感受，特別是對別人的痛苦能夠感同身受的人，他們所感受到的情緒更是強烈。壓抑這些來自生活各層面的感受會造成壓力，而當壓力節節上升，就會促成各種各樣的生理病痛。

　　後來有一天，他接觸了臣服機制與《奇蹟課程》，並把這些技巧應用在日常生活中。由於工作繁忙，他沒有多餘的時間去嘗試其他新技巧，也幸好，《奇蹟課程》的「學員手冊」只要求學員一天只要冥思一課或一句話；而這個技巧的力量在於運用寬恕機制來減輕愧罪

感。至於臣服機制這種內修功夫，則是在一天中的任何時間都能進行。這兩項技巧可以並用，在每天的日常生活中同時進行。

一旦心智知道如何減輕內在的壓力，就像打開潘朵拉的盒子，會開始讓所有垃圾都浮現出來！以往被忽視的想法與感受，以往因為繁忙生活無暇處理的東西，現在都回來了。這就像解壓縮檔一樣，所有過程都會自動展開。

緊接著，我們會發現每個負面的感受或想法都跟愧罪感有關，而愧罪感無所不在，時時刻刻都在被壓抑下來。因此，根本沒有單純的憤怒，所有的憤怒都跟愧罪感糾纏不清。每一次當我們起了批評某人的念頭，都會伴隨著愧罪感。心智無時無刻不在評判、挑剔這個世界及所有人事物，也因此，我們的愧罪感源源不絕。愧罪感會衍生負面感受，負面感受會衍生愧罪感，正是這樣的致命組合拖著我們往下沉淪，造成如此多的病痛與不快樂。愧罪感無處不在，不管正在做什麼，心裡某個角落都會告訴我們「應該」去做別的事。我們一天天地攜帶著如此大量的愧罪感，以至於久到再也辨識不出它們，而且愧罪感還會莫名地被心智投射到周遭的世界。這就是為什麼大部分的人都需要一個「敵人」——一個可以供他們投射內在愧罪感的對象。這也是暴君獲取權力的方法，他們懂得操弄人們的愧罪感，為那些愧罪感找到一個令人滿意的靶子。

此外，還有蔑視感受及情緒的普遍現象。當某種感受生起時，我們會憤怒，覺得自己就像個「受害者」。對左腦型的人來說，感受及情緒是不恰當的，違反了理性及邏輯。更糟的是男性的沙文主義，認為只有女人、孩童、藝術家一類的人才會動不動就控制不住情緒。他

們「理智地」認為感受只是臨床分析的一種問題,當感受從內心生起就會被貼上標籤,分類歸檔後束之高閣。

剛開始使用臣服技巧時,會經歷一段逆反期:你會厭惡各種感受,並對處理感受感到畏懼,甚至認為經歷這些感受是丟臉的。由於我們對理性的強烈認同,因此有必要先改變對自我的概念。不論喜歡與否,都必須承認每個人都是有想法、有各種感受的有機體,一味地否認這個真相是行不通的。

使用臣服技巧一段時間後,可能會出現各種不同的感受,這是正常的。以臣服技巧來說,唯一的出路就是認可這些感受並一一放下。當身體狀態開始好轉,臣服會變得更容易執行。儘管一開始要面對自己內心的真實感受可能不容易,但黑暗的隧道盡頭一直都有光,那是你的希望。

在練習臣服技巧幾天後,這位醫生胃腸道末端的毛病康復了,也取消了原定的手術。練習幾個月之後,許多存在多年、甚至數十年的病痛,強度及發作頻率都開始減少,尤其是偏頭痛已經很少發作。除了下背痛消失之外,身體也變得更輕鬆、更強壯了。

然後,一場出乎意料的危機引發了劇烈的情緒壓力。憩室炎捲土重來,造成嚴重的出血。於是,他的內心做出重大的決定:「不成功便成仁,臣服只有這兩種結局。」所以這一次,他沒有就醫接受輸血,而是選擇全然臣服。他承認腹部傳來的所有感受,不加以抗拒,也沒有為那些感受貼上任何名字或標籤。此時,沒有任何想法、沒有一言一語,而是與所有感受、痙攣、疼痛合為一體。不論感受如何劇烈,都不抵抗;他如履薄冰地全面承認並放下身體與心裡的感覺,持

續了整整四個小時。四個小時後，血止住了、痙攣停止了，憩室炎不再作怪。後來，雖然有一些輕微的小復發，但每一回都以同樣的方式安然度過。最後，憩室炎完全康復了。臣服機制通過了一次嚴峻的考驗，對於這個所有治療都無法治癒的症狀，它徹底成功了。其他的身體毛病，也都在持續臣服期間一個個消失。

隨著時間推移，「知曉」的經驗取代了思考。知曉以截然不同的形式出現，它一直都在那裡等著我們去辨識。有一天早晨醒來時，他「知曉」野葛的過敏症已經消失了。同時，他也知曉「野葛」的名稱與標籤代表的是一個程式及信念系統；總之，他「知曉」從此以後自己對野葛免疫，即使去觸摸或把玩都沒事，甚至他還把野葛種在花盆裡，帶在身上去接受節目採訪。那一次的受訪主題是：「意識在自我療癒中的力量」。

另一次的「知曉」經驗，是殺蟲劑過敏。一直以來，他都對殺蟲劑有嚴重的過敏反應，每一次接觸都會引發劇烈的偏頭痛。但是那一天，他突然「知曉」自己對殺蟲劑已經免疫了。於是他走進一間剛剛噴灑過殺蟲劑的屋子，深深地吸了好幾口氣，結果不但完全沒有不良反應，內心還湧出了一種充滿喜悅的自由感，能夠自由自在地體驗心靈的力量，是何等美妙啊！顯然，在那一刻，只有心裡的想法能夠宰制身體。人生在世，沒有必要被這個世界奴役，也不用當個受害者。

對於膽固醇過高的長期信念，也發生同樣的情況。在卸除這個信念和概念後，他開始重新攝取乳製品，發現自己完全沒有不良反應。驗血結果也證明，他體內不健康膽固醇的數值在逐漸下降！不僅如此，他的食物不耐症與過敏症都消失了。臣服一年後，他的乳糖不耐

症也不藥而癒。不過有一段時間，因為壓力太大，這些症狀曾經復發，尤其是在體力嚴重消耗下，同時攝取咖啡因及甜食的時候。

與此同時，嚴格限制飲食多年後，他開始恢復正常飲食，可以吃憩室炎患者不能吃的種籽食物，也可以吃潰瘍及結腸炎患者不宜的所有食物，連焦糖聖代都解禁了。兩年後，功能性低血糖症也消失了，所有曾經被禁止攝取的甜食終於完全解禁。

所謂的中年症候群也是一種信念系統，卸除及臣服這個信念系統後，手腳不再冰冷，疲憊、情緒低落及易怒的情況也不見了。他的體力增強，身體的耐受力可以說完全沒有限制。

在明顯的幾個身體症狀都解決了之後，他開始處理比較輕微的身體不適。首先是放下對藏毛囊腫的信念，六週內，這個症狀消失了。以前他每一次搭飛機，耳咽管都會阻塞而造成右耳疼痛，練習臣服兩年後，除了持續放下對耳咽管的想法與感覺，他還採用了觀想技巧，想像耳咽管與右側顱骨都回歸正常的角度。這是他唯一並用觀想技巧來治療的毛病。兩年後，這個毛病不見了，搭飛機時，耳咽管不再阻塞，也不再有偏頭痛的困擾。

頸部疼痛的症狀也在持續消退，已經可以跳舞了。他一邊跳舞，一邊放下對頸痛的所有抗拒，身體很快就自動擺出自我療癒的姿勢與動作，這是一種不可思議的感覺，彷彿身體內部有一位隱形的整脊師在調校脊椎一樣。

隨著療癒過程的開展，身體末梢的血液循環也出現了變化，手腳不再冰冷，原本組織快壞死的振動性白指症開始自行逆轉。指尖恢復彈性及血色，灼痛感消失，觸覺也回來了。在此之前，手指已經麻木

到連翻書都做不到的地步。

當這些嚴重病症都一一消失後，他把精力及時間用來檢視更小的毛病。他一直都相信，頭皮屑是在理髮店被感染的，一旦放下這個信念，他的頭皮屑消失了。另外，他也認為會得香港腳，是因為自己光腳走在旅館房間地板。同樣的，放下這個信念後，他也經歷了類似的治癒過程。

有一年的感恩節，他有個機會測試臣服技巧用於處理急症的效果。當時他被一根大原木砸到左腳掌，弄斷了腳掌前半部的骨頭。他沒有上醫院打石膏，而是執行臣服技巧。到了聖誕節那一天，他已經可以如常跳舞了。後來又有一次，他的腳踝嚴重扭傷，同樣的，在疼痛感生起時，他認可它、臣服它、放下它，扭傷腳踝在幾分鐘後自動痊癒了。

視力為何能自行回復正常？

有一天晚上，在課堂講授臣服機制時，他提起以上全部的療癒經驗，有聽眾提問：「博士，既然你把所有病痛都治好了，怎麼還戴著眼鏡呢？難道視力不能用這套方法來治療嗎？」

「呃，我從來沒有把戴眼鏡當成是一種病症，我一直認為視力是身體結構缺陷。不過，既然你提出這一點，我就沒有理由不理它。」

於是，他把眼鏡拿下來，放進外套口袋。沒錯，當時他的視力已經衰退到要配三焦鏡片了，不過等到當晚離開講堂時，內在知曉告訴他，因為有足夠的信心與信任，他的視力會自行療癒。

　　那天晚上他開車回家時，一路都沒有戴上眼鏡。由於眼前一片模糊，他將車速放慢，把車燈照在道路的邊緣。內在的知曉告訴他：「我們永遠會看到**需要**看到的，而不是**想要**看到的。」接下來六週，他觀察了非常多的東西，並從中了解到日常生活所謂的「看見」是如何運作的。這個運作系統涉及了無數的感覺，從好奇、競爭、對性的興趣到追求智力刺激，不一而足；對於生存來說，只有五％的視覺是絕對必要的。

　　如果「只看得到必須看見的」這句話是真的，那麼閱讀報章雜誌、看電視、看電影院就不存在了。顯然的，大部分的視覺都是用來逃避現實的。他每一次開車出門時，就像脫線先生（Mr. Magoo）[2]緊抓著方向盤。但相同的神祕現象卻一再發生：一旦情況攸關生死，就會被看見。比如說，非看到不可的懸崖邊緣，他一定會看見。他內心焦慮，但一直不斷地放下恐懼。最後，到了第六週尾聲，恐懼似乎消耗殆盡了，取而代之的是深度的臣服。「好吧，我只看見允許我看到的。」到了這個時候，其他由視覺所引發的感受，他已經能心甘情願地放下了。

　　然後，由內在湧出了一股深邃的靜默與平和感，他覺得自己與宇宙主宰者合為一體。就在那個瞬間，視力全面地完美回歸，先前看不到、看不清的東西，現在突然變得清晰無比，包括路標、昏暗燈光下的小字、房間那頭的東西，以及遠方物體的細節。後來他去換駕照

---

2 編按：在《脫線先生》這部喜劇片中，脫線先生是一個行為詭異的億萬富翁，視力非常差卻不肯戴眼鏡，因此惹了很多麻煩事。

時，驗光師說他的視力良好，不必再戴眼鏡了。先前檢查視力時，這
還是一件遙不可及的事。

　　自從在全國各地講述過這個經驗後，不少人也成功地拿下眼鏡，
他們都見證了同樣的「奇蹟」。有趣的是，每個人都說自己花了大約
六週的時間。其中一人在恢復視力後，決定繼續戴上眼鏡。問他為什
麼，他說妻子已經習慣看到他戴眼鏡的帥模樣了，所以他戴上了平光
眼鏡來取悅妻子。這麼做純粹是想讓妻子開心，跟視力完全無關。

　　視力恢復正常的這些人一致同意：看見東西的是心智，不是眼
球！最近的案例是一名女性，她在出生後不久就因為眼球嚴重變形而
失明了。她聽完如何恢復視力的那堂課之後，便開始了她的自我療癒
計畫：針對視力練習臣服技巧。短短的兩天內，她開始有了一點視
力。下課後，她走過來說：「我知道你是對的，我們是透過心智在看
東西，因為這是發生在我身上的事，我是在用心智看東西！」

　　要了解自我療癒是如何發生的（其中有些跟奇蹟無異），必須修
正對身體的認知，同時也要重新認識療癒機制及醫療手段如何發揮療
效。現在，我們已經發現身體有自我療癒的能力，而持續臣服，可以
啟動這種**內在**療癒力。

/ 第 21 章 /

問與答

　　這一章的內容，主要是近年來在世界各地舉辦工作坊與講座時的提問與回答逐字稿。考量到讀者可能有的疑問，於是將臣服機制最常見、最多人問的問題也收錄了進來。

宗教與靈性追尋

　　總有一些問題，問的是如何將臣服用在靈性目標、意識擴展及宗教信仰方面。這一類的問題，通常都能以一則共通的訊息作答。

　　放下及臣服的機制，與任何宗教或靈性途徑都不衝突，也不否定任何哲學或形上學的立場。臣服機制不會得出任何專屬的靈性教誨，反而提供了一個自我理解的機制，移除妨礙靈性進展的障礙。臣服與人文主義運動也沒有任何衝突，因為所有的靈性道路與宗教都強調拓展愛的能力，而這正是臣服的核心精神。臣服會移除阻撓愛的障礙，愛己、愛人、愛神的能力都會擴大。

　　臣服也有助於實踐世界各大宗教的基本教誨，這些教誨的核心目標是放下「小我」（也稱為「我執」）。透過臣服機制，放下的技巧可以推動瓦解小我的目標。一旦小我被超越，內在真實的自我（即高我）就會綻放光芒。世上大部分的宗教也都曾經言簡意賅地以其他字眼或文字描述過臣服現象，我們來看看一些常見的說法：

- 放手，交給神。
- 你們要休息，要知道我是神。
- 當你了解神，你的生命和意志都要歸順於祂。

- 如實臣服，因為神存在萬物之中。

　　顯然，放下消極、負面，是宗教與靈性道路一直在極力推動的方向。放下的過程主要是在感受及情緒方面，我們已經知道感受及情緒會深深影響想法與信念系統。大部分使用臣服機制的人認為，臣服幫他們實現了靈性與宗教的目標。至於沒有刻意追求宗教或靈性目標的人，則說臣服可以增強愛的能力，大幅提升了他們的快樂及幸福感。

　　榮格指出，神是無意識的主要原型之一，無論喜歡與否，每個人對於神總存在著一個立場。即使是無神論者，神的概念也會挑動他們的感覺。所以，不管神是否存在，這個議題遲早都要面對。壓抑我們對神的感覺，或覺得這個議題太沉重而有意識地迴避，都不是令人滿意的解決方法。不管是無神論者或信徒，放下的技巧都能幫助他們解決長期的內在衝突。

問：放下與罪（sin）的一整套概念有什麼關係？

答： 回顧一下我們一直在討論的負面感受及情緒，然後使用宗教的用語來描述，便會發現我們講了老半天的東西，正是所謂的「七宗罪」[1]。有鑑於臣服機制是放下這些罪的方法，所以釋放我們對這些人性的偏執，顯然能夠讓我們在個人生活中落實宗教的教誨。

---

1 編按：七宗罪是天主教對人類七大類失德行為或習性的統稱，包括傲慢、貪婪、色欲、嫉妒、暴食、憤怒及怠惰。

問：**我沒有參加任何靈修團體，只是自己做些日常修持，這種技巧對我有用嗎？**

答：所有的靈性道路都立基於瓦解我執的方法，無一例外。我執涵蓋了人類全部的負面程式，而臣服就是釋放負面程式**最上等**的方法。因此，也是促成靈性領悟的最佳工具。

問：**這種方法會不會干擾到我的信仰？**

答：恰好相反。信仰的障礙是什麼？你會發現，那些障礙是各種各樣的負面心態與情緒。因此，放下這些負面東西，等於移除了信仰的障礙。

問：**我不是信徒，但我確實對靈性感興趣。這個方法對我有用嗎？**

答：臣服機制只是一個工具，你可以用來移除賺一百萬的障礙，也可以用來移除開發靈性覺知的障礙。持續臣服的人通常會說在自己內在發現了某種類似愛的東西，這東西不依賴身體、情感、思緒及世界大事而存在。你幾時聽說過誰在發現這玩意兒後，變得不開心？

問：**放下的技巧會不會跟靈性或宗教的教義牴觸？**

答：有一份關於這個主題的研究，發現放下負面情緒跟所有的靈性教義都不衝突。

問：**我在多年前放棄了宗教信仰，因為它常讓我充滿了愧罪感，**

讓我實在承受不了。練習放下技巧在這方面有什麼效果？

答：根據我多年的臨床觀察，愧罪感是讓人放棄信仰的最主要原因。其癥結就在於，宗教設定的那些目標太遙不可及了。問問自己，為什麼這些目標似乎難以做到？雖然我們認同自己應該像教義那樣為人處事，但要落實到現實層面卻往往窒礙難行，於是極大的落差就產生了愧罪感。試著放下浮現出來的所有負面感受，親自去做了之後，再來看看你的心態產生了哪些變化。再次重申，放下是一個工具，可以用來幫助你人生任何領域的任何目標，至於要如何去運用它，則由你自己決定。一個不錯的起點是放下你所有的愧罪感，因為愧罪感所營造的負面情緒環境會導致痛苦與疾病。

冥想與內在技巧

問：放下、臣服跟冥想技巧有任何關係嗎？

答：幾乎所有的冥想技巧，都是要頭腦安靜下來，這也是《詩篇》警句「你們要休息，要知道我是誰」所說的。被壓抑下來的感受會不斷產生想法，而這些想法就是我們在冥想時會分心的首要原因。正視被你壓抑的那些感受，釋出受困其中的能量，有助於你實現冥想的目標。藏在這整串思緒背後是哪種感受，找出它、臣服它，思緒自然能馬上平息。

隨時臣服，才能讓心智進入靜默狀態。即便從事日常活動時都可以臣服，如此一來，冥想功力會進步很多。很多關

於冥想的技巧，只有在冥想那幾分鐘或幾小時內才會被用到。但臣服你要時時刻刻去做，假以時日就有可能達到高層次的意識狀態。

問：**我沒有加入任何靈修團體，但我平日有使用肯定語與觀想。放下的技巧對我有用嗎？**

答：放下技巧會讓肯定語的威力更強大。肯定語是正向的宣言，然而不管有意或無意，我們多數時間的所思所想都跟肯定語背道而馳，這些負面程式會在無形中削弱肯定語的作用。你抄寫肯定語時可以觀察一下，你會發現心裡正在嘀咕：「是沒錯啦，但……」就是這些嘀嘀咕咕限制了肯定語的力量，讓肯定語的效果大打折扣。如果能把這些破壞肯定語的障礙放下，你會發現肯定語的效力會快速提升。

心理治療

問：**我在接受心理分析療法。練習放下的技巧有幫助嗎？是否會防礙我的分析？收費越來越高了呢。**

答：研究過這個技巧的心理分析師已認同了放下的概念。很多心理醫師、精神科醫師及療癒師都學過臣服技巧，並運用在工作上。他們的使用成果，目前只聽到百分百的正面評價，因為要達成所謂的「修通」（working through）[2]，必須靠病人自己的能力去放下負面感受及自我設限的想法，這樣治療

速度會快上很多。而精神科醫師也發現，當他們在設法了解
患者時，放下技巧真的很有用，而且還能夠解決反移情作用
（counter-transference）[3] 的問題。如果療癒師知道如何正視
並釋放負面感受，執業期間就不會積壓太多壓力，免除壓力
帶來的各種病痛。所以說，心理及精神醫療領域都認為這個
技巧有輔助功效，可以提高療效，帶來令人滿意的成果。

問：我目前參加了一個團體心理治療小組，能跟臣服機制並用嗎？

答：就跟個人心理治療一樣，如果個人能夠臣服於內在的負面感
　　受，對團體治療也是有益的。

問：我是榮格派的心理分析師，我可以把這種方法用在工作上嗎？

答：透過臣服，可以讓自己從原型的效應解放出來。原型顯然集
　　結了各種信念和感受，所以跟程式沒兩樣。當一個人以臣服
　　機制來釋放程式裡的信念和感受，就會有力量去選擇自己要
　　的原型模式，不再無意識地被模式所控制。

---

2 編按：治療者運用移情分析，探索當事人的潛意識，挖掘出積壓多年的情感，幫當事
　人看清自己的內在衝突來改善情緒與行為。
3 編按：指療癒師受到個案刺激而引起情緒反應，把自己內在的欲望與衝突表現在治療
　工作上。

酗酒與毒癮

問：**我參加了戒酒無名會，我想知道有沒有戒酒無名會的成員從這個技巧受惠。**

答：從大家普遍的經驗來看，放下的技巧對戒酒會的十二步驟很有幫助，尤其是第三步驟。第三步驟是：「我們決定將意志和生命交付給我們所認識的神來照看。」很多戒酒會的成員都對這個步驟感到很挫敗，因為缺少實際的做法。我們究竟要如何把意志與生命交付給神或某種更高的力量來照看呢？如果檢視一下意志，可以看出它其實是欲望，而欲望與執著有關。臣服機制可以幫我們從執著中解放出來，跟第三步驟的用意幾乎一樣。臣服於神，意味著放下個人的意志。意志就是小我，也就是我執。

　　對酒精的執念是一種驅動力，是從執著而來的強迫性行為，這可以用臣服的方法來削弱、減輕。飲酒本身就是在逃避負面感受所造成的痛苦，如果能把負面感受放下，就可以降低逃避痛苦的心理需求。戒毒的道理亦同，使用毒品是在設法用高昂的情緒來取代低落的情緒。

　　雖然放下的技巧無法取代對自助團體或戒酒會的需求，但可以提高這些矯正計畫的成功率，絕對可以跟所有以十二步驟為基礎的自助團體並行不悖。

人際關係

問：**我已經修行很多年了，我不明白怎麼還會有負面情緒。**

答：對於靈性有個很普遍的錯覺，那就是充滿愛的人絕對不會有負面感受，說得好像他們已經是天使了。對於自己還有負面感受，他們會感到愧疚及挫敗，而這樣一來又加重了他們的負面感受。他們必須明白，感受及情緒都是一時的，但想要進化的意圖卻始終都在。即便你有著像天使一樣的意圖，但你仍然是凡人，同樣需要放下心中的愧罪感！慈悲地看待自己與生俱來的人性、神經系統以及大腦機能，你會更能夠平靜下來。有神聖的抱負，未必能讓我們變成天使！

問：**我有個很不負責任的同事，該做的事從來沒做好，所以我一見他就討厭。但是，討厭他又讓我有愧罪感。在這種情況下，我要怎麼練習放下的技巧？**

答：我們要觀照並接受自己對某個狀況的感受，再把清理那些感受當成第一要務，而不是被拉進那些情緒中。很多人認為在職場上應該把這些不好的感受壓抑下來，但這樣做並沒有真正去面對問題，而且緊繃的氣氛隨時會惡化。以臣服的技巧去處理，可以走進自己的心去看看那些負面感受。讓它們生起，不要壓抑，也不要發洩。然後，把注意力從自己的感受轉移到其他東西。就讓感受安靜地待著，等它自動離開。

問：**你建議我們把注意力從負面感受移開，這跟壓抑感受的差別在哪裡？**

答：壓抑或潛抑是一種無意識的過程，所有負面的東西都被掃到潛意識之中，所以當事者不會覺知到，自然也沒有加以處理。相反的，你轉移注意力是出自本身的選擇，讓自己不要沉溺在負面情緒之中。你已經承認並接受那些感受是人性的一部分，而你選擇讓感受離開，好讓較高層次的東西進來，例如平靜、和諧或完成手上的工作。有些人或許會從事其他活動來轉移注意力，比如改變家具的位置、拉開及拉上窗簾、上洗手間、喝杯咖啡等等。這些活動可以在短時間內，讓我們從負面的狀態轉換為正面。

問：**我明明經常在使用這個方法，但還是注意到有些感受似乎頻繁出現。**

答：負面感受經常會去而復返，這意味著你有必要花點時間好好觀察這種反覆模式。比如說，你處理負面情緒的方式，可能與父母、其他家人或風俗文化的模式一致。不同的文化背景，處理情緒及感受的方式可能會有很大的差異。所以，你必須去檢查你的情緒反應有什麼無意識的基本模式，然後再去釋放它們。

問：**如果對某個人或某個狀況的負面感受老是揮之不去，現在我想盡力放下，應該怎麼做？**

答：有時候我們多多少少會被迫向某個情況臣服，然後假定這是
業力使然。等我們對靈性有些研究後，會發現這確實是業
力。也許我們苛待過不少人，現在正在償還這些業力，讓我
們有機會去體驗被別人苛待的感覺。有時候，向業力模式臣
服，是唯一剩下的合理做法。我們未必要把業力當成是宗教
教條來相信，也可以視為這只是人類互動的基本法則，也就
是「種瓜得瓜，種豆得豆」。何況，大部分的人並非每時每
刻都是聖人！

問：**我是老師，有時候學生會惹我生氣。為人師表，我想竭盡所
能地幫助我的學生，因此我想要克服怒氣，你建議我怎麼做？**

答：首先，接受你被惹惱的事實，生氣是 OK 的。這是擁有人類
意識的代價。讓惱怒徹底生起，不要刻意忽略，也不要認定
它是在找你麻煩。與其抗拒，不如邀請更多的惱怒生起。看
穿它單純是一種負面的能量。這樣的觀察，可以移除你的個
人情緒。然後問問自己，願意放下這股能量嗎？經過這樣的
過程，這股能量通常就會消散。

問：**我的婚姻很美滿，但夫妻相處難免有心煩、挫折、意見分歧
的時候。我要怎麼處理對另一半的挫敗感跟氣惱呢？**

答：就像前面所說，生氣是 OK 的，這是人性的一部分。你要做
的是，去熟悉對方正在處理的情緒及其表達風格。每個人的
心態及偏好通常不一樣，比如室溫、音量、花錢方式，重點

在於當你面對另一個人的偏好時，要放下批判，不要驕傲地
認為自己的偏好「才是對的」。夫妻雙方都要接受對方的個
性，當然，有時候難免需要磨合一下。

問：**有時看似微不足道的分歧往往會毀掉一段關係，因為我們不
是想責怪對方，就是想要改變對方的行為。那麼，如何才能
相安無事呢？**

答：首先，你要接受所有的關係都有起伏，面對人生百態你要幽
默以待，尤其是衝突或矛盾發生時。你會希望對方快樂，因
為知道當他們快樂時，你也會快樂。和諧的生活是彼此互相
磨合而來的，要放下批判、責怪及控制別人，還有放下希望
他們改變的期待。每個人都有自己的小毛病或癖好，試著列
出你的癖好，會挺有意思的。你可以做出決定，從此以後不
要把過多的注意力放在周圍事物或人際關係的消極面。每個
人對壓力及分歧的耐受時間不一，而且不同年紀的忍耐程度
也不一樣。

問：**父母在管教小孩時，要怎麼處理自己的負面情緒？**

答：對子女的行為可以容忍到什麼程度，要看文化背景、性別、
年齡、道德觀及其他因素而定。對幼兒園小朋友可以寬容的
事，對三年級的小朋友就不能放水了。父母必須放下對子女
的期待，就像音樂家的孩子可能沒有音樂天分或對音樂不感
興趣。父母的期許對孩子會造成無形的壓力，引起孩子下意

識地抗拒。在對孩子的教養上，父母要放下自己的期待及個人喜好。如果你是個撞球高手，但偏偏你的孩子這方面的表現很差勁，你能放下自己的失望嗎？

另一個常見的情況是過度管教。有時候，父母會誤以為幫長大的孩子排除一切困難，是愛孩子的表現。但孩子到了一定的年紀後，對他們的愛更應該是一種「狠心的愛」，也就是放手讓孩子收拾自己的爛攤子，孩子才有機會發掘出自己內在的資源。

問：大幅度地放下愧罪感，不會導致淫亂濫交嗎？

答：正好相反，淫亂濫交多數是因為本身有自尊低落、剝削及缺乏愛等問題。放下自私及負面情緒、關心對方、兩個人相處時強烈的歡愉感、自尊心提升，這些都會改變一個人對感情的觀點，而且愛的能力也會迅速擴展。很多濫交行為都是在試圖克服無意識的恐懼，從淫亂的生活中獲得慰藉。當恐懼等負面感受全都放下後，留下的空間就會由更成熟的感情關係遞補。

問：我接受性功能治療有一陣子了，這個治療是以認知行為重訓練為基礎。請問這兩者可以並用嗎？

答：這兩者沒有不相容的問題。行為重訓練的做法，是以正面程式取代負面程式。基本上，就是用「我可以」取代「我不行」，而這正是臣服技巧的核心精神。

問：臣服技巧可以用來治療陽痿或性冷感嗎？

答：臣服技巧不是某一特定毛病的解藥，而是一種自我探究的技
巧，可以快速開啟覺知能力，去感受內在的情緒、想法及信
念。性冷感和陽痿都是行為層面「我不行」的表達，而潛意
識中的意思是「我不要」。兩者都是在抗拒喜悅、愛、表達
及活力，至於最普遍的原因就是壓抑的罪惡感、恐懼與憤怒
等情緒溢流到自律神經系統。陽痿和性冷感都是衝突的表
現。練習臣服技巧的人通常會覺得性生活有了全面的改善，
很多人說他們性壓抑的問題消失了。同樣的，也有人反映
說，臣服技巧有效緩解了他們性浮濫及性成癮的情況。

問：臣服機制在衰老過程中幫得上忙嗎？

答：臣服會讓人老得更優雅。上了年紀後，會大幅改變你的生活
形態，隨著視力、聽力及行動力的衰退，你將會越來越依賴
他人，以前你可以輕鬆搞定的事，老了卻要靠別人幫忙。老
化讓人無奈又氣惱，以前很有能力的你，突然就什麼都做不
成了。然而，一旦放下這些負面感受，就會看出老年人逐漸
失去生活能力是有其用意的。這些狀況是讓你做好離開人世
的準備，假如在某些生活領域中，你仍然是像「大明星」一
樣發光發熱的人物，那麼你將會捨不得離開這個世界，於是
你離去的姿態就不可能優雅。衰老的過程給了你調適的時
間，適應自己即將不久人世的事實，讓你可以去做任何想在
離開之前完成的靈性工作。

當你向衰老過程臣服，認同那只是生命的必經過程，便
會安然接受老化。你會變得更有愛，感激別人給你的愛與關
照。而當你心中充滿了愛，便會看清很多人都在試著幫你。
允許別人幫忙，就是一種愛的表現。很多人會想：「讓別人
來幫忙我過日子，那是自私。」其實，答案應該是慷慨才
對，這代表你願意跟別人分享你的生命。允許別人愛你，就
是你送給別人的禮物。

臣服機制

問：怎樣才能常常做到臣服呢？

答：想要更常使用臣服機制，時時維持在臣服狀態，祕訣在於：
　　你先要有這麼做的意願。這是第一步。你擺脫感受的意願，
　　一定要比留住感受的意願強烈。有時候這跟記性有關，你可
　　以使用某種提示卡來提醒自己。

　　　　另一個方法是養成習慣。比如以臣服來展開新的一天，
　　就是個不錯的做法，你可以先放下自己的期待，然後再放下
　　你對那些期待的想法和感覺，並想像你希望這一天的生活是
　　什麼樣子，把任何會破壞你這一天的所有負面想法都放下。
　　然後在一天結束時，坐下來把你這一天的所有疏失或沒時間
　　照顧的事情一一放下。這稱為「大掃除」，大部分的人會發
　　現這樣做之後睡得更好。

　　　　另一個方法是使用筆記本，記錄你成功做到的過程。你

可以設下一個「隨時臣服」的目標，然後追蹤記錄你的成果。

　　還有一個方法是放下你對臣服的抗拒，當你展開新的一天時，重申你要在這一天放下一切負面意圖，以及重申你有不臣服的自由。畢竟，臣服純屬個人選擇。放下「非臣服不可」的念頭，不要強迫自己，因為臣服跟「應該」完全沾不上邊。

問：你認為我們抗拒臣服的最常見因素是什麼？

答：我們往往認為如果緊緊抓住某種感覺，就會得到想要的。如果卡在一個感覺裡出不來，一個有用的破解方法是問問自己：「緊抓住這個感覺不放，是想透過它來完成什麼？」幾乎每一次都會發現，答案就是：希望藉此來影響別人，修正他們對待我們的行為與態度。倘若我們可以放下這樣的幻想，就會願意去放下那個感覺。

問：要是我隨時隨地都在臣服，豈不是會變得認命又消極？

答：其實不然，因為臣服會清除掉影響有效行動的障礙。消極、認命的人通常會自我壓抑，而且看不出有其他解決方法。比方有人會說：「開會時，因為他把我惹惱了，我氣得一句話都不想說。」問題很清楚了，這個人一言不發是因為很生氣，按照他的思維，他唯一該做的情緒反應就是生氣。然而，談公事時發脾氣並不是一個恰當的表現，所以他只好沉默以對。反過來想，如果他能放下生氣的情緒，就可以自信

且果斷地說清楚自己的意見，沒必要只能生悶氣、不說話。

問：**我接受過心理治療，學會了表達憤怒，我覺得很有幫助。那麼，現在我必須放棄這麼做嗎？**

答：如果你仔細觀察過憤怒，就會明白憤怒背後幾乎都是恐懼。我們會生氣，是因為覺得自己受到了威脅，而威脅會引發恐懼。恐懼代表我們覺得在眼前的形勢中，立場是不對等的。從生物學的觀點來看，憤怒就像膨脹自己來恫嚇對手。憤怒來自軟弱，而不是堅強。因此，臣服的人是憑著堅強在行動，而不是軟弱。臣服的人在處理事情時，不必借助於怒火，何況憤怒是靠不住的。此外，憤怒的破壞力很強大，而且是憤怒在操縱你，不是你在掌控怒氣。一個全然臣服的人如果很生氣，他可以自由選擇是否要表達出來，而不是不得不表達。憤怒，尤其是長期的憤怒，對身體的臟器有殺傷力，身心醫學領域的研究顯示，潛抑的憤怒跟高血壓、關節炎及許多疾病有關。

問：**你指出，臣服是心智一個自然的心理機制。既然如此，為什麼還要特地學習臣服的方法？**

答：臣服或放下是心智的自然機制，這是事實，但務必要記住，心智充滿了互相衝突的動機。有一部分的心智想要消除某個感受所造成的壓力，另一部分的心智所接受的程式則是相信抓住那個感受，就能像變魔法一樣實現想要的結果。除非你

能夠帶著覺知去認清真相，並且已經駕馭臣服的技巧，否則
你會壓不住內心的衝突，換它主掌大局。基本上，放下的技
巧會賦予你做選擇的力量，不被心智的傾向帶著走。現在是
你在駕馭心智，而不是被心智所掌控。這就像還給你自由，
擁有自由做選擇的能力。

問：我還是很難接受現實。你有什麼建議？

答：從經驗上來說，你要把注意力放在真正重要的事情上。天會
出大太陽，也會下雨，你不能改變下雨的事實，但你可以穿
上雨衣，務實一點去採取能夠不被淋濕的必要行動。人生有
很多我們不能改變的事，但你可以放下期待，或放下事情必
須如你所願去改變的心理需求。比方說，如果你多注意一
下，可以發現這個世界幾乎每天都有戰爭發生，想要平靜看
待這種事，就必須去接受發動戰爭是人類的天性之一，從古
到今都是如此。縱觀人類歷史，有九七％的時間都在打仗。

**問：我意識到自己這輩子，一直都被恐懼和不安全感推著走，但
也正是這兩股動力為我帶來財富。要是我學會臣服，會影響
到我的收入嗎？**

答：當較低階的動機被放下之後，心智會自動以高階的感受與動
機來遞補。享受賺錢的樂趣，而不是被恐懼牽著走，不好
嗎？你可以照樣從事相同的活動，但這一回你是開開心心地
去做，而且還會帶給你許多種回報，不是只有在錢財方面。

問：沒有愧罪感，大家會不會就不守規矩了？

答：就像之前所說的，出自於愛的關懷，會取代愧罪感造成的壓
　　抑。一般來說，當我們越有愛，對其他人及社會就越無害。
　　關心他人的福祉，自己的福祉也會同時得到照顧。

問：我很健忘，你看我能學會這個技巧嗎？

答：學習這個技巧，沒有需要記住的東西。這只是一種放下的方
　　法，到目前為止，還沒聽說誰學不會。

問：有時我覺得自己放下了，有時又不確定，實在很迷惘。問題
　　出在哪裡？

答：審視一下你對臣服過程的抗拒。你對自己執行臣服技巧的能
　　力，是不是有負面的想法、疑慮或感受？讓這些抗拒全數生
　　起、接受，再放下。明確地設定你的意圖，你想要的是變成
　　一個更快樂、更有愛、更平靜的人。

臣服的終極目標

問：你提到「深度臣服」是我們體驗終極實相的方法，可以說說
　　那是什麼情況嗎？

答：或許可以稱之為「最後衝刺」。當你把臣服技巧毫無例外地
　　應用在生活的各個領域，靈修的能量會漸漸穩固起來。你全
　　神貫注，堅守同一個方法，打死不退。

　　有人會說：「我斷斷續續靈修三十年了，一切還是老樣子。」他們在這兒冥想一下，在那兒祈禱一下，去參加工作坊，去聽演講或讀本書，全都是興之所至，偶一為之。這都無妨，因為你有很多俗事要忙，還在累積日後用得上的資訊。

　　但到了某個時候，不管你修練的是什麼，都得堅持到底，不開特例，追求真理將會變得凌駕一切。到了這時候，不是你在勉強自己，而是命運在拉著你前進；出於業力的承諾，讓你選擇了這個終極命運。到了那時候，假設你使用的是臣服技巧，那就表示一切都會在生起的那一刻就臣服及放下。它們全會發生在萬分之一秒內——從出現、到達顛峰，然後離開。因此每個感覺、每個想法、每個欲望，都在達到顛峰時放下。這會變成連續不斷的過程，沒有止息。

　　前面提過，記得我在放下某個非常嚴重的執念時，連續十一天只是坐著，什麼都不做，全都用來放下那個執念。關於該執念的每個想法、每個感覺及每個回憶，全都在生起時便臣服。痛失家人的哀傷，不只是因為當下所失去的那個人，還集結了生生世世所經歷過的全部死亡能量。那次的臣服持續了十一天，日夜都在臣服，沒有間斷。最後，執念停止了、永久消除了。從此，我不再為這個執念受苦。

　　因此，認真的靈修是時時刻刻都願意在遇到事情時立刻臣服。在想控制一切的想法生起時，願意立刻臣服；想改變形勢、讓事情照著心意走的念頭生起時，願意立刻臣服。通常來說，對於實相本質的錯覺，也必須放下。好或壞、值得

或不值得，這些全都是心智的想法。現實中，有盛必有衰：豔陽當空，緊接著烏雲就來了；雨水落下，禾草生長又死亡；股市漲漲跌跌；時代來了又走；人出生又離開。如果你處於這個循環裡的某一個點，哭是沒有用的，因為循環會自行完成循環。無論隨著循環而來的是什麼，一律臣服，總會過去的。當事情發生時，拒絕去改變它，而是選擇跟它站在一起，合而為一，它便會消失。持續這麼做，無論如何都不要停。

這意味著你不能隨便在這裡或那裡破個例，也意味著你要持續不斷地對每個人、每件事臣服。你藏起來的那一兩件事，背後可能是一堆事，所以你才會抓住那一兩件事不放。你討厭的不只是某些人，他們背後還帶著一大坨能量。所以，不能所有人都放下了，只有對你的岳母做不到。

總有一天，擋在「臨在」[4]之路前的所有一切都得臣服、放下。臨在是如此明顯、令人震撼，也如此勢不可擋。臨在深刻、全面、無所不包、絕對凌駕一切、具備全然轉化的力量，因此絕不可能會被誤認。當擋路的所有一切都放下之後，它就在那裡，熠熠生輝。

現在就要承擔起來，別拖延。開悟不是未來某一天才會發生的事，不是盤腿唱誦「唵」五十年後才能達到的境界。它就在這裡，就在這一刻。你之所以沒有體驗到這種全然平

---

4 編按：臨在（the Presence），簡單來說就是覺醒的神性。

和、超脫時間的狀態，是因為你在抗拒它；而你抗拒它，是因為你試圖操控這一刻。如果你放下試圖操控當下的體驗，如果你能像一首曲子一樣不斷臣服，你便活在這種永恆的顛峰狀態。每個體驗就像一個音符，當你聽到音符的那個瞬間，它就已經在消散了。因此，每一刻都在隨著它的出現而消失。放下對下一刻的期待，不要試圖控制，不要試圖抓住剛剛離開的那一刻。不要執著於剛剛發生的事，不要試圖控制你認為將要發生的事。那麼，你就會活在一個非時間、非事件的無限空間中。在那裡，有妙不可言的無限平靜。你回到家了。

【附錄一】

意識地圖

神性觀點	生命觀點	等級	對數	情緒	過程
大我	如是	開悟⇧	700-1000	妙不可言	純粹意識
一切存在	完美	平和⇧	600	極樂	覺照光明
一體	完整	喜悅⇧	540	寧靜	易容顯光
愛	仁慈的	愛⇧	500	崇敬	天啟
有智慧的	有意義的	理性⇧	400	理解	抽象
仁慈的	和諧的	接納⇧	350	寬恕	超越
啟發性的	有希望的	意願⇧	310	樂觀	意圖
賦能的	滿足的	中立⇧	250	信任	釋放
允許的	可行的	勇氣⇩	200	肯定	賦能
冷漠的	苛求的	驕傲⇩	175	輕蔑	自誇
想報復的	對立的	憤怒⇩	150	仇恨	侵略
拒絕的	失望的	欲望⇩	125	渴求	奴役
懲罰的	驚駭的	恐懼⇩	100	焦慮	退縮
輕蔑的	悲劇的	悲傷⇩	75	懊悔	消沉
譴責的	無望的	冷漠⇩	50	絕望	上癮
懷恨的	邪惡的	愧疚⇩	30	指責	破壞
鄙視的	悲慘的	羞恥⇩	20	恥辱	消滅

【附錄二】

肌肉測試說明

基本資訊

意識的能量場是無限的，現在將與人類意識對應的等級區分為 1 至 1000 的測定值（見附錄一的意識地圖）。這些不同的能量場反映並支配人類的意識。

宇宙萬物都有各自的振動頻率，或者說是永久停留在意識場中的微小能量場。因此，凡是曾經來過這個世界的人或生命，以及與之相關的點點滴滴，包括事物、想法、行為、感覺或態度，都會被永久記錄下來，並可在當下或未來的任何時候檢索。

肌肉測試的技巧

對某種具體刺激，肌肉測試的反應是簡單的「是」或「不是」（否）。一般是請受測者將一條手臂平舉，由施測者用兩根手指輕輕地在手腕處施壓。測試時，通常是讓受測者用另一隻手將待測物拿到太陽神經叢前面，而施測者在按壓手腕時，要對受測者說「抵抗」。

如果檢測物對受測者有益，手臂肌肉會變強。相反的，如果無益或是有不良影響，手臂肌肉會變弱。這種反應短而快速。

提醒：除了留意動機與意圖之外，施測者與受測者雙方的能量等級都要超過 200，才能得到精準的測試結果。

根據線上討論群組的經驗，許多學習者的測試結果並不精準。進一步研究顯示，在測定值為 200 時，仍有 30% 的出錯機率。檢測小組的意識等級越高，結果越準確。測試時，最好以客觀的超然態度，在提出陳述句之前，預先聲明：「以至善之名，○○○（待測物名稱或題目）的測定為真，測定值大於 100、大於 200……」將數值持續往上提高，直到獲得負面反應為止。「以至善之名」前綴詞可以重建測試背景，有助於提高準確度，因為至善超越了自私的個人興趣與動機。

多年來，這項測試都被認為是人體經絡系統或免疫系統的局部反應。但是，後來的研究發現，這根本不是身體的局部反應，而是意識本身對某個物質或某句話的回應。凡是真實、有益、能滋養生命的，客觀的意識場都會給予正向回應，這個意識場就存在於每一個活著的人身上。正向回應，是指身體的肌肉組織變強，還有一個相關的瞳孔反應（遇到虛假事物時，瞳孔會擴張；真實事物時，瞳孔會收縮），從磁振造影也可以看出大腦功能的變化（通常三角肌是肌肉測試的最佳指標肌，但其實身體任何部位的肌肉都可以）。

注意：**在提出問題（以陳述句的形式）之前，務必要取得許可；**

也就是說，要先聲明：「我獲得許可去詢問心裡的問題。」（是／否）；或是「經過測定，這是最好的安排。」（是／否）

　　如果陳述句是假的或某個物質是有害的，肌肉對「抵抗」指令的反應會立刻變弱。這表示該刺激是負面的、不真實的、不利於生命的，或者答案為「否」。反應會來得快而短暫，接著身體會迅速回復到正常的肌力。

　　進行肌肉測試的方法有三種。本研究使用的是最普及的一種，需要人數為兩個人：施測者與受測者。場地以安靜為宜，沒有背景音樂。受測者閉上眼睛，**施測者必須將要問的問題調整為陳述句**。接著，以肌肉反應來代表「是」或「否」，作為陳述句的答覆。例如，詢問「這匹馬健康嗎？」是**不正確的措辭**，要改為正確的陳述句問法：「這匹馬很健康。」或反過來：「這匹馬生病了。」

　　說出陳述句之後，施測者要伸出兩根手指，以溫和的力道按壓受測者平舉的手腕（手臂要平舉與地面平行），同時告訴受測者：「抵抗。」受測者的手臂可能仍維持有力，代表答案為「是」，或是變得軟弱無力，代表答案為「否」。所有問題的回應都是短而快速的。

　　第二種測試方法是 O 環測試，可以單人進行。同一隻手的拇指與中指相抵，形成牢固的 O 形環，然後套住另一手的食指，看看食指能否拉開 O 形環。結果為「是」時，O 形環很難拉開；結果為「否」時，O 形環相對變弱，兩者會有明顯的差別。

　　第三種方法最簡單，但跟其他兩種方法一樣，也需要一些練習。從及腰高的桌子上拿起一個重物，例如大部頭的辭典或兩塊磚頭。首先，心裡要想著待檢測物或是一句真實的陳述，然後再拿起重物。接

著心裡想著已知不實的事物或陳述句，做為對照。當你心裡想的是真的時，能夠輕鬆地拿起重物，而想的事物是虛假不實或錯的時，拿起重物會較吃力。測試結果，可以用另外兩種方法來驗證。

特定等級的測定

測定值 200 的等級是正與負、真與偽、建設性與破壞性之間的分界點（見附錄一的意識地圖）。測定值高於 200 的任何事物或陳述句為真時，受測者的肌肉測試為強，而低於 200 的事物或陳述句的答案為否時，受測者的手臂肌肉會轉弱。

過去或現在的任一事物都可以測試，包括圖像、陳述、歷史事件、人物，可以不用說出口。

數字測定值

陳述句問題舉例：「拉瑪那・馬哈希的教誨測定值超過 700。」（是／否）；「希特勒的測定值超過 200」（是／否）；「在他二十歲時」（是／否）；「在他三十歲時」（是／否）；「在他過世時」（是／否）。

適用範圍

肌肉測試不能用在預測未來；除此之外，沒有其他的提問限制。

意識沒有時間及空間的限制；但請求詢問許可時，有可能會被拒絕。所有當前發生的事與歷史事件都可以問，所得出答案是客觀的，不會受到施測者或受測者的信念所影響。比如說，原生質[1]會因為有害的刺激和肉體流血而退縮，這些都是受測物質的特性，是客觀的。意識其實只知道真相，因為只有真相是實際存在的。意識不會回應虛假不實的東西，因為虛假之物不存在於實相中；意識也不會回應不正直或自私自利的問題。

精確來說，測試結果就像電源開關，不是「開」就是「沒開」——也就是電力是否接通。這樣的類比相當微妙，但對於了解意識的本質卻是不可或缺的認知。意識只能辨識出真相，不會對虛假之物產生任何反應。同樣的，只有鏡子前面有東西時，鏡子中才會出現影像；假如鏡子前面空無一物，就不可能有鏡像。

能量等級的測定

要測定能量等級，先要有明確的參照量表。要檢測出與附錄一相同的數值，便必須把該表格設為參照量表，或是做出類似的陳述：「將人類意識設定為 1 至 1000 的幾個等級，600 代表開悟，這個○○○（待測物）測定值超過○○○（某個數值）。」或是：「在意識量表上，200 代表真實的等級，而 500 是愛的等級，那麼這句話的測定值超過了○○○（具體的數值）。」

---

1 編按：原生質（protoplasm）是指生物與生俱來的物質。

陳述的資訊要明確

　　辨別真偽通常是大家最感興趣的，因此陳述句必須說得非常清楚明確。措辭不要模稜兩可，例如：「這是不是值得應徵的好工作？」好的標準是什麼？是薪水，還是工作環境？是升遷的機會，還是老闆公私分明？

肌肉測試的精準度

　　熟悉肌肉測試以後，測試會越來越直指核心。正確問題會開始湧現出來，而且答案會出奇得精準。同一組施測者與受測者在合作一段時間後，其中一人或雙方會發展驚人的準確度，有能力提出正中紅心的問題，即便兩人中有一方完全不知道要測試的主題是什麼。比方施測者遺失了一件物品，第一問是：「我把東西忘在辦公室了。」（答案：否）。「掉在車上。」（答案否）。忽然間，受測者就像親眼看見東西一樣，說道：「掛在洗手間的門後面。」（答案：是）。在這個實際發生的例子中，受測者完全不知道施測者曾經把車子停在加油站加油，並把外套忘在加油站的洗手間裡。只要是獲准詢問的事，不論這件事發生在當下或過去的時空，不論地點在哪裡，都能夠透過測試來取得想要的資訊（有時，在測試能否提出該問題時，會得到「否」的答案，可能是業力或其他不明原因）。藉由交叉測試，可以輕易確認準確度。只要學會肌肉測試，可以立即取得的資訊會比全世界的電腦與圖書館中的資料更豐富。因此，肌肉測試顯然具有無限的

可能性，潛力驚人。

肌肉測試的限制

　　唯有受測者本身的測定值在 200 以上、進行測試的意圖是正直的，而且測定值超過 200，測試結果才會準確。對受測者的要求，是具備超然的客觀性、追求的是真相，而不是主觀意見。因此，企圖證明某個觀點，本身就不符合要求。大約有 10% 的人由於未知原因，無法使用肌肉測試。有時候，夫妻會因為尚未發現的原因，無法擔任彼此的受測者，可能必須找第三個人來當測試夥伴。

　　適合擔任受測者的人，在心裡想著喜愛的事物或某人時，手臂的肌肉是強大有力的；反之，想著負面事物時（恐懼、怨恨或愧疚等等），手臂肌肉會變弱。例如，想著邱吉爾時，肌肉的回應是變強；而想著賓拉登時，肌肉的回應則變弱。

　　偶爾，合適的受測者會給出矛盾的回應。這時候，通常敲一敲胸腺便可解決（握拳，面帶微笑地在上胸骨敲三下，每次敲打時都要說「哈、哈、哈」，同時在心裡想像所愛的人或事物）。敲打胸腺可以排除暫時的失衡現象。

　　失衡可能是因為最近和消極、負面的人相處，或是聽重金屬搖滾樂、看暴力的電視節目、玩暴力的電動遊戲等等。負面的音樂能量會對人體的能量系統帶來不良影響，這種影響會持續到音樂關掉半小時後才終止。此外，電視廣告或背景音樂也是負能量的常見來源。

　　如前所述，這種辨別真偽的方法與能量等級測定都有嚴格的條件

要求。由於這些限制，在《真與偽》（*Truth vs. Falsehood*）一書中特別提供了各個領域、多達七千項的測試項目，可以供讀者參考。

肌肉測試的進一步說明

　　肌肉測試與個人意見或信念無關，這是意識場的統一回應，而不是針對個人的回應。測試時，不論是說出陳述句或默念，都會觀察到同樣的測試回應，可見測試結果是客觀的。所以說，受測者不會受到問題影響，有時他們連問題是什麼都不知道。要證明這一點，請做以下練習：

　　施測者在心裡觀想一個受測者不知道的畫面，並且說：「我心裡觀想的畫面是正面的。」（或「是真實的」，或「測定值在200以上」）受測者聽到指令後，抵抗住被往下壓的手腕。如果施測者心裡想的是正面的畫面（例如林肯、耶穌、德蕾莎修女），受測者的手臂肌肉會變強。如果施測者想的是虛假不實的陳述或負面的影像（例如賓拉登、希特勒），手臂肌肉會變弱。由於受測者不知道施測者心裡想的是什麼，因此測試結果不受個人信念的影響。

對肌肉測試的駁斥

　　懷疑論者（測定值160）與犬儒主義者、無神論者，其測定值都在200以下，因為他們反映出未審先判的負面態度。相較之下，真正的探尋者要有開放的胸襟，以及不會對知識產生自負的誠實態度。駁

斥肌肉測試所做的負面研究，測定值都低於 200（通常是 160），研究人員本身的測定值也一樣。

　　一般人可能會感到意外的是，即使是聲名顯赫的教授，他們的測定值也可能低於 200，確實是有這樣的情形。所以說，負面研究就是偏見的結果。舉個例子，英國生物學家弗朗西斯・克里克（Francis Crick）的研究設計，讓他發現了 DNA 雙螺旋模型（測定值 440），但他最後的一項研究，目的是證明意識只是神經元活動的產物，測試值只有 135（他是個無神論者）。

　　研究者本人或研究設計有疏失，測定值都低於 200（通常是 160），這證實了他們所宣稱的不實測試反而是正確的。他們應該得到負面的結果，而確實也如此，這弔詭地證實了肌肉測試可以偵測出公正與不公正之間的差異。

　　任何新發現都可能造成混亂，撼動大行其道的信念系統，因而被視為威脅。肯定靈性實相的意識研究，當然會遇到阻力，因為它實際上是跟小我的自戀本質直接對抗，挑戰小我的統治權，而小我天生就是專橫又固執的。

　　意識等級低於 200 的人，其理解力是由低階心智（Lower Mind）所主導，低階心智可以辨識事實，但無法了解「真相」一詞的意義（它們常將本身的想法與外在的觀察混為一談），而真相引發的生理反應完全跟虛妄不一樣。此外，透過聲音分析、肢體語言研究、瞳孔反應、腦電圖變化、呼吸與血壓變化、膚電反應、探測術或甚至是測量氣場範圍的胡納技巧（Huna technique），都可以知道真相是直觀的，由直覺得知的。有人使用非常簡單的技巧，直接把站立的身體當

成靈擺使用（向前傾為「真」，向後傾為「偽」）。

從宏觀的視界來看，普遍存在的一個原則是「謬誤者不能證明真理為假」，就如同「黑暗不能證明光明為假」的道理一樣。非線性不受制於線性的局限，而真理是超脫於邏輯之外的典範轉移，因此是不可證明的，能夠證明的只有在測定值為 400 之內的東西。意識的研究方法都位於能量測定值 600 的高階等級，那是線性與非線性維度的分界處。

不一致的測試結果

隨著時間推移或是不同的調查人員，可能會得出不同的測定值，原因如下：

一、情況、相關人物、時局、政策及態度隨著時間改變了。

二、當人們把某件事記在腦子裡時，往往會使用不同的感官模式，例如視覺、觸覺、聽覺或感覺。因此當你想起母親時，可能想的是她的樣子、她給人的感覺、她說話的口吻等等，或者提到亨利‧福特時，你所得出的不同結果，可能是因為他代表不同的角色：父親、實業家、對美國的影響或反猶太等等。

三、精確度會隨著意識等級往上升而提高（測定值 400 以上最精確）。同一組測試夥伴執行同樣的技巧，更可能得到一致的結果。等到測試經驗更豐富以後，測試技能也會跟著改善。但如果無法抱持客觀、超然的態度，測驗結果當然不可能準確。窮究真相的決心與意

圖，必須凌駕於個人意見之上，不能企圖利用肌肉測試來證明自己是
「對的」。

最後備註

　　我們已經發現測定值低於 200 的人，肌肉測試是無效的，而直到
不久之前，更進一步發現如果執行測試的人是無神論者，肌肉測試也
會失靈。原因或許很簡單：無神論者的能量等級低於 200。他們否定
了真理與神性（全知），而在業力上，這直接剝奪了否定者的資格，
這種情形就像恨否定愛的存在一樣。

【作者介紹】

　　霍金斯博士是國際知名的靈性導師、作家、演講人，專精的主題是高階的靈性狀態、意識研究，以及證悟高我就是人類覺醒的神性。

　　他出版的著作及錄製的講堂內容，因為本身的學經歷背景，而普遍被視為相當珍貴且獨一無二。霍金斯博士具備科學及臨床醫學背景，也親身經歷了非常高階的靈性覺知狀態，最後又能將這種不尋常的現象化為文字語言，解釋得清楚又易於理解

　　在《心靈能量：藏在身體裡的大智慧》、《真我之眼》（*The Eye of the I*, 2001）及《真我：實相與主觀性》（*I: Reality and Subjectivity*, 2003）三部曲中，描述了從心智正常的自我狀態過渡到被臨在取代的過程，第一部曲甚至獲得德蕾莎修女的讚譽，並翻譯為世界上的各大語言。《真與偽：辨別的方法》（*Truth vs. Falsehood: How to Tell the Difference*, 2005）、《超越意識層》（*Transcending the Levels of Consciousness*, 2006）、《發現神的臨在：修練非二元性》（*Discovery of the Presence of God: Devotional Nonduality*, 2007）、《實相、靈性與現代人》（*Reality, Spirituality and Modern Man*, 2008）則持續探索小我（我執）的表達及局限，以及如何超越這些限制。

　　在三部曲問世之前，霍金斯博士研究的是意識的本質，研究成果

發表為博士論文《人類意識層的定性與定量分析暨校準》（*Qualitative and Quantitative Analysis and Calibration of the Levels of Human Consciousness*, 1995），將乍看之下毫不相干的科學及靈性領域銜接起來。霍金斯能夠進行這項研究，要感謝一項重要的技術問世，這是人類史上首度出現的辨別真偽的方法。

《腦心公報》（*Brain/Mind Bulletin*）雙月刊相當肯定這一份研究論文，認同其重要性，並以不少篇幅進行評論，後來這篇論文也在包括科學暨意識國際大會（International Conference on Science and Consciousness）、英格蘭的牛津論壇（Oxford Forum）等海內外多個場合公開發表，均廣受好評，現場聽眾有各種組織、靈性研討會、教會團體、修女及僧侶等等。而在遠東地區，霍金斯博士則被一致推舉為「開悟之道的導師」。霍金斯博士觀察到，許多屬靈真理都缺乏闡述，長期遭到誤解，有鑑於此，他每個月都會舉辦研討會提供詳細的解釋。不過，這些解釋因為過於冗長而不適合出書，因此只能以影片方式呈現，最後並留有問與答的時間，提供進一步的澄清。

他畢生的心血，就是將人類經驗從意識進化的角度來重新定位，肯定心智與心靈都是內在神性的展現，而內在神性則是生命與存在的基礎及活水源頭。他的奉獻精神可以用「榮耀歸主」一句話來表達，這也是貫穿他作品的一貫態度。

生平簡介

　　霍金斯博士是美國精神醫學協會（American Psychiatric Associa-tion）及許多專業組織的終生會員，從一九五二年起開始成為精神醫學的執業醫師，也先後應邀在全美電視節目現身，包括《麥尼爾與李爾新聞時間》（*MacNeil/Lehrer News Hour*）、《芭芭拉‧華特斯秀》、《今日秀》（*The Today Show*）、科學紀錄片等等，並曾接受歐普拉‧溫芙蕾的專訪。

　　霍金斯博士有許多科學及靈性的相關出版品、CD、DVD 及講座系列，也與諾貝爾化學獎得主萊納斯‧鮑林（Linus Pauling）合作劃時代的《分子矯正精神醫學》（*Orthomolecular Psychiatry*）一書。

　　霍金斯博士在聖公會、天主教教區、修道院及其他宗教組織擔任顧問多年，並應邀在各地講學，包括牛津論壇、西敏寺、阿根廷大學、聖母大學（University of Notre Dame）、密西根大學、福坦莫（Fordham）大學、哈佛大學，以及加州大學醫學院年度蘭茨堡講座（Landsberg Lecture）。他也曾經出任國際政策顧問，協助化解長期的衝突，致力於排除破壞世界和平的重大威脅。

　　由於人道工作上的貢獻，霍金斯博士於一九九五年受封為耶路撒冷聖約翰主權教團（Sovereign Order of the Hospitaller of St. John of Je-rusalem）騎士，該教團於一〇七七年創立。

自傳與作者提點

　　這本書所記述的真理是科學和客觀的，但也像所有真理一樣，都是從個人的親身體驗開始的。我這一生都處在持續的強烈覺知狀態下，從幼年啟蒙後，陸陸續續得到了方向的指引，一步步開啟主觀的領悟，終至化為這一系列的書籍。

　　三歲時，我突然產生了對「存在」（existence）的完整意識，這是對「我是」（I Am）意義一種無法以言語描述的了悟，隨即我驚訝地意識到「我」或許根本不存在。這是剎那之間的頓悟，從無知無覺進入意識清明的覺知，在那一刻，個人自我（personal self）[1] 誕生了，而「是」與「不是」的二元性進入了我的主觀覺知。

　　從孩提階段到青春期，我一遍遍地關注存在的弔詭與自我實相的議題。個人自我有時會消融，回歸到非個人層次的高我，而對於根本不存在的初始恐懼（對空無的根本恐懼），則重新出現。

　　一九三九年，我在威斯康辛的郊區騎著腳踏車打工送報，在一個黑漆漆的冬夜，我在離家好幾里的地方，受困在零下二十度的暴風雪中。腳踏車在冰雪上翻倒，狂風捲走了車籃裡的報紙，四散到冰封的雪地上，衣服也被凍得僵硬，懊惱與疲憊的淚水湧了出來。我只能往雪堆的冰凍外殼挖出一個空間，爬進去躲開暴風雪。不久後，我不再冷得打哆嗦，甚至還湧出一股美妙的暖意，進入一種筆墨難以描述的平和狀態。同時，感覺到了一片光明，有一種無窮無盡、無始無終的

---

1 編按：指個體對本身的能力、價值、情緒及人格的評估與看法。

愛包圍著我，跟我的核心本質毫無二致。我的覺知融入到周圍無所不包的明亮狀態，漸漸感覺不到自己的身體與周遭環境。心智靜默下來；所有的思維止息，只存在一個超脫於時間與言語的無限臨在（Infinite Presence），別無其他。

在體會過這種沒有時間感的經驗後，我突然察覺有人在搖我的膝蓋；然後，我眼前出現了父親焦急的臉孔。我萬分不願意返回身體，也不想面對回歸身體後隨之而來的所有一切，但顧慮到父親的愛與痛苦，於是我的靈魂重新啟動了身體。那時的我既不捨父親的擔心，同時也覺得死亡似乎是個荒謬可笑的概念。

這一次的主觀經驗我從來沒有跟其他人說過，畢竟當時也缺乏那樣的環境。除了宗教聖者的故事，哪裡還聽過其他人有什麼靈性經驗？但自從有了這一次開頭，我開始覺得世人所認定的現實世界只是我們暫時的棲身之所，傳統的宗教教義也變得不再重要。弔詭的是，我成了一個不可知論者。比起照亮一切存在的神性之光，傳統宗教的神靈就顯得黯淡失色多了。於是，我以靈性取代了信仰。

二次大戰期間，我在掃雷艇服役，在危險的勤務中經常會與死亡擦肩而過，但我並不畏懼死亡，因為它已不再真實。戰爭結束後，我對心智的錯綜複雜深感興趣，有心鑽研精神醫學，便念了醫學院。負責訓練我的心理分析醫師，是哥倫比亞大學的教授，也是一個不可知論者，我們兩人對宗教都不抱任何希望。心理分析的培訓很順利，我的事業也一帆風順，成功隨之而來。

然而，我未能就此在這個專業上安定下來。我罹患了致命的惡疾，而且藥石罔效，撐到三十八歲時，我大概知道自己大限已近。我

不在乎身體的狀況如何，但精神上的焦慮卻令人絕望。就在最後時刻，一個念頭閃過了我的腦海：「萬一神是真的存在呢？」於是我出聲祈禱：「如果神是存在的，我請求祂現在來幫我。」不管有沒有神，我都向祂臣服，然後我就失去了意識。醒來時，一個大蛻變已經發生了，我敬畏得說不出話。

我已經不是昨天的那個我了，再也沒有個人自我或小我，只有一個無限的臨在，其力量完全沒有極限，所以是唯一的存在。這個臨在取代了原本的「我」，而這個肉身及肉身的所有行動，則完全由無限臨在的無限意志所操控。無限的一（Infinite Oneness）照亮了這個世界，展現在萬物的無限美麗與完美中。

一天天過去，但這種靜默的狀態沒有消失。我沒了個人意志，無限臨在以其無限強大卻細膩的意志指引著肉身的行動。在這樣的狀態下，什麼都無須思考，所有真理不證自明，既沒必要概念化，也不可能概念化。同時這副血肉之軀的神經系統似乎承載了過多的能量，已經遠遠超過了神經迴路原本的設計了。

要在這個世界如往常一樣生活根本不可能，所有世俗的動機全部消失了，恐懼與焦慮也都不見了。我無欲無求，因為一切已完美。對我來說，名聲、成功、金錢已毫無意義，朋友還勸我要務實一點，重新回去當醫生，但我已沒有這麼做的世俗動機了。

這時的我，已經有能力覺察到人格之下隱藏的實相：情緒疾病的源頭，在於人們相信人格**就是**自己。也因此，就像順應天命般地我又恢復臨床看診，門診規模也相當可觀，求診患者從全美各地紛湧而至，診所裡收容了兩千名患者，有超過五十名療癒師及其他工作人

員，而且每一年都會新增一千名患者。如同前述，我有時也會上廣播及電視節目。一九七三年，我的臨床研究彙整成了《分子矯正精神醫學》一書，這本書可以說領先時代十年，當時引發了一些騷動。

我的神經系統開始出現了另一個現象：有一股甜美的能量持續從脊椎向上流入大腦，帶來綿綿不絕的強烈愉悅感。生活裡的大小事幾乎都出現了共時性現象，完美、和諧地推展著，神奇事情一樁接著一樁。這個世界所謂的奇蹟，其實是無限臨在的傑作，而不是個人自我，「我」只是這些現象的見證者。所有發生的事，都是由層次更高的「我」來決定，這個高我比以前的我或想法都要深刻得多。

歷史中那些超凡入聖的人，都在經歷過這些狀態後開始鑽研靈性教導，包括佛陀、開悟的智者、黃檗禪師，以及近代的馬哈希尊者和尼薩加達塔尊者（Nisargadatta Maharaj）。可知，這一類的經驗並不是獨一無二的，《薄伽梵歌》的內容我完全能讀懂了，有時候，還會出現羅摩克里希那（Sri Ramakrishna）與基督教聖人所描寫的那種狂喜經驗。

在我眼中，世間眾生都在發光，又精巧又美麗。所有生命都是個發光體，動靜中各展其姿態。顯而易見的，全人類都是由內在的愛所驅動，只是他們不自知罷了。世上有太多的人像夢遊般活著，沒能覺醒過來去意識到自己的真實身分。我周遭的人看起來都像在睡夢中，卻又美得不可思議，我就像在跟每個人談戀愛一樣。

原本，我的習慣是早晚都要靜心冥想一個小時，後來卻不得不取消，因為狂喜的餘韻會強勁到讓我無法做事。靜心冥想時，我會重溫小時候躲在雪坑裡的那種經驗，而且越來越難抽離那種狀態，回歸到

這個世界。當這種靈性之愛融入到觀感中時，所有時間與空間的分界都消失了，萬物都綻放出驚人的美麗光彩，即便在世人看來醜陋的地方，也只剩下永恆之美。

我在內在的靜默中度過了許多年，臨在的力量一直持續在增長。我的生命不再屬於個人，也沒了個人的意志。屬於個人的那個「我」成了無限臨在的工具，一舉一動都順從著無限臨在的意志。置身於臨在的氛圍中，會覺得出奇平靜。問我尋找答案的求道者，實際上是從自己的真我精煉出答案，因為每個人的真我跟我的真我是一樣的，再說也沒有大衛這個人了。同一個真我的光芒，從他們眼中綻放出來。

發生了許多不可思議的事情，我多年的痼疾康復了，視力也自行恢復正常，終於可以拿下戴了一輩子的眼鏡。

偶爾，會有一股精妙的能量、一股無限的愛，突然從我的心口發射至災禍現場。有一回，我開車走在公路上，這一股能量突然從我的胸口發射出去。等車子拐彎後，我才發現前面出了車禍，當時那輛翻覆的車子上，車輪還在打轉呢！這股強勁的能量去勢洶洶地湧向車子裡的幾個人，然後又自行停在他們身上。還有一次，我走在陌生城市的街頭，同樣的這股能量突然朝著前方而去，原來前面有人在打群架，我看著那群人紛紛後退、開始大笑，接著能量就停了下來。

在不可能的情況下，我的感知能力會毫無預兆地發生變化。有一次，我在長島的羅斯曼餐廳（Rothmann's）獨自用餐時，臨在突然變得強烈起來，直到平常各自獨立分開的每件事、每一個人都融為一體為止。在這種無聲無息的靜默中，顯然沒有「事件」，也沒有「事物」，其實什麼都沒「發生」，因為過去、現在及未來只是人類感知

的產物，就像世人在面對生死課題時，誤以為存在著一個獨立的「我」一樣。當受限的、虛假的自我融入到宇宙自我的真正源頭時，就會出現一種難以言喻的感覺，就像是回到了家，從所有的痛苦中獲得絕對的安寧和解脫。世人一切痛苦的根源，都出自於一個錯覺：相信每個人都是一個個獨立的個體。當一個人意識到自己就是宇宙，完整且與萬物合一，永無止境，就不可能再受苦了。

　　我的患者來自世界各國，其中有些是最絕望的病人。他們行為怪異，痛苦地扭動著身體，裹著濕床單從遠地轉診而來，希望治療重度的精神疾病與無法矯正的嚴重心理障礙。他們之中有緊張型精神分裂症，還有很多人已經不言不語了好多年。但每個病人殘疾的外表下，都閃耀著愛與美的核心本質，只是一般人看不見，以至於讓病人以為這個世界上沒有人愛他們。

　　有一天，一個無法說話的緊張型精神分裂症患者穿著約束衣被送了進來。她罹患嚴重的神經失調，站不起來，只能在地上痙攣扭動、翻白眼，她的頭髮糾結成團，衣服撕得破破爛爛，還發出粗嘎的聲音。她家境良好，多年下來，已經看過了數不清的醫師，見過世界各國的知名專家。她什麼療法都試過了，最後成了被放棄的無望病人。

　　有個簡短的問題浮現在我的腦海：「神啊，祢要如何幫她？」然後我恍然大悟，她只需要被愛，僅此而已。她的眼睛透出內在自我的光芒，高我終於跟愛的本質連結上。一瞬間，她認出了自己真正是誰，從而得到療癒；不論她身心發生過什麼事，都已不再重要。

　　事實上，這種情形曾經發生在無數的病人身上。在世俗眼中，有些人康復了，而有些人沒有，但臨床上是否康復對病人來說都不再重

要了。他們內在的煎熬已經結束，當他們感受到愛及內在的平靜時，痛苦便止息了。這種現象只能透過以下的說法來解釋：臨在慈悲地重新建構了每個病人的實相，讓他們得以在超越世俗與表象的層次上去體驗療癒。高我的內在平靜超越了時間及身分，包裹著我們。

顯然，一切的痛苦都是從小我（我執）而來，而不是神；這個真相正無聲無息地傳遞到每個病人心中。有一位多年不言不語的緊張症患者，就有這樣的心結。他的高我以意念告訴他：「你把小我對你做的事，怪罪到神靈頭上了。」他省悟後從地上跳了起來，開口說話時把在場的護士都嚇了一大跳。

醫院的工作越來越吃重，終於超過了負荷。儘管已經擴建病房來容納患者，但排隊等待床位的名單卻不斷加長。一次只能為一位病人化解痛苦，這種精衛填海的效率實在令人感到挫敗，看來應該還有其他方法，用於處理一般的心神不寧、精神困擾及人類的痛苦。

於是，就有了肌肉測試的研究，分析各種刺激所帶來的生理反應，從中得到了驚人的發現。肌肉測試就像兩個宇宙（物質世界及心靈世界）之間的「蟲洞」──一個不同維度的介面。在物質世界上，到處都是與源頭失去連結的沉睡者，但有個工具可以重建連結，也可以用來看出是否與更高的實相失去連結。所以，我把所有能想到的物質、想法及觀念都拿來測試。這些測試是由我的學生與研究助理協助進行的，然後，我們有了一項重大的發現：所有受試者在接觸到日光燈、殺蟲劑及人工甜味劑等負面刺激時，肌肉都會疲軟無力，但如果是有靈修、覺知程度較高的學生，肌肉不會像一般人那樣變得無力。由此可知，有某種重要的決定性因素改變了他們的意識。他們顯然意

識到自己並不是只能任憑世界宰制，只有在他們的心智相信事實如此時，才會受制於這個世界。從這個角度來看，或許開悟的過程，也能提高人類對抗外界變化的生存能力，包括疾病在內。

高我的能力，讓我們光是靠著觀想就能夠改變事實；每一次當愛取代了不愛，都會改變世界。將這股愛的力量聚焦在一個非常明確的目標上，人類的文明就能出現深刻的改變。只要一發生這種事，歷史便會轉彎，闢出新的路線。

現在看來，這些至關重要的洞見不僅可以傳遞給世人，還能夠以無可辯駁的視覺化方式展示出來。人心非常容易受到蒙蔽，這始終是人類的大不幸；而人類無力辨別真假的必然結果，則產生了分歧與衝突。然而，解決這個困境的答案出現了，我們可以為意識重建一個新情境，賦予新的意義，讓過去只能靠推演得到的結論變得可以解釋。

在我決定離開紐約時，也同時捨棄了我在紐約市區的公寓及長島的住家，以便投入更重要的事。我必須精進自己，才能成為完美的器皿。所以，有必要揮別紐約的一切，在一個小鎮過起隱居生活，往後七年我都在那裡靜心冥想與學習。

在這段期間，妙不可言的狂喜狀態經常會不請自來，後來，我不得不學習如何在感覺到神靈降臨時（此時我的心智已經與外界脫節），仍然維持在這個世界的正常生活。因此，為了研究與寫作，我必須全面停止靈修，好好關注這個有形的世界。讀報紙、看電視，填補了我的資訊缺口，讓我知道誰是誰、世界大事，以及社會對話的現況。

對於真理不同尋常的主觀體驗一向是神祕主義者的領域，他們將靈性能量注入了集體意識之中，從而影響全人類。那是大多數人無法

理解的事情，因此對大部分人也沒有什麼意義，只有其他的靈性追尋者才會感興趣。有鑑於此，我開始把注意力移向一般人，因為平凡也是神性的一種表現。從日常生活中，也可以找到真實的自我，你所要做的，就是帶著關懷與良善的心去生活。等時候到了，真相自然會顯現。凡塵俗世也可以是天堂。

因此，在漫長的靈性之旅後，我重返最重要的工作崗位，好讓更多人覺知到內在神性，即便多了解一點也是好的。

與神性對接是在靜默中進行的，傳遞著一種平靜安詳的狀態，那是萬事萬物得以存在、賴以體驗的空間。神性至柔，卻如磐石安穩有力，有了神性加持，一切恐懼都會消失。靈修中所體驗到的喜樂發生在一個安靜的層次，那是難以言喻的狂喜。當你處在狂喜狀態，時間會失去意義，你不再憂慮、懊悔，也沒有痛苦及期待。這樣的喜悅永遠不會枯竭，始終都在，沒有開始也沒有結束，沒有失落、哀傷或欲望。沒有什麼需要做的事，因為一切已經具足。

一旦時間停止，所有的問題都不復存在，因為問題只是某種感知的產物。當與神性同在成為你主要的狀態時，就不會再繼續認同你的身體或心智。一旦心智安靜下來，「我是」的念頭就會消失，純粹的覺知就會放射光芒，照亮你的過去、現在及未來，超越所有世界及所有宇宙，超越時間，因此沒有開始也沒有結束。

你們會想：「要如何達到這種覺知狀態？」由於做法實在太簡單，很少人會照著步驟去做。首先，你要有進入到那種狀態的強烈欲望。然後，要有紀律，隨時都帶著始終如一的寬容與溫柔來行事，無一例外。對萬事萬物慈悲，包括你自己及你的想法。接著，是具備暫

時擱置欲望並隨時放下個人意志的意願。把每個想法、感覺、欲望、行為都交託給神，心智就會靜默下來。一開始，心智會給出全套的說法及故事，接著是想法及概念。一旦能夠放下想要認同這些念頭的渴望，這些念頭便不會衍生出繁複的細節，在細節尚未成形時會開始瓦解它。最後一步，就是把那些未成形念頭所含有的能量再行轉化。

時時刻刻，毫不鬆懈地保持專注力，這樣的工夫可以在進行日常事務時，照樣處於靜心冥想的狀態下，不用擔心會分神。一開始，這似乎很難做到，但久而久之便能養成一種自發性、毫不費力的習慣。這個過程就像發射火箭，一開始，需要巨大的動力，在離開地球的重力場後就會越來越省力，最後完全憑著自己的動能在太空中移動。

突然間，毫無預兆地，你的覺知發生了變化，你能處於神聖的狀態下，這是一種絕對不會被誤認、包容一切的至高狀態。當自我死亡時，可能會有片刻的恐懼生起，然後神聖的絕對性會激得你生出一陣陣的敬畏。這個突破令人震撼，比你以往經歷過的一切都要強烈，絕對不是日常體驗可以比擬的。神聖的愛會緩衝你的後勁，如果沒有愛的支撐與護持，你可能會承受不住。

隨之而來的是一陣恐懼，因為小我仍然不願放手，害怕自己會歸於虛無。相反的，沒有了小我之後，它的位置便由統攝一切的高我遞補。高我是萬有（All），在完美展現自身本質的高我面前，凡事都無所遁形。隨著非定域性的出現，會覺知到一個人可能是過去的一切，也可能是現在的一切，超越了身分及性別，甚至超越了人性本身。人永遠不必再畏懼痛苦與死亡，從此以後，身體所發生的一切都是非物質的。靈性覺知到了一定的程度以後，身體的病痛便會痊癒或

自動消失。但在這樣的絕對狀態下，對於肉身的關注都是多餘的。因為肉身會照著原訂計畫走，最後回歸它的來處。肉身是不重要的物質，我們不會受到它的影響——身體是「它」而不是「我」，就像房間裡的家具一樣，只是一件東西。然而，很多人還是把肉身當作「人」來看待，這看起來荒謬又可笑，但難就難在我們無法向毫無覺知的人解釋這樣的覺知狀態。因此，最好的做法就是各安其位、各盡其事，至於社會失調的問題就交給神來處理。但是，當一個人在到達狂喜狀態時很難掩飾，會吸引世人遠道而來親炙這樣的氣場，其中包括求道者、對靈性感到好奇的人，以及祈求奇蹟降臨的重症患者。我們都有可能成為這樣一塊磁鐵，成為一道受歡迎的喜樂泉源。通常來說，達到這種境界的人也會想要與別人分享，善用這個狀態來造福眾人、利益眾生。

伴隨這種境界出現的是出神狀態，一開始不會很穩定，有時也會有備受煎熬的時候。最煎熬的狀況就是狀態起伏很大，有時莫名其妙就離開出神狀態。這種時候會經歷到深沉的絕望，害怕自己被神性捨棄了。這些陷落的時刻，讓這條路坎坷難行，需要堅決的意志才能穿越這些逆境。最後，終於清楚地知道一個人必須超越過這個層次，不能為了「失去恩典」而沉溺於痛苦之中。所以說，當你展開超越二元性的艱巨任務時，必須放下狂喜的榮耀，直到超越所有的對立與互相衝突的拉扯。但是，快樂地放棄小我的鐵鏈是一回事，要放下狂喜的金鏈又是另一回事。後者的感覺就像背棄了上帝，接著便生起了一種前所未有的恐懼，這個最後的恐懼就是絕對孤獨。

對小我來說，害怕自己不存在的恐懼相當強烈，它會在這種恐懼

逼近時退縮。於是，為何要經歷這些折磨及靈魂暗夜，其目的就清晰多了。這些折磨會如此難熬，是因為強烈的痛苦才能刺激一個人去奮力一搏。直到再也受不了在天堂與地獄之間徘徊，對於存在的欲望便不得不放下。只有跨出這一步，才能夠超越萬有與虛無之間的二元性，超越存在與虛無。這是內在修行的極致，是最艱難的階段，也是分水嶺，從這裡開始，我們清楚地意識到只要超越了存在的錯覺，就不會再走回頭路了。這種決絕性會讓人畏懼，以至於最後這道障礙似乎是個可怕的選擇。

但事實上，這是小我的最後覆滅，是消融存在與不存在之間的最後一個二元性，也就是對身分的認同。當小我在宇宙神性之中瓦解，便再也沒有殘餘的個人意識可以去做出選擇。因此，這最後一步要算上帝的。

大衛・霍金斯

【參考書目】

Anonymous, *A Course in Miracles*. Huntington Station, New York: Foundation for Inner Peace. 1975.

Backster, C., *Primary Perception*. Anza, CA: White Rose Millennium. 2003.

Bailey, A., *Glamour: A World Problem*. New York: Lucis Publishing. 1950

Bohm, D., *Wholeness and the Implicate Order*. London: Routledge & Kegan Paul. 1980.

Brain/Mind Bulletin. Los Angeles, CA: Interface Press. 1980–1986.

Briggs, J., and Peat, F.D., *Looking Glass Universe*. New York: Simon & Schuster. 1984.

Briggs, J., *Turbulent Mirror: An Illustrated Guide to Chaos Theory and the Science of Wholeness*. New York: Harper & Row. 1989.

"Cancer United to Helplessness and Immune Suppression," *Brain/Mind Bulletin*. June 21, 1982.

Capra, F., *The Tao of Physics: An Exploration of the Parallels Between Modern Physics and Eastern Mysticism*. New York: Bantam. 1976.

Cannon, W., *Bodily Changes in Pain, Hunger, Fear and Rage*. New York: D. Appleton Co. 1915.

Davidson, R., "Towards a Biology of Positive Affect and Compassion," in Davidson, R., Harrington, A. (Eds.), *Visions of Compassion*. New York: Oxford University Press. 2002.

Deliman, T., *Holistic Medicine, Harmony of Body, Mind, and Spirit*. Reston, VA: Reston Publishers. 1982.

Diamond, J., *Behavioral Kinesiology*. New York: Harper & Row. 1979.

——, *Your Body Doesn't Lie*. New York: Warner Books. 1979.

——, *Life Energy: Using the Meridians to Unblock Hidden Power of Your Emotions*. New York: Paragon House. 1998.

The Dhammapada: The Sayings of the Buddha. New York: Oxford University Press. 1987.

Dumitrescu, I., Kenyon, J., *Electrographic Imaging in Medicine and Biology*. Sudbury, Suffolk, U.K.: Neville Spearman Ltd. 1983.

Eadie, B. J., *Embraced by the Light*. Placerville, California: Gold Leaf Press. 1992.

"Early Stress Style Linked to Later Illness," *Brain/Mind Bulletin*. June 22, 1981.

Eccles, J., *Evolution of the Brain: Creation of the Self*. Edinburgh, Scotland: Routledge. 1989.

Ferguson, M., *The Aquarian Conspiracy: Personal and Social Transformation in the 1980s*. New York: Tarcher. 1980.

Field, J., *A Life of One's Own*. New York: Tarcher. [1934], 1981.

Frankl, V., *Man's Search for Meaning*. Boston: Beacon Press. [1959], 2004.

Gray, W., LaViolette, P., "Feelings Code and Organize Thinking," *Brain/Mind Bulletin*. October 5, 1981.

Hawkins, D. R., Archival Office Visit Series: "Stress"; "Health"; "Illness and Self-Healing"; "Handling Major Crises"; "Depression"; "Alcoholism"; "Spiritual First Aid"; "The Aging Process"; "The Map of Consciousness"; "Death and Dying"; "Pain and Suffering"; "Losing Weight"; "Worry, Fear and Anxiety"; "Drug Addiction and Alcoholism"; and "Sexuality." Lectures in video and audio. Sedona, Arizona: Institute for Spiritual Research, 1986.

——, and Pauling, L., *Orthomolecular Psychiatry*. San Francisco: W.H. Freeman and Company. 1973.

——, *Power vs. Force: Hidden Determinants of Human Behavior*. Author's Official Revised Edition. Sedona, AZ: Veritas Publishing. [1995] 2012.

"Healer Affects Growth of Bacterial Cultures," *Brain/Mind Bulletin*. April 18, 1983.

James, W., *The Varieties of Religious Experience*. New York: Random House. 1929.

Jampolsky, J., *Love is Letting Go of Fear*. 25th Anniversary Edition. New York: Celestial Arts. 2004.

Jung, C. G., *Collected Works*. Princeton, New Jersey: Princeton University Press. 1979.

——, (R. F. Hull, trans.), *Synchronicity as a Causal Connecting Principle*. Bollington

Series, Vol. 20. Princeton, New Jersey: Princeton University Press. 1973.

"Kirlian Photos Predict Cancer," *Brain/Mind Bulletin*. May 7, 1984.

Krippner, S., *Western Hemisphere Conference on Kirlian Photography*. Garden City, New York. 1974.

Kübler-Ross, E., *On Life after Death*. New York: Celestial Arts. 1991.

Lamsa, G. (trans.), *Holy Bible from Ancient Eastern Manuscripts*. Philadelphia: A.J. Holmes Co. 1957.

Liebeskind, J., Shavit, Y., article on endorphins and cancer experiment at UCLA, in *Science* (223:188–190). 1980–1984.

Lloyd, V., *Choose Freedom*. Phoenix, AZ: Freedom Publications. 1983.

Luskin, F., *Forgive for Good*. San Francisco, CA: Harper One. 2003.

Maharaj, N., *I Am That*, Vols. I and II. Bombay, India: Cetana. 1973.

Matton, M., *Jungian Psychology in Perspective*. New York: Free Press. 1983.

Monroe, R., *Journeys Out of the Body*. Garden City, NY: Doubleday. 1977.

Moody, R., *Life After Life*. San Francisco: Harper One. 2001.

Moss, R., *The I That is We: Awakening to Higher Energies Through Unconditional Love*. Millbrae, CA: Celestial Arts. 1981.

"Multiple Personalities," *Brain/Mind Bulletin*, (Vol. 8., No. 16). October 3, 1983.

Neal, M., *To Heaven and Back: The True Story of a Doctor's Extraordinary Walk with God*. Copyright: Mary Neal, M.D. 2011.

Pace, T.W., Negi, L.T., Adame, D.D., Cole, S.P., Sivilli, T.I., Brown, T.D., Issa, M.J., Raison, C.L., "Effect of Compassion Meditation on Neuroendocrine, Innate Immune and Behavioral Responses to Psychosocial Stress." *Psychoneuroendocrinology*, 34: 87–98. 2009.

Sapolsky, R., in Lehrer, J., "Under Pressure: The Search for a Stress Vaccine," *Wired Magazine*. August 2010.

Selye, H., *The Stress of Life*. New York: McGraw-Hill. 1956.

"Three Brains of Eve: EEG Data," *Science News*, (Vol. 121., No. 22). May 29, 1982.

Tiller, W. *Psychoenergetic Science: A Second Copernican-Scale Revolution*. Walnut Creek, CA: Pavior Publishers. 2007.

Wilber, K. (ed.), *The Holographic Paradigm and Other Paradoxes: Exploring the Leading Edge of Science*. Boston: Shambhala. 1982.

國家圖書館出版品預行編目資料

臣服之享：遇萬事皆靜好自在的心提升練習 / 大衛
. 霍金斯作；謝佳真譯. -- 初版. -- 臺北市：三采文
化, 2020.08
　　面；　公分. -- (Spirit；24)
ISBN 978-957-658-381-0(平裝)

1. 人生哲學 2. 生活指導

191.9　　　　　　　　　　　109008374

◎封面圖片提供：
yaalan ／ Shutterstock.com

suncolor
三采文化集團

Spirit 24

臣服之享：

遇萬事皆靜好自在的心提升練習

作者│大衛．霍金斯 David R. Hawkins　　譯者│謝佳真
企劃主編│張芳瑜　　特約執行主編│莊雪珠
美術主編│藍秀婷　　封面設計│高郁雯　　內頁排版│曾綺惠　　校對│黃薇霓

發行人│ 張輝明　　總編輯│ 曾雅青　　發行所│三采文化股份有限公司
地址│ 台北市內湖區瑞光路 513 巷 33 號 8 樓
傳訊│ TEL:8797-1234　 FAX:8797-1688　　網址│ www.suncolor.com.tw
郵政劃撥│ 帳號：14319060　　戶名：三采文化股份有限公司
初版發行│ 2020 年 8 月28日　　定價│ NT$550
　　7 刷│ 2024 年 2 月25日

LETTING GO – THE PATHWAY OF SURRENDER By David R. Hawkins, M.D., Ph.D.
Copyright © 2012 by David R. Hawkins
Original English language publication 2012 by Veritas Publishing, Arizona, USA
Complex Chinese edition copyright © 2020 by Sun Color Culture Co., Ltd.
This edition published by arrangement with InterLicense, Ltd.
All rights reserved.